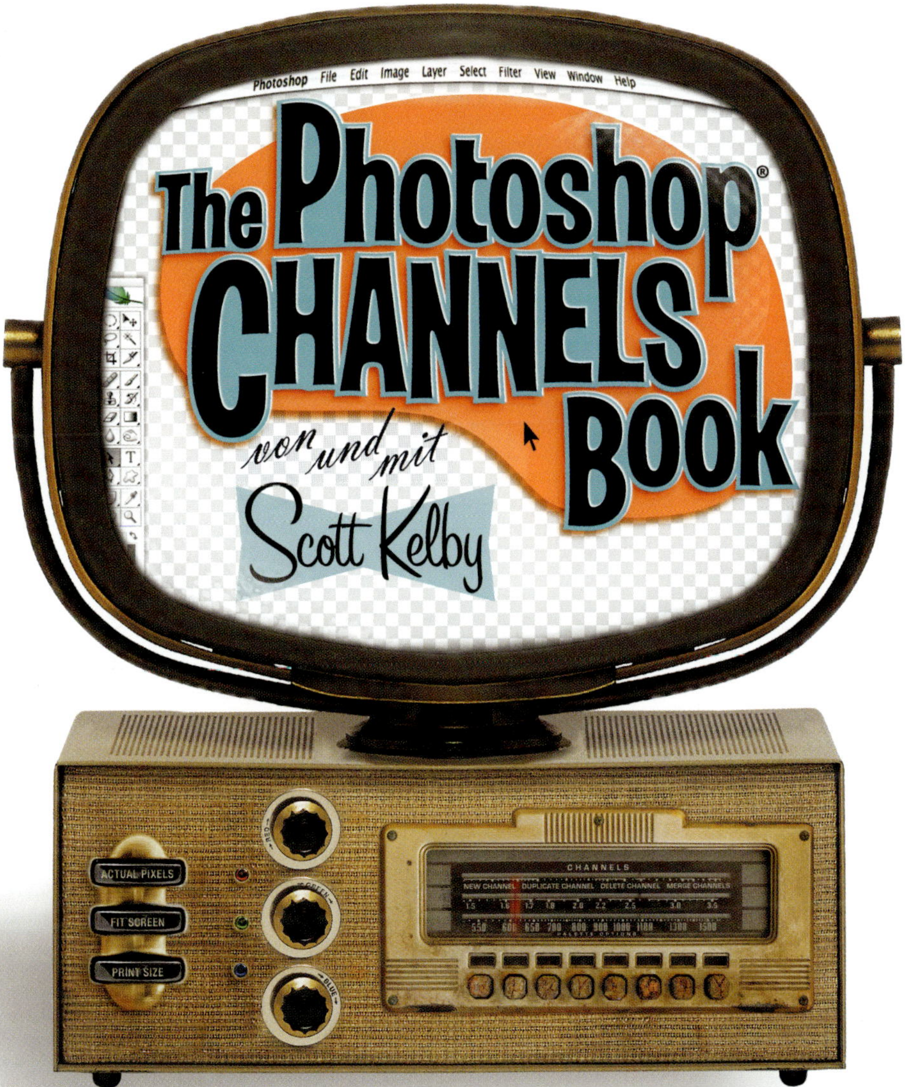
Photoshop File Edit Image Layer Select Filter View Window Help
The Photoshop® CHANNELS Book
von und mit
Scott Kelby
ACTUAL PIXELS
FIT SCREEN
PRINT SIZE
CHANNELS
NEW CHANNEL DUPLICATE CHANNEL DELETE CHANNEL MERGE CHANNELS

Bibliografische Information Der Deutschen Bibliothek
Die Deutsche Bibliothek verzeichnet diese Publikation in der
Deutschen Nationalbibliografie; detaillierte bibliografische Daten
sind im Internet über http://dnb.ddb.de abrufbar.

Umwelthinweis:
Dieses Buch wurde auf chlorfrei gebleichtem Papier gedruckt.

10 9 8 7 6 5 4 3 2 1

08 07 06

ISBN-13: 978-3-8273-2399-6
ISBN-10: 3-8273-2399-1

Übersetzung: Claudia Koch, Kathleen Aermes, Ilmenau
Satz: reemers publishing services, Krefeld; gesetzt aus der Cronos, Helvetica und Las Vegas Jackpot
Lektorat: Cornelia Karl, ckarl@pearson.de
Korrektorat: Petra Kienle, München
Herstellung: Claudia Bäurle, cbaeurle@pearson.de
Einbandgestaltung: Marco Lindenbeck, webwo GmbH, mlindenbeck@webwo.de
Druck und Verarbeitung: Kösel Druck, Altusried/Krugzell (www.KoeselBuch.de)
Printed in Germany

For the other woman in my life,
my little daughter Kira Nicole Kelby
who was born during the
production of this book.

Scott Kelby

Scott Kelby ist Chefredakteur und Mitbegründer des *Photoshop User Magazine* Chefredakteur der Nikon-Zeitschrift *Capture User*, Mitbegründer des Magazine, *Layers* (das Magazin über alles von Adobe).

Scott Kelby ist Präsident und Mitbegründer der National Association of Photoshop Professionals (NAPP) und Präsident der KW Media Group, einer Softwaretraining- und Publishing-Firma in Florida.

Er wirkt als Fotograf, Designer und preisgekrönter Autor von mehr als 30 Büchern, darunter *Photoshop Down & Dirty Tricks*, *Photoshop für digitale Fotografie*, *Photoshop Classic Effects* und Co-Autor der *Killer Tips*. 2004 und 2005 war er in allen Kategorien der Nummer-1-Bestseller-Autor für Computerbücher weltweit.

Scott Kelby ist Training Director für die Adobe Photoshop Seminar Tour, Conference Technical Chair der Photoshop World Conference & Expo. Er arbeitet an einer Serie von Trainings-DVDs für Adobe Photoshop mit und bildet seit 1993 Photoshop-Anwender aus.

Mehr über Scott Kelby erfahren Sie unter www.scottkelby.com.

Ebenen
Normal
Deckkr.: 100%
Fixieren:
Fläche: 100%
Farbton/Sättig...
Hintergrund

Simple Mask (source).jpg @ 100% (Layer 1, RGB/8)

Color on B&W @ 100% (Layer 1, RGB/8#)
Ebenen
Normal
Deckkr.: 100%
Fixieren:
Fläche: 100%
Ebene 1
Hintergrund

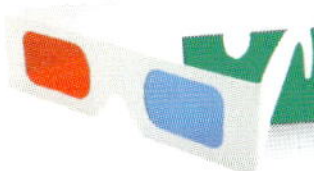

Channel Sharpen 2 (source).jpg @ 100% (CMYK/8)
VK54
YSG

Reduce Noise 1 (source).jpg @ 50% (RGB/8*)

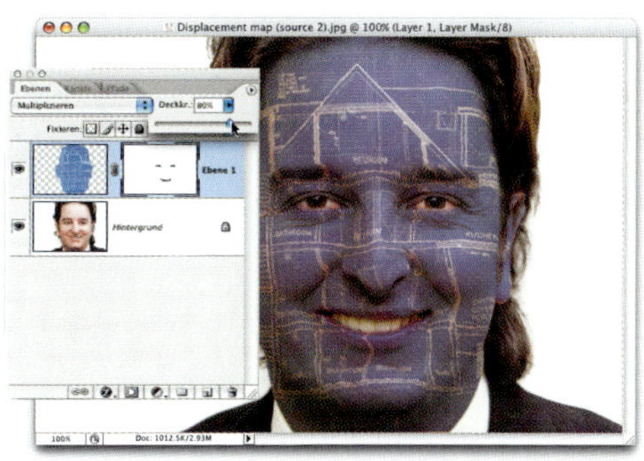
Displacement map (source 2).jpg @ 100% (Layer 1, Layer Mask/8)

1
ACTUAL PIXELS
FIT SCREEN
PRINT SIZE
CHANNELS
NEW CHANNEL
DUPLICATE CHANNEL
DELETE CHANNEL
MERGE CHANNELS

Kanäle Grundlagen

Ich gehe davon aus, dass Sie kein Experte sind in Sachen Kanäle – sonst hätten Sie dieses Buch bestimmt nicht gekauft. Wahrscheinlich wollen Sie einiges über Kanäle lernen. Entweder das oder Sie haben einfach zu viel Geld. Das kann ich jetzt nicht genau sagen. Wenn ich mich jedoch für eine Antwort entscheiden müsste, würde ich sagen, bei Ihnen sitzt das Geld ziemlich locker. Das soll nicht heißen, dass Sie nicht auf Ihre Kosten kommen. Ich bin mir sicher, dass Sie nach der Lektüre nicht nur verstehen, wie Kanäle funktionieren, sondern auch wissen, wann und warum Sie sie nutzen sollten. Deshalb beginnen wir hier mit den Grundlagen von Kanälen. Und wenn ich »wir« sage, meine ich Sie und mit »Sie« meine ich »nicht mich«. Vielleicht möchten Sie jetzt gleich zu Kapitel 2 übergehen, ich rate Ihnen jedoch davon ab. Auf den ersten Seiten dieses Kapitels finden Sie einige sehr interessante Aspekte. Wenn Sie diese überspringen, beeinflusst das nicht nur Ihr Verständnis von Kanälen und wie Sie das Buch überhaupt verwenden, sondern Sie werden sich auch schuldig fühlen – dieses Gefühl wird länger anhalten als die Freude über das Geldausgeben. Falls es Sie tröstet: Das habe ich immer an Ihnen bewundert.

Und hier geht es los

WENN SIE NICHT HIER BEGINNEN, WERDEN SIE WIRKLICH ETWAS VERPASSEN

SCHRITT 1 HIER GEHT ES UM DIE ÜBERSCHRIFT – SIE KÖNNEN SIE BEIM ERSTEN DURCHBLÄTTERN IGNORIEREN

Hier werden Sie beim ersten Aufschlagen des Buchs sicherlich mit dem Lesen beginnen wollen. Ich nenne das (weil mir nichts Besseres einfiel) die »Detailboxen«. Ich erkläre Schritt für Schritt, was Sie tun müssen. Sie können die Überschrift hier fürs Erste überspringen. Ich nehme an, dass Sie kein absoluter Photoshop-Neuling sind, wenn Sie sich dieses Buch gekauft haben (zumindest wissen Sie, dass es Farbkanäle gibt). Ich versuche, alles so verständlich wie möglich zu erklären, allerdings werde ich nicht darauf eingehen, was Ebenen oder Pixel etc. sind. Ach ja, warum ist rechts eine Kanäle-Palette abgebildet? Nur als Augenschmaus – lesen Sie einfach weiter.

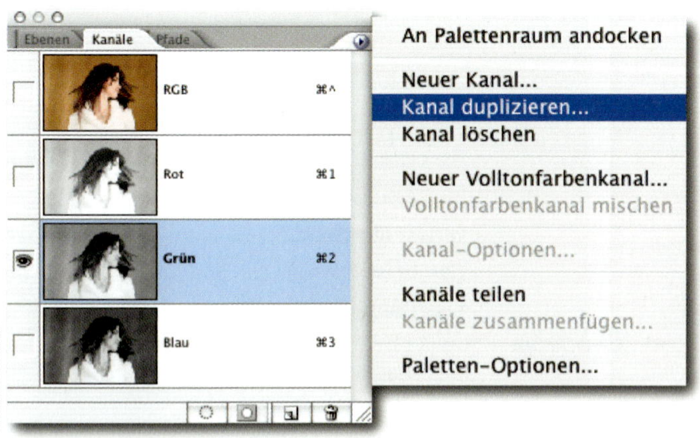

©ISTOCKPHOTO

SCHRITT 2 WENN SIE DAS BUCH DURCHGELESEN HABEN UND NOCH EINMAL ZURÜCKKEHREN

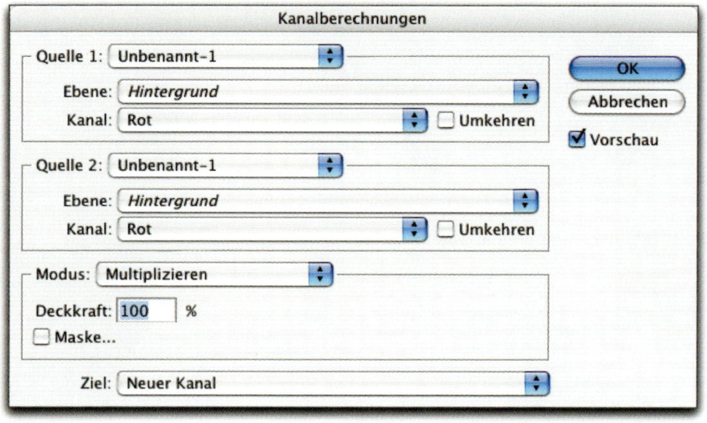

Haben Sie die Überschrift zu diesem Schritt gelesen (der weiße Text in dem roten Balken)? Okay, dann lesen Sie jetzt das. Wenn Sie das Buch zum ersten Mal lesen, lesen Sie den Text in den Detailboxen – so wie Sie es jetzt tun. Wenn Sie das Buch jedoch bereits einmal durchgelesen und Kanäle verstanden haben und es später wieder aufschlagen, brauchen Sie nur die Überschriften zu lesen und wissen, was in dem jeweiligen Schritt gemacht wird. Das spart eine Menge Zeit. Und wenn Sie bei einem Schritt hängen geblieben sind, lesen Sie diesen Text. Ist die Abbildung links nur ein weiterer Blickfang? Jep. Lesen Sie weiter.

SCHRITT 3 LEARNING BY DOING – LESEN ALLEIN HILFT NICHT

Ein weiteres Prinzip dieses Buchs: Es handelt sich um ein »Zeig-mir-wie-es-geht-Buch« und nicht um ein »Erzähl-mir-alles-über-Buch«. Sie lernen alles, indem Sie es selbst ausprobieren. Aber keine Angst, ich zeige Ihnen ganz genau, was Sie tun müssen, und auch, warum Sie es tun sollen. Ich empfehle Ihnen, die Projekte exakt so durchzuführen, wie ich sie Ihnen hier zeige – auch wenn das vielleicht nicht immer Ihre Wellenlänge ist – es baut alles aufeinander auf. Warum ist links noch eine Abbildung zu sehen? Weil die Seiten ansonsten so leer aussehen würden. Außerdem sehen wir Photoshop-Menschen uns doch gern Bilder an, oder? Nächste Seite bitte!

SCHRITT 4 SIE KÖNNEN SICH DIE HIER VERWENDETEN BILDER HERUNTERLADEN

Sobald Sie die nächste Seite umblättern, beginnen wir mit dem ersten Projekt. Auch wenn Sie bereits mit Kanälen gearbeitet haben und sich etwas auskennen: Tun Sie mir den Gefallen und arbeiten Sie Projekt für Projekt durch. Sie lernen sicher einen Tastaturkurzbefehl oder Tipp kennen, der bisher unbekannt war. Wenn Sie mit denselben Bildern arbeiten wollen wie ich, können Sie sich diese von der Website zum Buch herunterladen: **www.scottkelbbooks.com/channels photos**.
Einige Bilder habe ich selbst fotografiert, andere sind von den netten Leuten von iStockphoto.com. Sehen Sie sich kurz die Abbildung an (nur zum Spaß) und lesen Sie dann weiter.

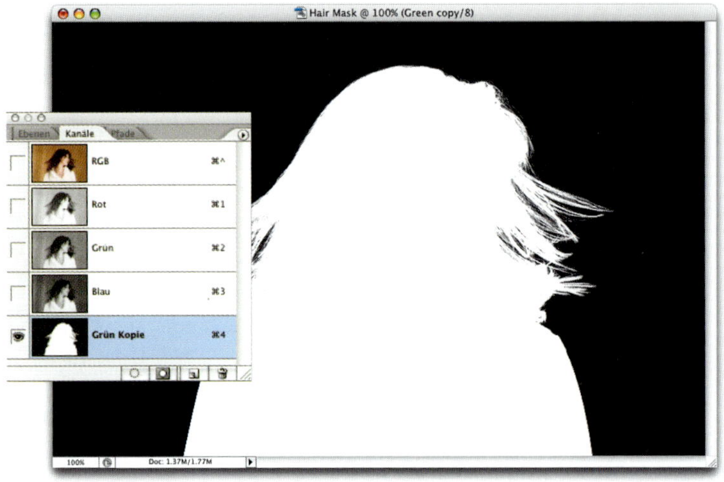

SCHRITT 5 AM ENDE EINES KAPITELS FINDEN SIE FRAGEN UND ANTWORTEN – SIE SEHEN, ICH KÜMMERE MICH

Der Nachteil an diesen Detailboxen ist, dass nicht genug Platz ist, um alle bei der Arbeit auftauchenden Fragen zu beantworten. Zum ersten Mal überhaupt habe ich deshalb am Ende eines jeden Kapitels einen Frage-und-Antwort-Teil eingefügt. Ich hoffe, Sie finden ihn nützlich. Ach ja, falls Sie sich fragen, ob Sie lernen müssen, Haarmasken wie diese hier zu erstellen: Aber klar doch! Das wird für Sie bald so einfach sein, dass Sie nur noch Fotos mit wehenden Haaren bearbeiten wollen. Okay, das war übertrieben, aber Sie werden keine Angst mehr davor haben. Nächster Schritt, bitte.

SCHRITT 6 HALTEN SIE KURZ AN UND GEHEN SIE AUF WWW.ISTOCKPHOTO.COM, ICH WARTE SO LANGE

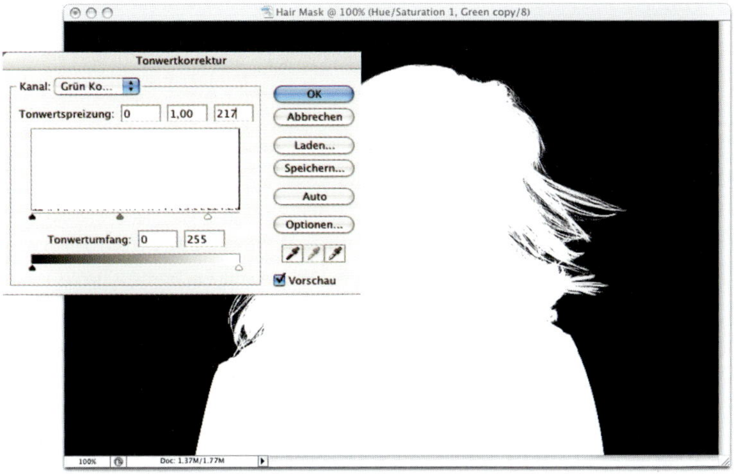

Zwei Dinge noch: (1) Vor zwei Schritten erwähnte ich iStockphoto.com. Dort war man so nett, uns zu Übungszwecken gering auflösende Versionen ihrer Bilder zu überlassen. Außerdem finden Sie dort viele nette Fotografen und Designer. Tun Sie mir (und sich selbst) den Gefallen und schauen Sie sich www.iStockphoto.com an. Übrigens wurde ich nicht darum gebeten, die Website hier zu erwähnen, aber ich mache es trotzdem. (2) Es geht um die kurzen Kapiteleinstiege zu Beginn eines jeden Kapitels. Vielleicht haben Sie den zu diesem Kapitel bereits gelesen und vielleicht hat er ein paar Sorgenfalten auf Ihrer Stirn erscheinen lassen.

SCHRITT 7 WARNUNG: DIE KAPITELEINSTIEGE SIND ... ANDERS ALS DER REST DES BUCHS ... GLAUBEN SIE MIR

Also: Wie ich bereits erwähnte, handelt es sich um ein »Zeige-mir-wie-es-geht-Buch«, weshalb ich immer wieder Dinge schreibe wie »Duplizieren Sie den grünen Kanal in der Kanäle-Palette«. Das ist keine fesselnde Prosa, ich weiß, aber dafür kann ich mich eben in den Kapiteleinstiegen etwas ausleben. Dort erkläre ich grob, worum es in dem Kapitel geht – das Stichwort hier ist jedoch »grob«. Wenn Sie ein ernsthafter Mensch sind, sollten Sie diese Intros überspringen. So, jetzt geht es los. Hissen Sie die Segel!

Kanälegrundlagen

ZUERST SEHEN WIR UNS AN, WAS KANÄLE SIND, WARUM SIE WICHTIG SIND UND WIE SIE EIGENE ERSTELLEN

Farbbilder, die Sie sich in Photoshop ansehen, bestehen im Wesentlichen aus drei Farbkanälen: einem roten, einem grünen und einem blauen Kanal. Ich sage »im Wesentlichen«, da man meistens im RGB-Farbmodus arbeitet – den Standardmodus für die meisten Bilder und auch Standard für Farbmonitore. Wenn Ihre Arbeiten zum Großteil für den Druck gedacht sind (wobei sich Menschen mit großen Tattoos die Hände mit Farbe beschmieren), werden Sie wahrscheinlich auch den CMYK-Modus verwenden (der aus vier Farbkanälen besteht). Da für die meisten jedoch, wie schon gesagt, RGB der Farbmodus der Wahl ist, wird dieser hier auch am häufigsten verwendet.

Bei diesem Kapitel gehe ich zunächst davon aus, dass Sie noch nichts über Kanäle wissen. Wir werden uns deshalb die Farbkanäle ansehen, die wichtigsten Tastaturkurzbefehle kennen lernen und einige der Dinge behandeln, die Sie in der Kanäle-Palette tun können.

SCHRITT 1 ÖFFNEN SIE DIE KANÄLE-PALETTE

Ich weiß, dass das jetzt sehr einfach klingt. Wenn Sie die Kanäle-Palette jedoch noch nicht geöffnet haben, ist das der erste Schritt (okay, Sie müssen vorher natürlich erst ein Foto öffnen). Standardmäßig befindet sich die Kanäle-Palette in einem Palettenbereich mit der Ebenen-Palette. Wenn Sie also die Ebenen-Palette öffnen, erscheint die Kanäle-Palette im Reiter rechts daneben. Das ist sehr nützlich, denn für das Öffnen der Kanäle-Palette gibt es keinen Tastaturkurzbefehl, jedoch für die Ebenen-Palette (F7). Drücken Sie also einfach F7, um die Ebenen-Palette zu öffnen, und klicken anschließend auf den Reiter Kanäle (wie in der Abbildung zu sehen).

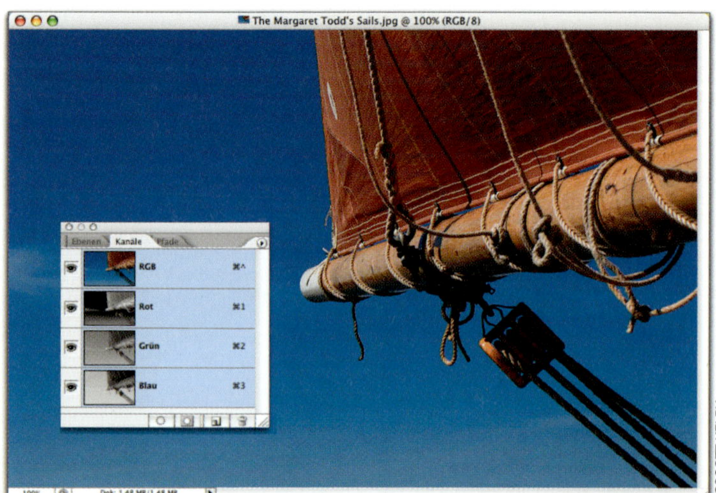

©SCOTT KELBY

SCHRITT 2 EINZELNE KANÄLE BETRACHTEN

Wenn Sie die Kanäle-Palette öffnen, sind alle Kanäle markiert. Das liegt daran, dass standardmäßig alle drei Farbkanäle (und der zusammengesetzte RGB-Kanal) aktiviert sind. Sie sehen also, was passiert, wenn der rote, grüne und blaue Kanal im Bild kombiniert werden. Sie erhalten ein farbiges RGB-Bild. Sie können sich aber auch die einzelnen Farbkanäle ansehen, indem Sie direkt auf den jeweiligen Kanal in der Kanäle-Palette klicken (wie in der Abbildung zu sehen). Im Bild wird dann nur dieser Kanal angezeigt – standardmäßig in Graustufen, aber das können Sie ändern (wie Sie im nächsten Schritt sehen werden).

SCHRITT 3 KANÄLE ALS FARBAUSZUG DARSTELLEN

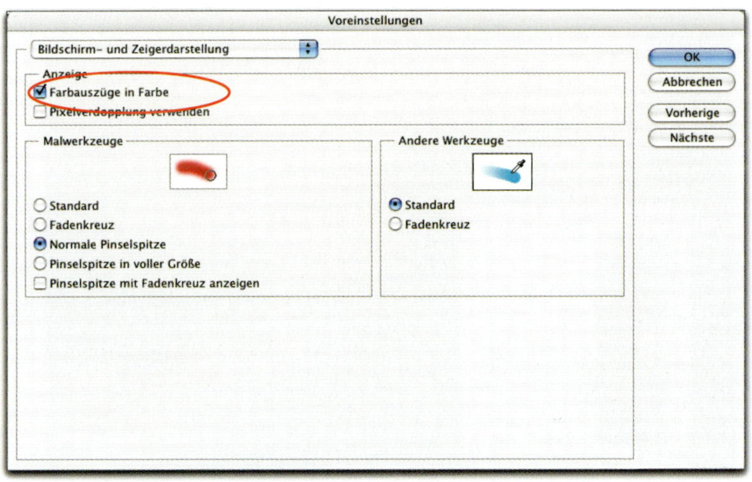

Wenn Sie Ihre Farbkanäle lieber in den entsprechenden Farben sehen wollen (Rot, Grün und Blau), müssen Sie eine Voreinstellung ändern. Drücken Sie ⌘+K (PC: Strg+K), um Photoshops Voreinstellungen zu öffnen. Wählen Sie aus dem Popup-Menü oben links die Option BILDSCHIRM- UND ZEIGERDARSTELLUNG. Innerhalb dieser Voreinstellungen aktivieren Sie im Abschnitt ANZEIGEN die Checkbox FARBAUSZÜGE IN FARBE. Klicken Sie anschließend auf OK. Jetzt werden die Graustufenkanäle in Farbe angezeigt. Auch wenn Sie diese Option nicht dauerhaft behalten wollen, schalten Sie sie für den Moment ein, da wir sie für den nächsten Schritt benötigen.

SCHRITT 4 KANÄLE ALS FARBAUSZUG ODER IN GRAUSTUFEN

Hier sehen Sie die Kanäle in der Kanäle-Palette einmal als Farbauszüge und einmal in Graustufen.

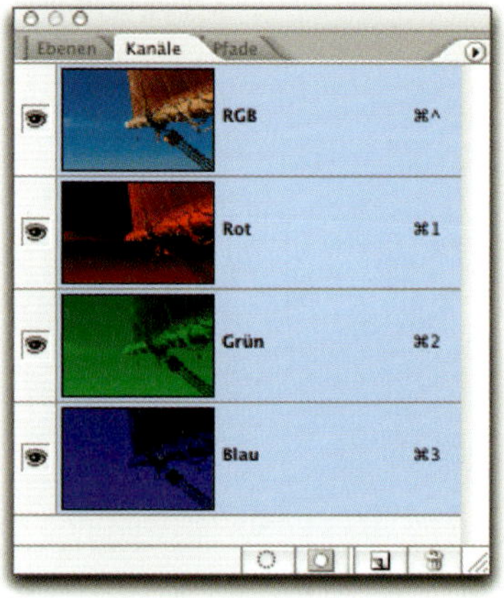

Kanäle als Farbauszug

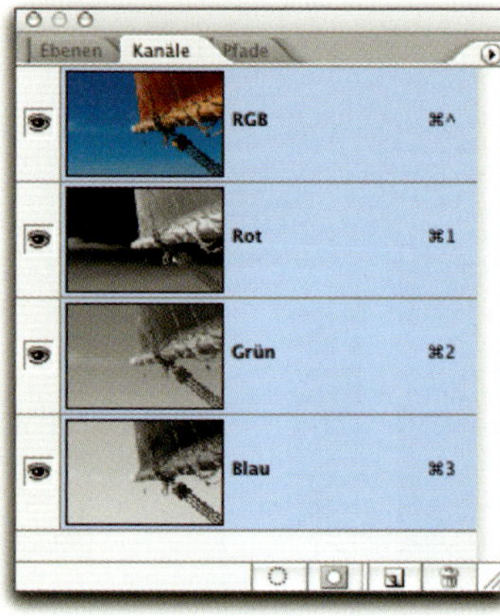

Kanäle in Graustufen

SCHRITT 5 KANÄLE ALS FARBAUSZÜGE

Es ändert sich nicht nur das Aussehen der Kanäle-Palette, sondern auch die Darstellung des Bilds. Klicken Sie auf den grünen Kanal – Sie sehen, dass das Bild nicht mehr in Graustufen dargestellt wird. Es ist grün, wie in der Abbildung zu sehen. Auf dieser Grundlage können Sie eine schnelle Übung durchführen, mit der Sie lernen, wie sich ein RGB-Bild aus den einzelnen Farbkanälen zusammensetzt. Bisher haben wir auf den grünen Kanal geklickt und ein grünes Bild erhalten. Im nächsten Schritt werden wir einfach noch einen weiteren Kanal hinzufügen. Sie sehen, wie die beiden Kanäle kombiniert werden und das Bild farbiger machen.

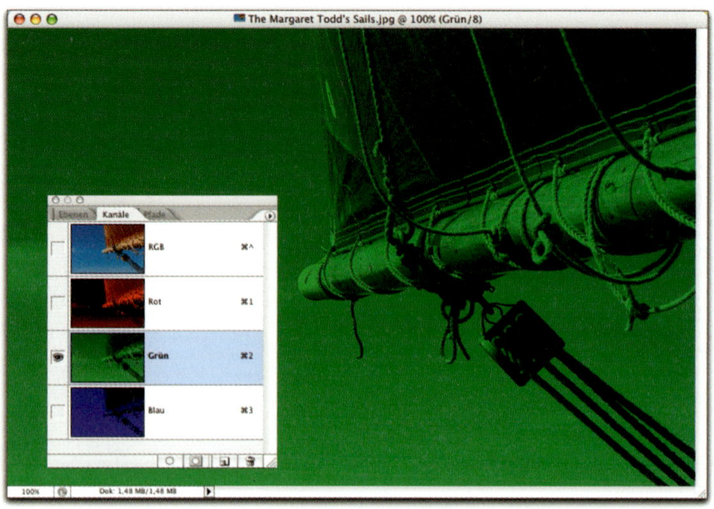

SCHRITT 6 ZWEI KANÄLE GLEICHZEITIG EINBLENDEN

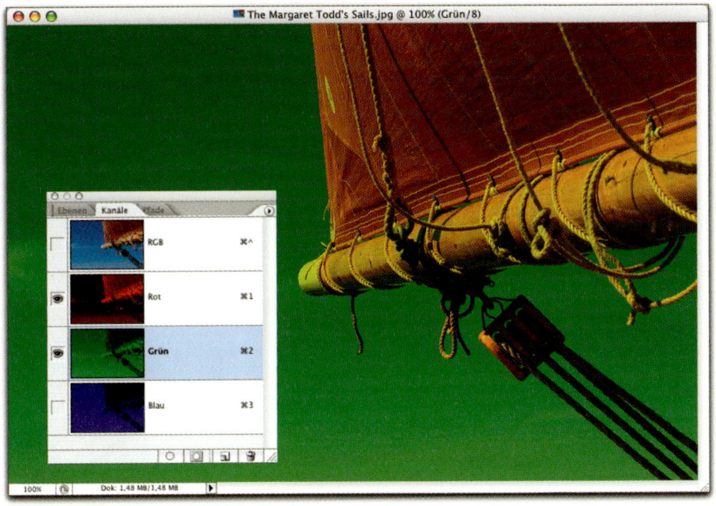

Sie werden keine Kanäle ändern, sondern nur noch einen weiteren Kanal einblenden. Klicken Sie also in der Kanäle-Palette in die Spalte links neben dem roten Kanal. Der Kanal wird sichtbar, in der Spalte erscheint ein kleines Augen-Icon. Beachten Sie, wie sich die Farbe des Segels ändert (die Segel des Schiffs sind übrigens wirklich rot). Auch die Masten und Seile sind etwas roter geworden. Sie sehen, dass eine Kombination dieser beiden Kanäle einen Teil des Himmels, einen großen Teil der Seile, des Mastens und des Segels ausmacht, der Rest des Himmels jedoch noch fehlt.

SCHRITT 7 ALLE DREI KANÄLE GLEICHZEITIG EINBLENDEN

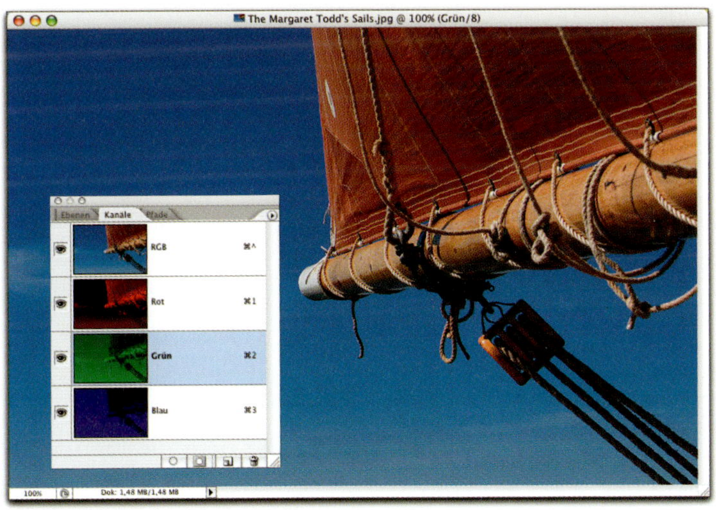

Klicken Sie nun in die Spalte links neben dem blauen Kanal, um auch ihn einzublenden. Jetzt sehen Sie, was passiert, wenn Sie den roten, grünen und blauen Kanal miteinander kombinieren – Sie erhalten ein farbiges RGB-Bild (wie das hier). Sie sehen, dass der blaue Kanal auch einige Farben für die Seile und den Mast enthält. Blenden Sie nun den grünen Kanal aus, indem Sie auf dessen Augen-Icon klicken. Jetzt sehen Sie, wie das Bild aussehen würde, wenn Sie nur den roten und den blauen Kanal miteinander kombinierten.

SCHRITT 8 AUSNAHMEN BESTÄTIGEN DIE REGEL

Das klingt jetzt vielleicht etwas komisch und widerspricht Ihren Voreinstellungen, aber es ist okay. Drücken Sie zuerst ⌘+K (PC: Strg+K), um Photoshops Voreinstellungen erneut zu öffnen. Aktivieren Sie BILDSCHIRM- UND ZEIGERDARSTELLUNGEN und deaktivieren Sie die Checkbox FARBAUSZÜGE IN FARBE. Klicken Sie anschließend auf OK. Klicken Sie nun in der Kanäle-Palette auf den blauen Kanal (wie hier zu sehen). Das Bild wird in Graustufen angezeigt, richtig?

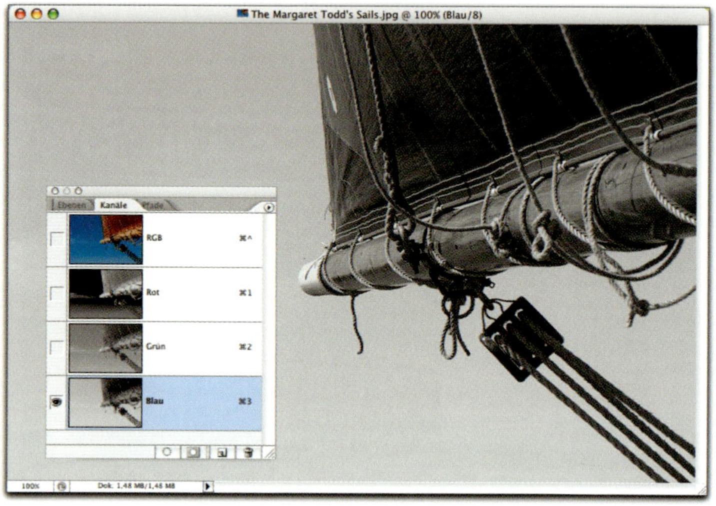

SCHRITT 9 FARBKANÄLE WERDEN DURCH KOMBINATION FARBIG ANGEZEIGT

Blenden Sie das Augen-Icon des roten Kanals ein (wechseln Sie nicht die Kanäle, machen Sie den roten Kanal nur sichtbar). Achtung, die beiden sichtbaren Kanäle werden im Bild jetzt in Farbe angezeigt, auch wenn die Kanäle einzeln als Graustufen dargestellt werden. Praktisch, oder? Da es diese Funktion gibt, wollen Sie jetzt sicherlich wissen, ob Sie die Checkbox in den Voreinstellungen aktivieren sollen oder nicht. Ich persönlich empfehle Ihnen, die Kanäle standardmäßig in Graustufen darzustellen. Wenn Sie präzise Einstellungen vornehmen wollen, können die Farben stören (wie Sie später noch sehen werden). Aber entscheiden Sie selbst.

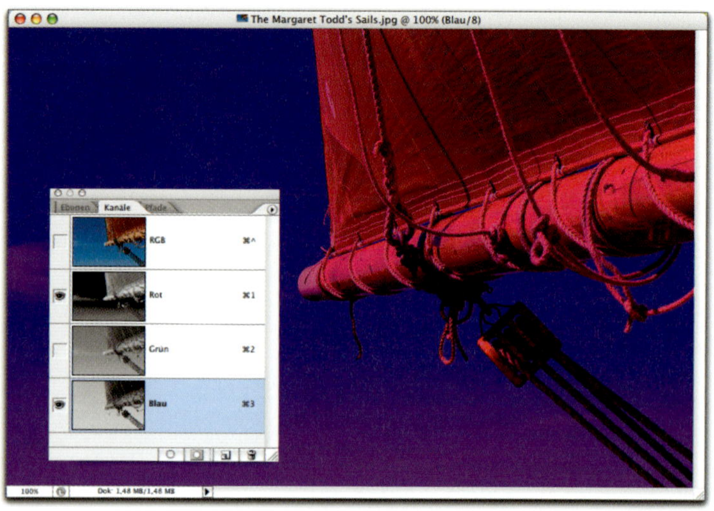

SCHRITT 10 TASTATURKURZBEFEHLE FÜR EINZELNE KANÄLE

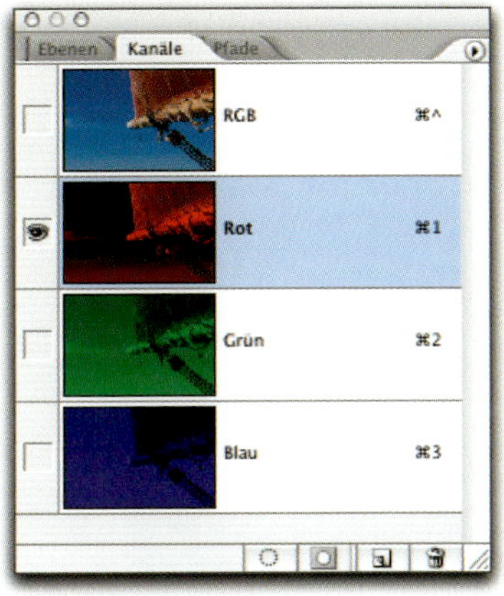

Bisher haben Sie die langsame Variante gelernt, sich die einzelnen Kanäle anzusehen. Bevor wir jedoch weitermachen, sind die Tastaturkurzbefehle dran. Zum Glück sind die ganz einfach. Für den roten Kanal drücken Sie [⌘]+[1] (PC: [Strg]+[1]); für den grünen Kanal [⌘]+[2] (PC: [Strg]+[2]). Eine Idee, wie die Abkürzung für den blauen Kanal lauten könnte? Richtig (oder falsch, ich weiß ja nicht, was Sie geantwortet haben), es ist [⌘]+[3] (PC: [Strg]+[3]). Um den RGB-Kanal einzublenden (alle Kanäle zu aktivieren), drücken Sie [⌘]+[^] (PC: [Strg]+[^]).

SCHRITT 11 TASTATURKURZBEFEHLE FÜR ZUSÄTZLICHE KANÄLE

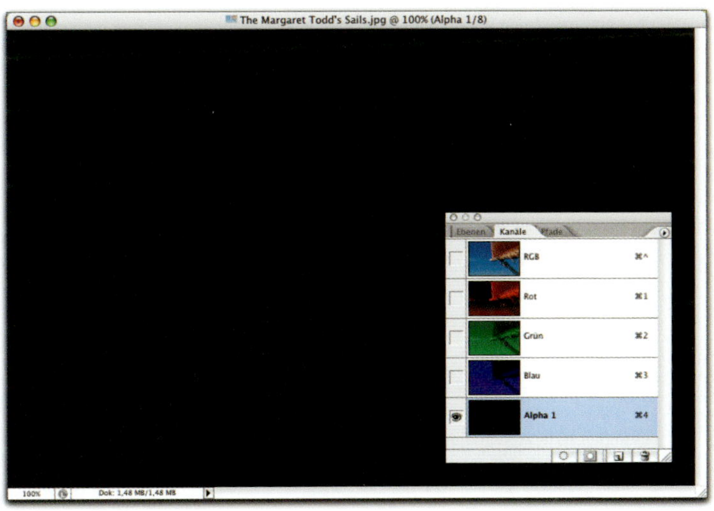

Falls Sie weitere Kanäle hinzugefügt haben (und das werden Sie früher oder später, denn darum geht es in diesem Buch), wollen Sie deren Kurzbefehle sicher auch wissen. Lassen Sie uns also einen neuen, leeren Kanal erstellen – klicken Sie einfach auf den Button NEUEN KANAL ERSTELLEN (er sieht aus wie das Icon NEUE EBENE ERSTELLEN) unten in der Kanäle-Palette (das Bild wird schwarz, weil der neue Kanal standardmäßig in Schwarz erstellt wird). Unten in der Kanäle-Palette sehen Sie einen neuen Kanal namens Alpha 1 (das ist Adobes Standardname für einen neuen Kanal). Ich liebe diesen Namen – er klingt so nach *Kampfstern Galactica*.

SCHRITT 12 BLENDEN SIE DEN RGB-KANAL EIN, DANN GEHT ES WEITER MIT ALPHA 1

Drücken Sie jetzt ⌘+^ (PC: Strg+^), um den RGB-Kanal einzublenden (damit Sie das Farbfoto sehen, wie in der Abbildung). Aktivieren Sie anschließend den neuen Alpha-Kanal (den schwarzen), drücken Sie dafür einfach ⌘+4 (PC: Strg+4). Wechseln Sie zwischen den einzelnen Kanälen und dem neuen Alpha-Kanal: Drücken Sie ⌘+1 (PC: Strg+1), ⌘+2 (PC: Strg+2), +3 und dann +4 für den neuen Alpha-Kanal (der immer noch schwarz ist; er bleibt auch schwarz, bis wir etwas mit ihm machen, beispielsweise mit Weiß auf ihm malen).

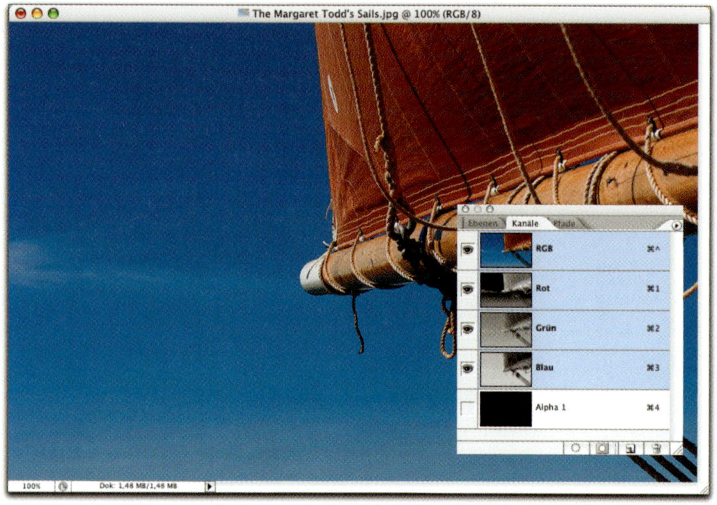

SCHRITT 13 FÜGEN SIE EINEN ZWEITEN ALPHA-KANAL HINZU UND BLENDEN SIE IHN MIT ⌘+5 (PC: Strg+5) EIN

Lassen Sie uns nun noch einen neuen Kanal erstellen. Klicken Sie erneut auf das Icon NEUEN KANAL ERSTELLEN. Blenden Sie anschließend den RGB-Kanal ein und drücken Sie ⌘+5 (PC: Strg+5), um den zweiten Alpha-Kanal einzublenden. Erkennen Sie das Prinzip? Dem nächsten Kanal würde die Zahl 6 zugewiesen, dem danach die 7 usw. Was ist, wenn Sie im CMYK-Modus arbeiten? Dann blenden Sie mit ⌘ (PC: Strg)+1 bis +4 die einzelnen CMYK-Kanäle ein und der erste weitere Kanal beginnt mit ⌘+5 (PC: Strg+5), da es in CMYK vier Farbkanäle gibt. Wenn Sie in diesem Modus ⌘+4 (PC: Strg+4) drücken, sehen Sie den schwarzen Kanal, nicht den Alpha-Kanal.

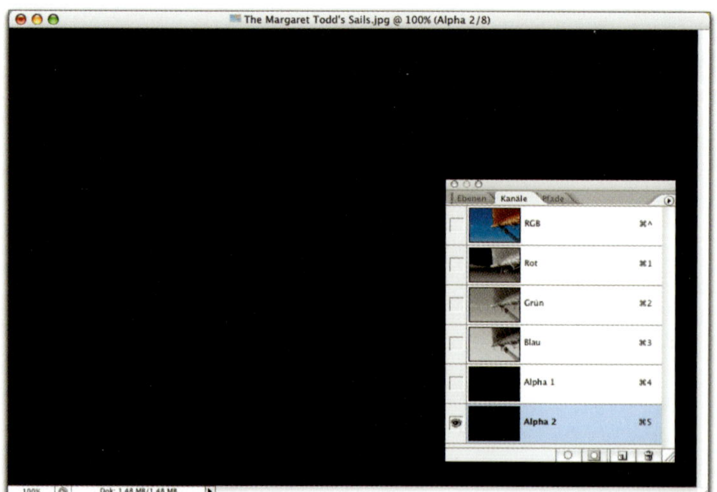

Ihr erster Kanal

DAS IST EINE GROSSARTIGE MÖGLICHKEIT, DIE KANÄLE-PALETTE KENNEN ZU LERNEN

Am liebsten werden Kanäle verwendet, um Auswahlen zu speichern und diese jederzeit wieder aufrufen zu können. In dieser Übung erstellen Sie beispielsweise eine Auswahl von dem Gänseblümchen. Es ist keine ganz einfache Auswahl und es kann sein, dass sie einige Minuten in Anspruch nimmt (auch bei mir hat es etwas gedauert). Wenn Sie sich die Zeit genommen und das Gänseblümchen ausgewählt haben (Sie brauchen nur ein Auswahlwerkzeug und etwas Geduld), können Sie es nach Belieben verändern, richtig? Und wenn Sie fertig sind, heben Sie die Auswahl einfach wieder auf, richtig? Aber was ist, wenn Sie sich ein paar Minuten (oder Stunden) später dazu entschließen, noch einmal Veränderungen am Gänseblümchen vorzunehmen? Sie müssten die Auswahl erneut erstellen – es sei denn, Sie haben die Auswahl vorhin gespeichert, bevor Sie sie aufgehoben haben.

Wenn Sie die Auswahl gespeichert haben, dauert es nur ein paar Sekunden, die Auswahl wiederherzustellen. Die Auswahl wird als Kanal gespeichert, Sie sehen sie in der Kanäle-Palette. Dieser neue Kanal verändert die anderen Farbkanäle nicht (sonst würde das Bild zerstört). Stattdessen wird die Auswahl als so genannter Alpha-Kanal gespeichert (Adobes Name für zusätzliche Kanäle). Sie werden jetzt einen eigenen Alpha-Kanal erstellen.

SCHRITT 1 ERSTELLEN SIE EINE ETWAS SCHWIERIGERE AUSWAHL WIE DIESE HIER

Zuerst erstellen wir eine Auswahl vom Gänseblümchen (wie in der Abbildung zu sehen). Sie können mit dem Lasso (Taste »L«) an den Außenkanten entlang ziehen oder sich dabei vom Magnetischen Lasso helfen lassen (drücken Sie dafür ⇧ + L). Klicken Sie damit einmal, lassen Sie die Maustaste los und zeichnen Sie mit dem Cursor um die Umrisse. Klicken Sie zwischendurch hin und wieder, um feste Punkte zu erstellen (bei Richtungsänderungen ist das ganz nützlich). Egal, welche Methode Sie verwenden, nehmen Sie sich einfach etwas Zeit, um die gesamte Blume auszuwählen (halten Sie die ⇧-Taste gedrückt, um die Auswahl zu erweitern; die ⌥ [PC: Alt]-Taste, um sie zu verkleinern).

©SCOTT KELBY

SCHRITT 2 WÄHLEN SIE AUSWAHL/AUSWAHL SPEICHERN

Um die Auswahl als Kanal zu speichern, wählen Sie AUSWAHL/AUSWAHL SPEICHERN (wie hier zu sehen).

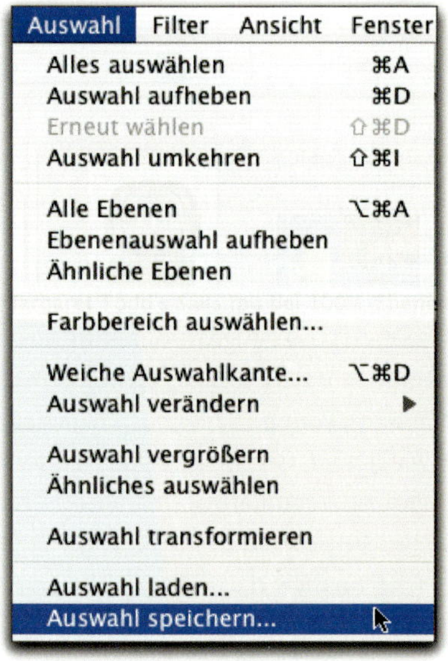

SCHRITT 3 KLICKEN SIE AUF OK, UM DIE AUSWAHL ALS KANAL ZU SPEICHERN

Es öffnet sich die Dialogbox AUSWAHL SPEICHERN. Wenn Sie nichts weiter tun und einfach nur auf OK klicken, wird die Auswahl als neuer Kanal in der Kanäle-Palette gespeichert. Sie erscheint dort als Alpha 1. Falls Sie einen anderen Namen wünschen, können Sie diesen in der Dialogbox eingeben. Sie müssen dem Kanal hier keinen Namen geben. Sie können ihn später in der Kanäle-Palette jederzeit ändern, indem Sie doppelt auf den Namen klicken, einen neuen Namen eingeben und anschließend ↵ drücken.

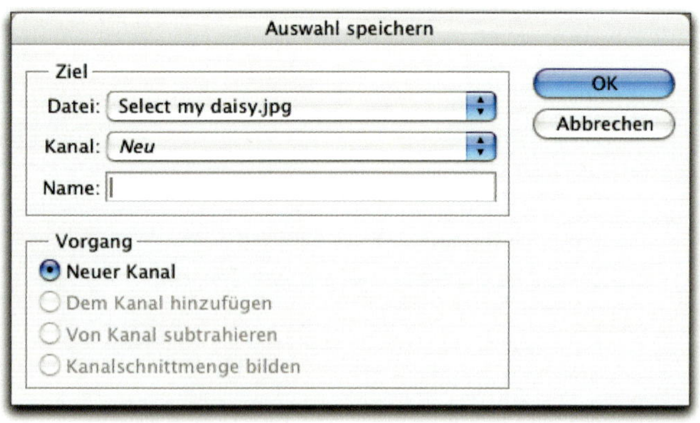

SCHRITT 4 DIE GESPEICHERTE AUSWAHL ERSCHEINT ALS ALPHA 1 UNTER DEM BLAUEN KANAL

Ein Blick in die Kanäle-Palette macht deutlich, dass die Farbkanäle (die das Bild ausmachen) unverändert sind. Unten in der Palette sehen Sie jedoch einen neuen Kanal. In der Miniatur erkennen Sie die Form einer weißen Blume vor einem schwarzen Hintergrund. Das ist Ihr erster neuer Kanal. *Hinweis:* Wenn Sie nicht zuerst eine Auswahl, sondern einfach nur einen neuen Kanal erstellen (indem Sie unten in der Kanäle-Palette auf das Icon NEUEN KANAL ERSTELLEN klicken), erscheint dieser einfarbig schwarz. Probieren Sie es aus, Sie werden sehen, was ich meine. Löschen Sie diesen zusätzlichen Kanal (Alpha 2) jedoch anschließend wieder.

SCHRITT 5 DURCH KLICK AUF DAS AUGEN-ICON NEBEN ALPHA 1 SEHEN SIE DAS RGB-BILD ALS ROTE ÜBERLAGERUNG

Wechseln Sie keine Kanäle, blenden Sie den neuen Kanal, Alpha 1, ein, indem Sie in die Spalte links neben dem Kanal klicken. Der Kanal wird als Überlagerung sichtbar. Sie werden zwei Dinge feststellen: (1) Das Gänseblümchen erscheint in Farbe (deswegen hat die Auswahl ein Loch in den schwarzen Kanal gestanzt), und (2) die schwarzen Bereiche erscheinen rot. Das geht zurück auf traditionelle Masken beim Offsetdruck. Dort musste mit einem Messer vorsichtig eine Maske aus rotem Material ausgeschnitten werden. Menschen mit Druckkenntnissen lieben diese Ansicht, weil sie ihnen so vertraut ist.

SCHRITT 6 KLICKEN SIE DIREKT AUF DEN ALPHA-KANAL, UM NUR DIESEN ALLEIN ZU SEHEN (⌘/Strg+4)

Falls Sie den einzelnen Alpha-Kanal sehen wollen (so wie Sie auch die einzelnen Farbkanäle betrachten können), klicken Sie zuerst auf den RGB-Kanal und drücken dann ⌘+4 (PC: Strg+4) oder klicken Sie einfach direkt auf den Kanal, wie in der Abbildung zu sehen. Jetzt wird nur der Alpha-Kanal eingeblendet – eine Ansicht, die Sie im Verlauf des Buchs noch brauchen werden. Sie können die Auswahl jetzt bearbeiten, indem Sie mit Schwarz oder Weiß auf ihr malen. Malen Sie mit Weiß, wird die Auswahl vergrößert. Wenn Sie den Stängel also beispielsweise verlängern wollen, malen Sie einfach mit Weiß.

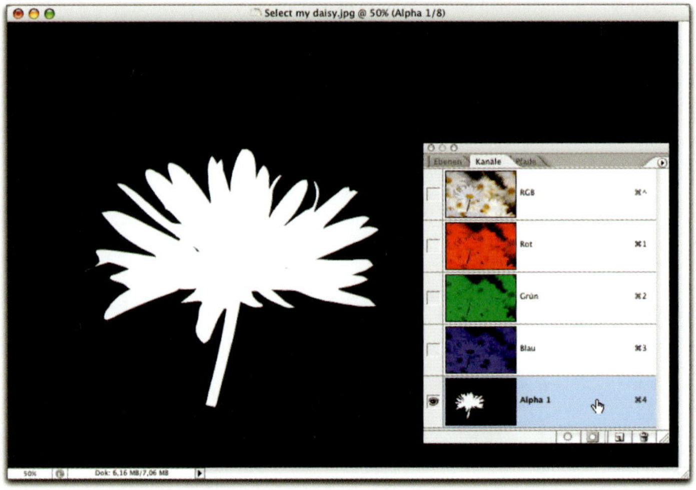

SCHRITT 7 KLICKEN SIE AUF DEN BUTTON KANAL ALS AUSWAHL LADEN

Ihre Auswahl ist jetzt im Bildfenster visualisiert. Der weiße Teil ist die Auswahl, der schwarze all das, was nicht ausgewählt wurde. Falls Sie die Auswahl wiederherstellen wollen, können Sie das direkt in der Kanäle-Palette. Klicken Sie unten in der Kanäle-Palette einfach auf den Button Kanal als Auswahl laden (wie hier zu sehen), die Auswahl erscheint wieder. Wir bezeichnen das als »Auswahl laden« – wenn Sie also den Begriff später hören, wissen Sie genau, was darunter zu verstehen ist.

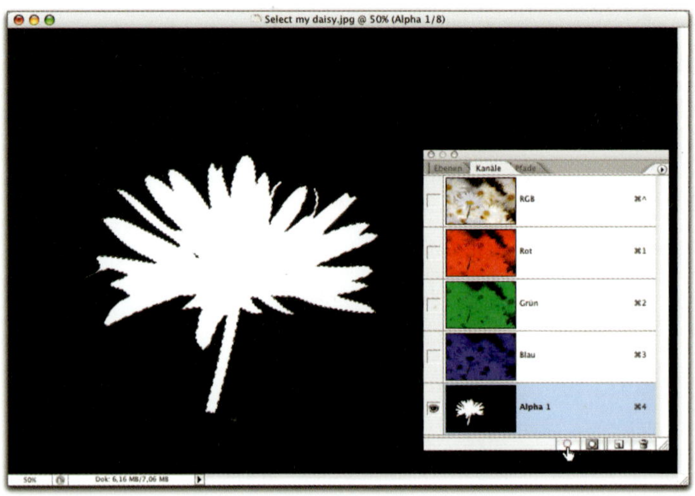

SCHRITT 8 KLICKEN SIE WIEDER AUF DEN RGB-KANAL, UM DIE AUSWAHL ZU SEHEN

Wenn Sie wieder auf den RGB-Kanal klicken (klicken Sie entweder direkt auf die Buchstaben RGB, rechts neben die Buchstaben oder auf die Miniatur), sehen Sie, dass die Auswahl immer noch da ist (klicken Sie nicht auf das Augen-Icon – das ist nur für die Ansicht – klicken Sie auf den Kanal selbst). Übrigens wird der RGB-Kanal auch als zusammengesetzter (oder Komposit-)Kanal bezeichnet, weil er sich aus allen drei Kanälen zusammensetzt. Okay, das war eine Möglichkeit, eine Auswahl zu laden, es gibt aber auch noch andere, die ebenso ihre Vorteile haben (wie Sie im nächsten Schritt sehen werden).

SCHRITT 9 HEBEN SIE DIE AUSWAHL AUF, WÄHLEN SIE ANSCHLIESSEND AUSWAHL/AUSWAHL LADEN

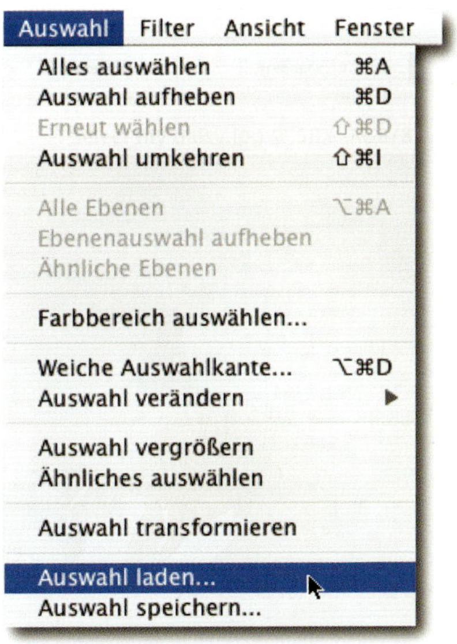

Heben Sie die Auswahl auf, damit wir eine andere Methode ausprobieren können. Drücken Sie also ⌘+D (PC: Strg+D), um die Auswahl aufzuheben. Sie können eine Auswahl auch laden, indem Sie Auswahl/Auswahl laden wählen (wie hier zu sehen).

SCHRITT 10 WÄHLEN SIE IN DER DIALOGBOX DEN KANAL ALPHA 1

Es erscheint die Dialogbox AUSWAHL LADEN (hier zu sehen). Standardmäßig wird Alpha 1 geladen, wenn Sie jedoch mehr als einen Alpha-Kanal haben (bis zu 56 sind möglich), können Sie aus dem Kanäle-Popup-Menü den entsprechenden Kanal auswählen. Die Vorteile dieser Dialogbox sind: (1) Sie können den Kanal umkehren, so dass alles außer der Blume ausgewählt ist, und den Hintergrund bearbeiten, ohne das Gänseblümchen zu verändern; und (2) falls Sie bereits eine Auswahl erstellt haben, können Sie bestimmen, was mit der Auswahl passieren soll (hinzufügen, subtrahieren oder eine Schnittmenge bilden), aber mehr dazu später.

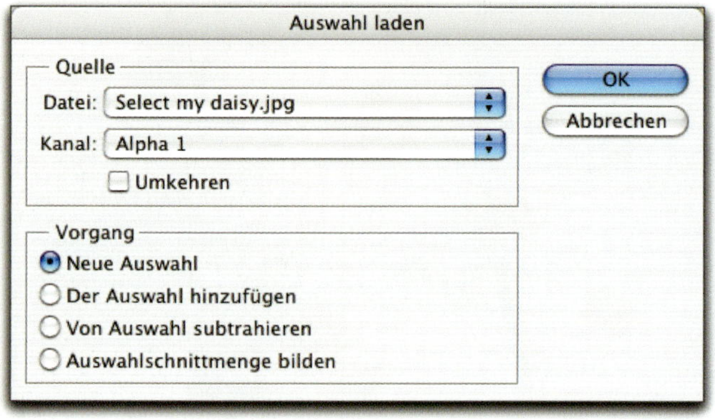

SCHRITT 11 ÖFFNEN SIE DIE TONWERTKORREKTUR, HELLEN SIE DIE LICHTER AUF UND DUNKELN SIE DIE TIEFEN AB

Egal, mit welcher Methode Sie die Auswahl laden, wir werden das Gänseblümchen jetzt bearbeiten, damit Sie sehen, wie Sie geladene Auswahlen nutzen können. Da die Blume ausgewählt ist, wirken sich die Änderungen nur darauf aus, richtig? Drücken Sie also ⌘+L (PC: Strg+L), um die Tonwertkorrektur zu öffnen. Wir werden den Kontrast der Blume verstärken. Ziehen Sie den Schwarzpunktregler nach rechts, um die Tiefen abzudunkeln, und anschließend den Weißpunktregler nach links (wie in der Abbildung zu sehen), um die Lichter aufzuhellen. Klicken Sie anschließend auf OK. Die Blume soll sich stärker vom Hintergrund abheben.

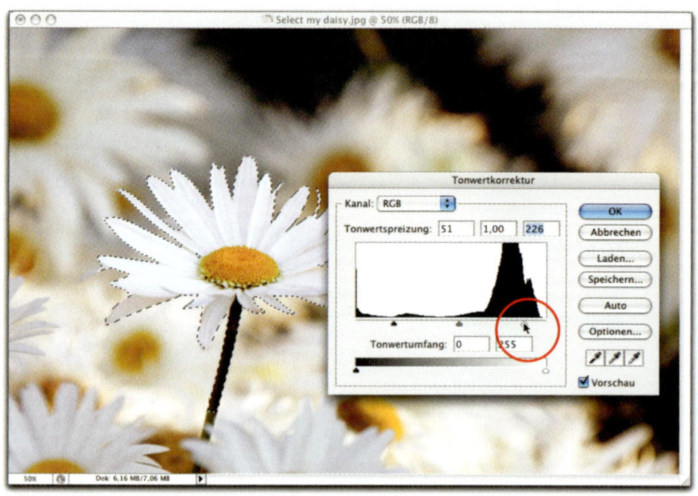

SCHRITT 12 KEHREN SIE DIE AUSWAHL UM

Wählen Sie AUSWAHL/AUSWAHL UMKEHREN. Die Auswahl wird so umgekehrt, dass jetzt alles außer des Gänseblümchens ausgewählt ist (das wäre auch in der Dialogbox AUSWAHL LADEN mit der Checkbox UMKEHREN möglich gewesen, allerdings wollten wir zunächst eine Tonwertkorrektur vornehmen).

SCHRITT 13 DUNKELN SIE DEN HINTERGRUND AB, INDEM SIE DEN TONWERTUMFANG ANPASSEN

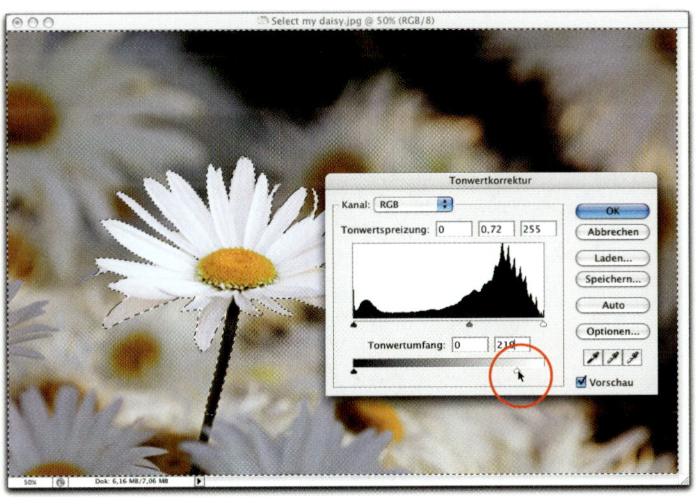

Drücken Sie ⌘+L (PC: Strg+L), um die Tonwertkorrektur-Dialogbox erneut zu öffnen. Wir werden jetzt den Hintergrund abdunkeln. Ziehen Sie den Gammaregler etwas nach rechts, um die Mitteltöne abzudunkeln. Ziehen Sie den rechten Regler des Tonwertumfangs nach links, um das gesamte Bild abzudunkeln. Klicken Sie anschließend auf OK. Heben Sie die Auswahl mit ⌘+D (PC: Strg+D) auf.

SCHRITT 14 SO SAH DAS ORIGINALBILD AUS

Hier sehen Sie noch einmal das Originalbild vor den Änderungen.

SCHRITT 15 NACHHER: AUSWAHL LADEN, HINTERGRUND ABDUNKELN UND BLUME AUFHELLEN

So sieht das Bild aus, nachdem die Blume aufgehellt und der Hintergrund abgedunkelt wurde. Das Gänseblümchen sticht jetzt richtig hervor. Erinnern Sie sich noch an den Schritt, bevor wir die Auswahl das letzte Mal aufgehoben haben? Da wir die Auswahl gespeichert haben, können wir sie in nur zwei Sekunden wiederherstellen, ohne die gesamte Auswahl neu erstellen zu müssen. Nutzen Sie diesen Tastaturkurzbefehl, um den Alpha-Kanal schnell als Auswahl zu laden: ⌘+⌥+4 (PC: Strg+Alt+4). Noch eine letzte Sache: Wählen Sie Filter/Scharfzeichnungsfilter/Unscharf maskieren.

TASTATURKURZBEFEHLE	WINDOWS	MACINTOSH
Mehr als einen Kanal gleichzeitig auswählen	Halten Sie die [⇧]-Taste gedrückt und klicken Sie in der Kanäle-Palette direkt auf den Kanal, den Sie auswählen wollen.	Halten Sie die [⇧]-Taste gedrückt und klicken Sie in der Kanäle-Palette direkt auf den Kanal, den Sie auswählen wollen.
Einen Kanal duplizieren	Klicken Sie mit der rechten Maustaste auf den Kanal und wählen Sie KANAL DUPLIZIEREN.	Klicken Sie mit gedrückter [Ctrl]-Taste auf den Kanal und wählen Sie KANAL DUPLIZIEREN.
Einen Kanal löschen	Klicken Sie mit der rechten Maustaste auf den Kanal und wählen Sie KANAL LÖSCHEN.	Klicken Sie mit gedrückter [Ctrl]-Taste auf den Kanal und wählen Sie KANAL LÖSCHEN.
Einen neuen Kanal bei seiner Erstellung benennen	Halten Sie die [Alt]-Taste gedrückt und klicken Sie auf das Icon NEUEN KANAL ERSTELLEN.	Halten Sie die [⌥]-Taste gedrückt und klicken Sie auf das Icon NEUEN KANAL ERSTELLEN.
Einen Kanal als Auswahl laden	Halten Sie die [Strg]-Taste gedrückt und klicken Sie in der Kanäle-Palette direkt auf den Kanal, den Sie laden wollen.	Halten Sie die [⌘]-Taste gedrückt und klicken Sie in der Kanäle-Palette direkt auf den Kanal, den Sie laden wollen.
Mehr als einen Kanal als Auswahl laden	Klicken Sie mit gedrückter [Strg]-Taste auf den ersten und dann auf die weiteren Kanäle, die Sie laden wollen.	Klicken Sie mit gedrückter [⌘]-Taste auf den ersten und dann auf die weiteren Kanäle, die Sie laden wollen.
Den Luminanzkanal eines Bilds laden	Drücken Sie [Strg]+[Alt]+[1].	Drücken Sie [⌘]+[⌥]+[1].
Eine Auswahl als Alpha-Kanal speichern	Klicken Sie mit gedrückter rechter Maustaste in den ausgewählten Bildbereich und wählen Sie AUSWAHL SPEICHERN.	Klicken Sie mit gedrückter [Ctrl]-Taste in den ausgewählten Bildbereich und wählen Sie AUSWAHL SPEICHERN.
Die Auswahl eines Kanals aufheben	Klicken Sie mit [Strg]+[Alt] auf den geladenen Kanal.	Klicken Sie mit [⌘]+[⌥] auf den geladenen Kanal.
Einen neuen Volltonfarbenkanal erstellen	Halten Sie die [Strg]-Taste gedrückt und klicken Sie auf das Icon NEUEN KANAL ERSTELLEN.	Halten Sie die [⌘]-Taste gedrückt und klicken Sie auf das Icon NEUEN KANAL ERSTELLEN.

Frage & Antwort

Ist es möglich, in einem Farbkanal zu arbeiten (z.B. im blauen Kanal), während die Auswirkungen auf das gesamte Bild zu sehen sind?

Ja. Klicken Sie in der Kanäle-Palette auf den blauen Kanal, drücken Sie anschließend die Taste »^« (direkt über der ⇥-Taste, um den RGB-Kanal einzublenden, auch wenn Sie Änderungen am blauen Kanal vornehmen (wie unten in der Abbildung zu sehen). Wenn Sie die Taste »^« drücken, während Sie sich im Alpha-Kanal befinden (nicht in einem Farbkanal), erscheinen die schwarzen Bereiche des Bilds als rote Überlagerung, die weißen Bereiche werden farbig dargestellt.

Was ist der zusammengesetzte RGB-Kanal?

Mit nur einem Klick können Sie damit alle drei RGB-Kanäle auf einmal einblenden. Klicken Sie also auf diesen Kanal, wenn Sie das farbige RGB-Bild sehen wollen (Alpha-Kanäle werden ignoriert, es wird nur das Farbbild eingeblendet).

Erhöht sich durch das Hinzufügen eines Kanals die Dokumentgröße, wie beim Hinzufügen von Ebenen?

Glücklicherweise wird die Datei durch das Hinzufügen eines Kanals nicht in dem Maße größer, wie es beim Hinzufügen einer Ebene der Fall ist, weil Sie nur ein 8-Bit-Graustufenbild hinzufügen. Das ist einer der großen Vorteile von Kanälen gegenüber Ebenen. Fügen Sie also nach Herzenslust Kanäle hinzu (Photoshop setzt Ihnen bei 56 jedoch eine Grenze).

Muss die Kanäle-Palette geöffnet sein, um zu wissen, in welchem Kanal ich mich befinde?

Nein. Wenn Sie einzelne Kanäle aktivieren (mithilfe der Tastaturkurzbefehle von Seite 11), sehen Sie mit einem Blick in die Titelleiste des Photoshop-Dokuments, in welchem Kanal Sie sich befinden. Rechts neben dem Dateinamen wird der Name des aktuell ausgewählten Kanals angezeigt (siehe Abbildung).

©ISTOCKPHOTO/AMANDA ROHDE

Was passiert, wenn ich aus Versehen den RGB-Kanal lösche?

Keine Angst, das geht nicht – Photoshop lässt das nicht zu. Wenn Sie jedoch den roten, grünen oder blauen Kanal löschen, handelt es sich nicht länger um ein RGB-Bild, Photoshop löscht dann automatisch den RGB-Kanal.

Wodurch wird bestimmt, aus wie vielen Farbkanälen mein Bild besteht?

Der Farbmodus des Bilds bestimmt die Anzahl der Kanäle. Wenn Sie beispielsweise ein Graustufenbild öffnen, besitzt es nur einen Kanal. Ein RGB-Bild umfasst drei Kanäle (Rot, Grün und Blau). Wenn Sie ein Bild zum Drucken in CMYK umwandeln (oder ein CMYK-Bild öffnen), besitzt es vier Kanäle (Cyan, Magenta, Gelb und Schwarz).

Werden Alpha-Kanäle und Farbkanäle an unterschiedlichen Orten gespeichert?

Nein. Sie werden alle in der Kanäle-Palette gespeichert.

Kann ich Alpha-Kanäle zusammen mit der Datei speichern?

Ja, solange Sie eines dieser Dokumentformate verwenden: Photoshop (PSD), TIFF, PDF, PICT oder Pixar.

2
ACTUAL PIXELS
FIT SCREEN
PRINT SIZE
CHANNELS
NEW CHANNEL
DUPLICATE CHANNEL
DELETE CHANNEL
MERGE CHANNELS

Maskieren mithilfe von Kanälen

Ich wette, Sie denken bei dieser Kapitelüberschrift an zwei Dinge: (1) Ich wusste gar nicht, dass man mithilfe von Kanälen Masken erstellen kann. Oder (2): Was ist Maskieren? Ob Sie es glauben oder nicht, der Begriff »Maskieren« ist einer der am häufigsten falsch verstandenen Begriffe in Photoshop. Es gibt aber auch andere falsch verstandene Begriffe wie *bikubisch neu berechnen* und *künstliche Befruchtung*. Das ist sehr schade, denn eigentlich sind diese Dinge ganz simpel.

Das Wort »Maskieren« stammt vom schönen lateinischen »diemaske«, womit der Jim-Carrey-Film gemeint ist. Okay, zurück zum Wesentlichen: nicht zu erklären, was Maskieren bedeutet. Das geschieht nämlich gleich zu Beginn dieses Kapitels – ich habe natürlich ein richtiges »Maskieren-wie-im-richtigen-Leben-Traktat« verfasst. Wobei wir wieder bei Latein wären. Übrigens habe ich keine Ahnung, was Traktat bedeutet, obwohl ich den lateinischen Ursprung kenne.

Masken verstehen

WENN SIE IN PUNCTO MASKEN ETWAS VERWIRRT SIND, WIRD DIESES KAPITEL LICHT INS DUNKEL BRINGEN

Lassen Sie sich vom Wort »Maskieren« nicht durcheinander bringen – es ist nur ein weiterer Begriff aus der traditionellen Druckvorstufe, der in Photoshop übernommen wurde (wie der Begriff »Unscharf maskieren«, ein Begriff aus der traditionellen Dunkelkammer).

Beim Maskieren werden Teile des Bilds geschützt, während andere Bildbereiche verändert werden können. Es ist, als würden Sie Ihr Auto neu lackieren – Sie müssen die Teile abkleben, die nicht lackiert werden sollen (Fenster, Scheinwerfer etc.). Diese Bereiche müssen geschützt werden, während Sie das restliche Auto lackieren. Das ist das Prinzip von Masken – Bildbereiche auszublenden, die nicht geändert werden sollen.

In diesem Kapitel werden Sie die unterschiedlichsten Masken erstellen (die wir in Auswahlen umwandeln). Bevor es jedoch losgeht, will ich Ihnen zeigen, wie Masken funktionieren. Wir beginnen mit einer ganz einfachen Lektion. Sobald Sie das verstanden haben, beschäftigen wir uns mit richtigen Masken. Aber keine Angst, Sie werden es verstehen.

SCHRITT 1 WIR BEGINNEN MIT EINER BUCHSTABENSCHABLONE

Okay, vergessen Sie Photoshop für einen Augenblick, weil wir uns erst einmal mit einem richtigen Stück Papier beschäftigen (Sie müssen jetzt kein Papier holen, ich habe das bereits für Sie erledigt). Es geht hier um das Prinzip einer herkömmlichen Schablone (die Sie im Schreibwarenladen kaufen können). Hier handelt es sich, wie Sie sehen können, um eine Buchstabenschablone – die Buchstaben wurden aus dem braunen Karton ausgeschnitten. Bisher ist alles noch ganz einfach, oder?

©SCOTT KELBY

SCHRITT 2 **DECKEN SIE MIT DER SCHABLONE DAS PAPIER AB, SPRÜHEN SIE MIT BLAU**

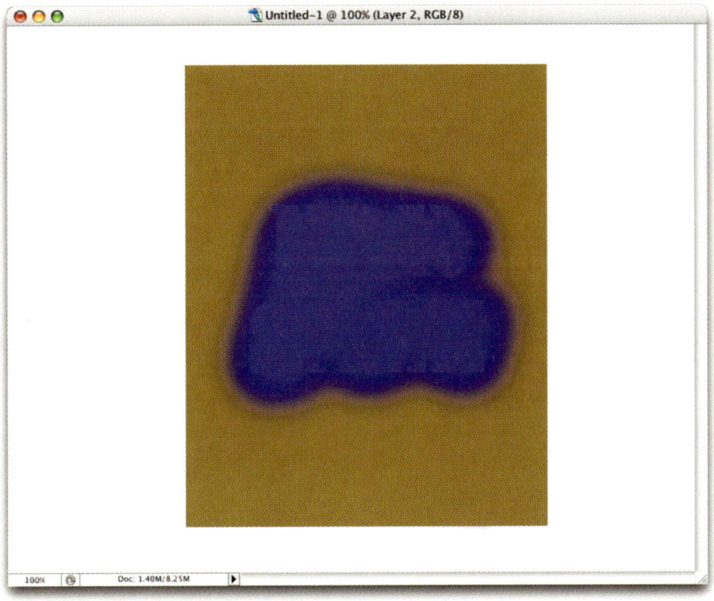

Wenn Sie die Schablone jetzt komplett über das gelbe Papier legen und mit blauer Farbe über die Buchstaben sprühen (wie hier zu sehen), erhalten Sie einen blauen Fleck, richtig? Sie brauchen sich aber keine Sorgen zu machen, weil die blaue Farbe nur in den Buchstaben erscheint – das ist das Prinzip von Schablonen – der braune Karton schützt das restliche Papier.

SCHRITT 3 **WENN SIE DIE SCHABLONE ENTFERNEN, SIND NUR DIE AUSGESCHNITTENEN BUCHSTABEN BLAU**

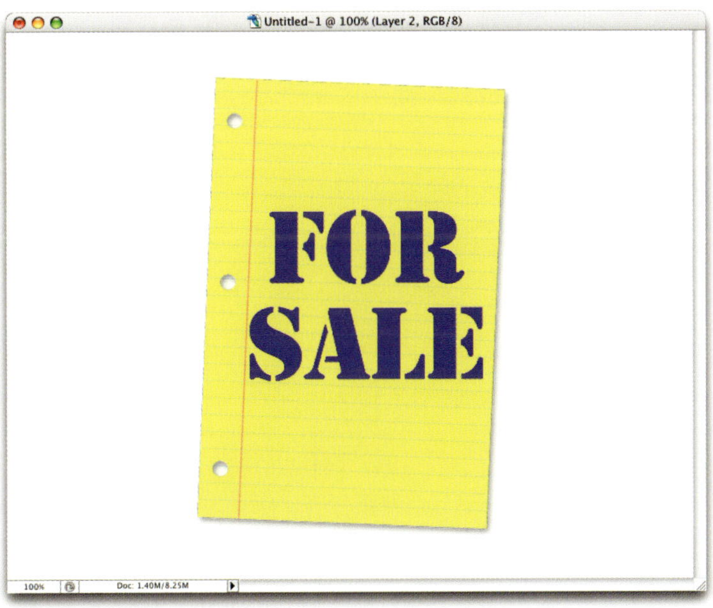

Wenn Sie die Schablone vom Papier entfernen, bleiben die blauen Buchstaben auf dem gelben Papier übrig. Bis hierher verstanden? Ja, sicher. Dann lassen Sie uns einen Schritt weiter gehen.

SCHRITT 4	WAS PASSIERT, WENN SIE DIE SCHABLONE NICHT AUF GELBES PAPIER, SONDERN AUF EIN FOTO LEGEN?

Was ist, wenn wir statt des gelben Papiers ein Foto wie dieses hier verwenden? Wenn wir die Schablone über die Kühe legen, schützen die braunen Bereiche alles außer den Buchstaben (wie im rechten Bild zu sehen). Okay, der einzige Unterschied zu eben ist das Hintergrundbild.

©ISTOCKPHOTO/MARTINA BERG

SCHRITT 5	SPRÜHEN SIE MIT BLAU ÜBER DIE AUSGESCHNITTENEN BUCHSTABEN

Wenn Sie mit der Farbe jetzt über die ausgeschnittenen Buchstaben sprühen, würden die braunen Bereiche den Rest des Fotos schützen und nur die Buchstaben würden blau, richtig?

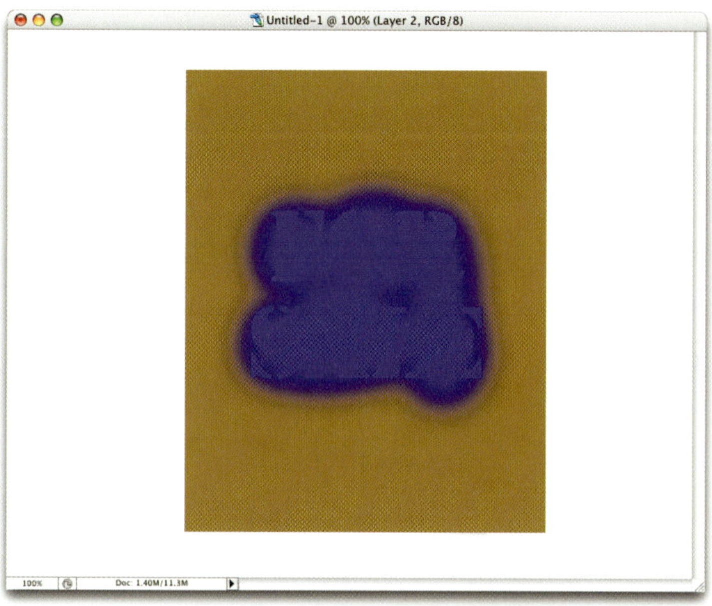

SCHRITT 6 DAS ERGEBNIS IST DASSELBE – NUR DIE AUSGESCHNITTENEN BEREICHE SIND BLAU

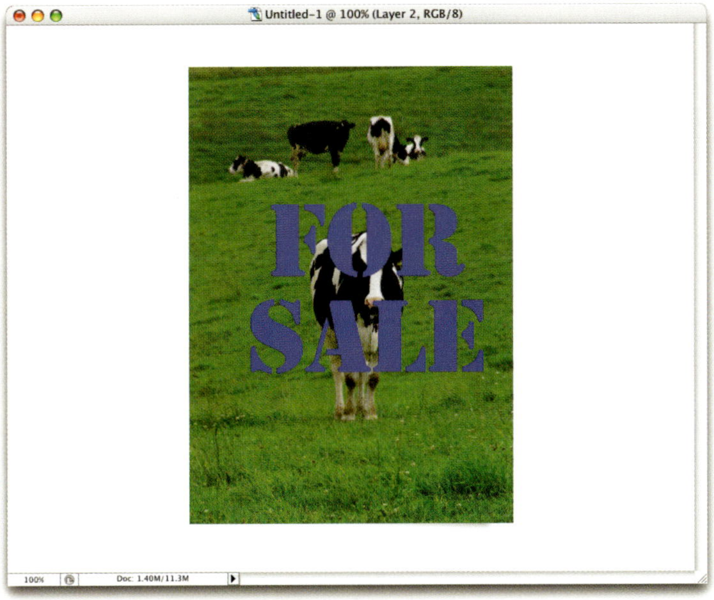

Entfernen Sie die Schablone, dann sehen Sie den Effekt – die blaue Farbe ist nur in Form der Buchstaben zu sehen. Die Schablone funktioniert also genauso wie über dem gelben Papier. Das wussten Sie sicherlich, aber ich wollte es trotzdem noch einmal erwähnen. Lassen Sie uns das Prinzip jetzt auf Photoshop übertragen.

SCHRITT 7 WAS IST, WENN DAS BRAUNE PAPIER SCHWARZ IST? ÄNDERT DAS ETWAS? NEIN!

Wenn wir dieselbe Schablone jetzt in Schwarz kaufen würden (statt in braun) und diese über unser Foto legen, würde sich nichts ändern, oder? Die ausgeschnittenen Buchstaben scheinen hindurch, die schwarzen Bereiche schützen den Rest des Bilds.

SCHRITT 8	SO ÄHNLICH FUNKTIONIEREN MASKEN – NICHT MIT SCHABLONE, SONDERN MIT EINER WEISSEN FÜLLUNG

Photoshop wendet dasselbe Prinzip für seine Masken an, mit einer kleinen Ausnahme – die ausgeschnittenen Bereiche sind hier weiß und nicht transparent (wie links in der Abbildung zu sehen). Wenn Sie jetzt mit einem weichen Pinsel und demselben Blau über die Schablone malen (die in Photoshop als Maske bezeichnet wird), erhalten Sie nahezu dasselbe Ergebnis wie bei der braunen Schablone (wie in der rechten Abbildung zu sehen).

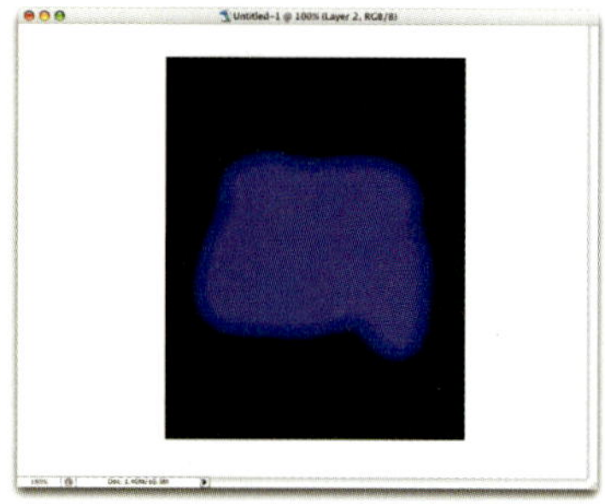

SCHRITT 9	WENN SIE MIT BLAU ÜBER DIE MASKE MALEN, WERDEN DIE WEISSEN BEREICHE BLAU

Wenn Sie die Maske (die Schablone) entfernen, ist der Effekt exakt der gleiche – die schwarzen Bereiche haben den Rest des Fotos geschützt, während die weißen Bereiche blau erscheinen (weil mit Blau gemalt wurde), wie in der Abbildung zu sehen.

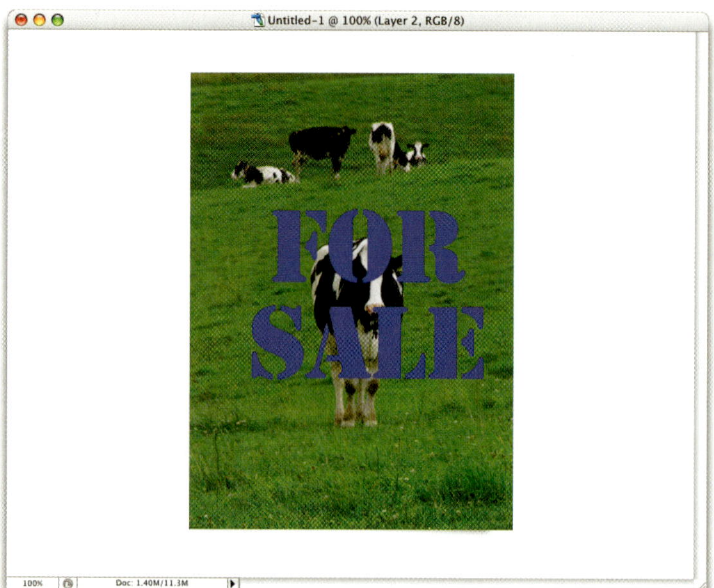

SCHRITT 10 WAS IST, WENN ES KEINE BUCHSTABEN SIND, SONDERN DIE FORM EINER KUH?

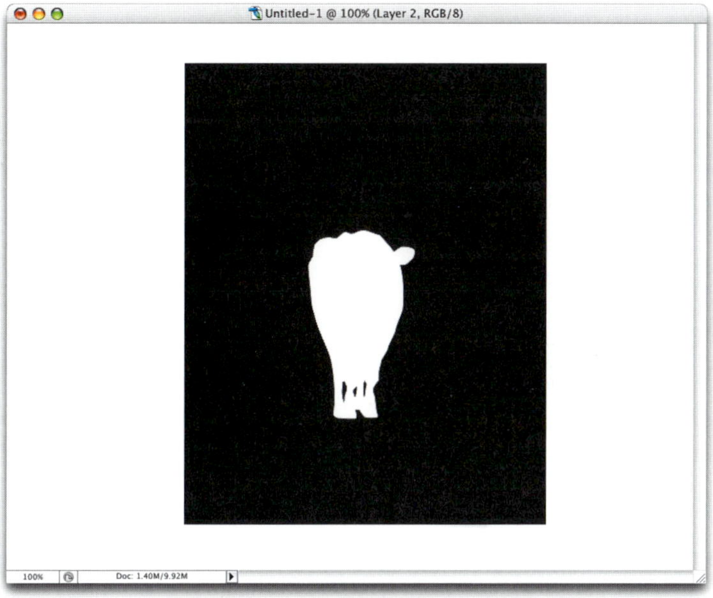

Was ist, wenn es sich nicht um eine Buchstabenschablone handelt? Was ist, wenn Sie eine andere Schablone in Form einer Kuh haben und die Schablone direkt auf die Kuh im Foto passt? (Das ist nicht so weit hergeholt wie die Eröffnungssequenz eines James-Bond-Films.) Sie haben also eine neue schwarze Schablone in Form einer Kuh. Können Sie mir folgen? Gut.

SCHRITT 11 SIE KÖNNEN TROTZDEM ÜBER DIE MASKE MALEN, DIE SCHWARZEN BEREICHE WERDEN GESCHÜTZT

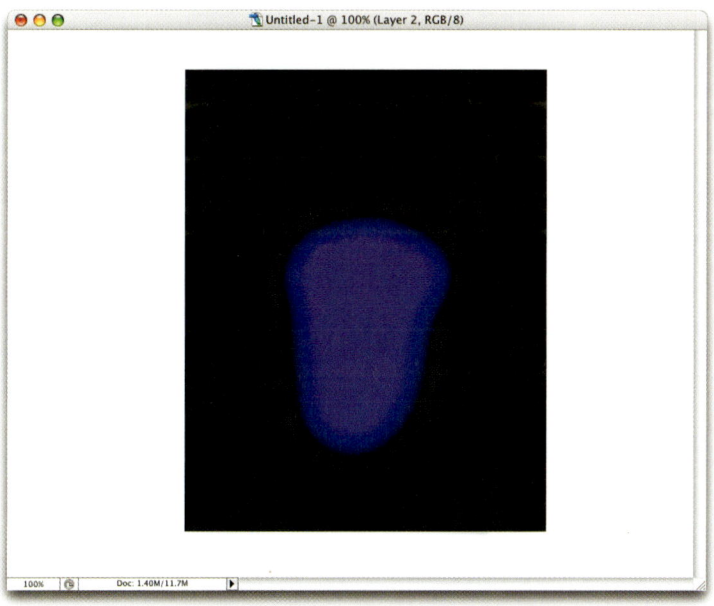

Was passiert, wenn Sie mit Blau über die Maske malen (das wissen Sie doch)? Wenn sich hinter der Maske ein gelbes Stück Papier befände, würden Sie darauf nur die blaue Form einer Kuh sehen. Wäre hinter der Maske jedoch die Kuh aus dem Foto, würden Sie diese Kuh blau einfärben, den Rest des Bilds jedoch schützen.

SCHRITT 12 WENN SIE DIE MASKE ENTFERNEN, IST DIE KUH BLAU, DER REST BLEIBT UNVERÄNDERT

Wenn Sie die Schablone (die Maske) entfernen, sehen Sie, dass nur die Kuh blau ist, mehr nicht. Die schwarzen Bereiche der Maske haben den Rest des Bilds geschützt, nur die weißen Bereiche lassen Änderungen durch. So funktionieren Masken. Meine Frau sagt immer: »Schwarz bleibt gleich, Weiß akzeptiert Änderungen.« Wo erstellen wir nun diese Masken in Photoshop? In der Kanäle-Palette (werfen Sie einen Blick auf den Kanal Alpha 1 – der Umriss einer weißen Kuh auf schwarzem Grund).

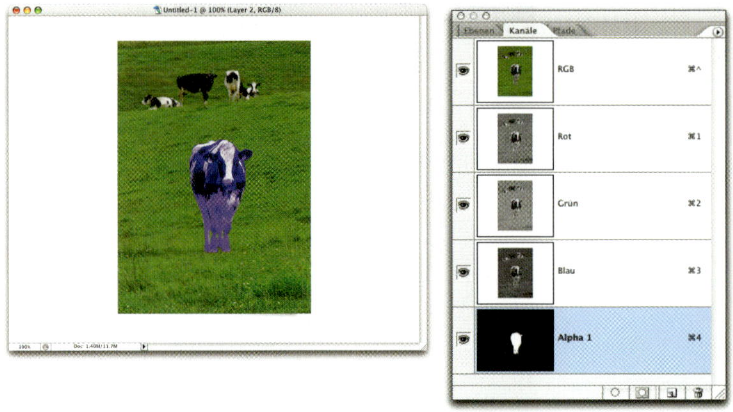

SCHRITT 13 WENN DIE MASKE HAUPTSÄCHLICH WEISS WÄRE, WÜRDE DIE KUH GESCHÜTZT

Okay, probieren wir es einfach mal andersherum – eine weiße Maske mit einer schwarzen Kuh in der Mitte. Was passiert, wenn Sie mit Blau über diese Maske malen?

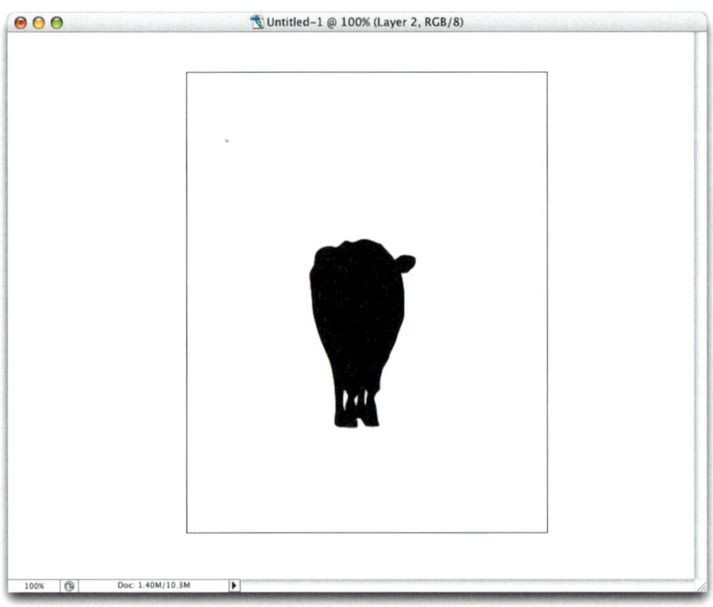

SCHRITT 14 WENN SIE ÜBER DIE WEISSEN BEREICHE MALEN ....

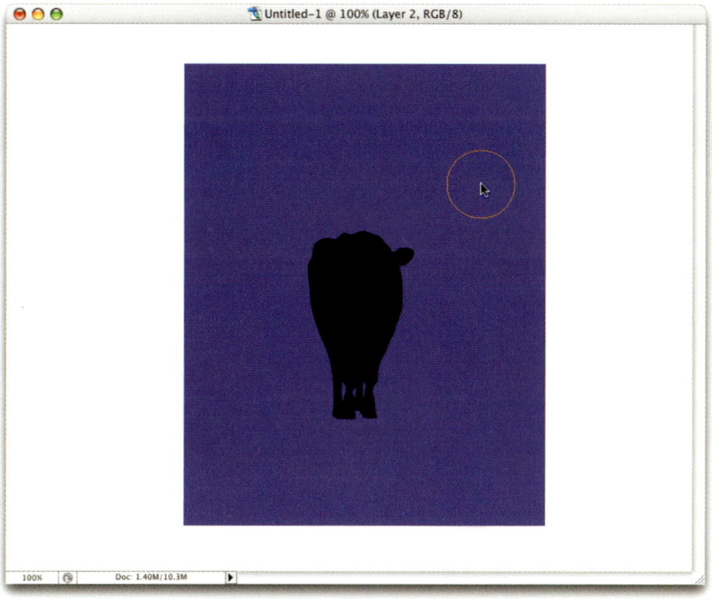

Sie wissen ja jetzt – die weißen Bereiche werden blau, die schwarzen bleiben, wie sie sind. Was sich auch immer unter den schwarzen Bereichen befindet, es wird nicht verändert.

SCHRITT 15 ... WÜRDEN SIE DIESE BILDBEREICHE ÄNDERN, DIE SCHWARZE KUH WIRD GESCHÜTZT

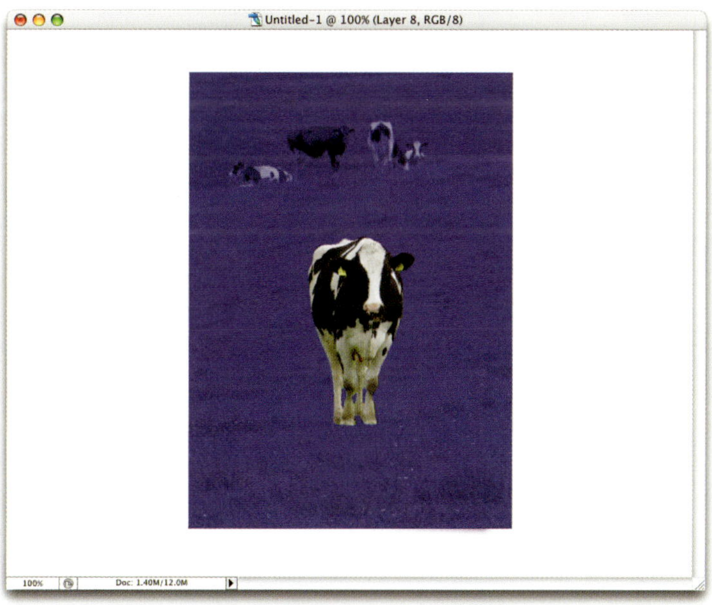

Und was befindet sich nun hinter dem schwarzen Bereich? Natürlich die Kuh. Der Rest des Fotos wurde blau eingefärbt, die Kuh nicht. Okay, das war's, Sie sind jetzt bereit, sich intensiv mit Masken zu beschäftigen. Und das ist gut so, denn auf der nächsten Seite geht es sofort los.

Masken mithilfe von Kanälen

SIE LERNEN JETZT, WIE PROFIS SCHWIERIGE AUSWAHLEN ERSTELLEN – MITHILFE VON KANÄLEN!

Wenn Sie jemals ein Objekt in einem Foto betrachtet haben und dachten »Wie zum Teufel kann ich nur dieses Objekt auswählen?«, ist dieses Kapitel genau das Richtige für Sie. Im Laufe Ihrer Photoshop-Karriere werden Sie sicherlich auf Dutzende Situationen stoßen, in denen das Isolieren eines Objekts nahezu unmöglich erscheint (wenn Sie beispielsweise im Wind wehende Haare oder die weichen Blütenblätter einer Blume auswählen müssen). Aber irgendjemand hat genau das schon geschafft. Irgendjemand weiß, wie man schwierige Auswahlen erstellt, und ich werde es Ihnen verraten: (1) Sie nutzen Kanäle und (2) Sie werden bald dieser irgendjemand sein.

Der Trick ist, einen der Farbkanäle im Bild als Ausgangspunkt für eine schwarze Maske zu nutzen. Das Schlüsselwort hier ist »Ausgangspunkt«. Wenn Sie einen der Farbkanäle nutzen können, ist die Auswahl nur noch halb so schwer (zum Glück besitzen die meisten Fotos einen solchen Kanal).

Warum wir als Erstes eine Maske erstellen? Aus zwei Gründen: (1) Sie wollen nur einen Teil des Bilds bearbeiten und (2) Sie wollen ein Objekt aus einem Foto entfernen und mit einem anderen Foto kombinieren (oder einen anderen Hintergrund einsetzen).

SCHRITT 1 ÖFFNEN SIE EIN BILD, AUS DEM SIE EIN OBJEKT AUS DEM HINTERGRUND ENTFERNEN WOLLEN

Wir beginnen mit einer ganz einfachen Maske, damit Sie erst einmal ein Gefühl für das Maskieren und für den Umgang mit den Werkzeugen bekommen. Anschließend gehen wir noch einen Schritt weiter, okay? Gut. Wir beginnen mit einer Blume vor einem hellen Hintergrund (sieht aus wie ein Friseursalon oder so etwas). Wir werden zunächst herausfinden, welcher Kanal den besten Kontrast zwischen Blume und Hintergrund bietet. Mit einer Kopie dieses Kanals erstellen wir dann eine Maske, um die Blume vor einen anderen Hintergrund setzen zu können.

©ISTOCKPHOTO/TINA RENCELJ

SCHRITT 2 SUCHEN SIE DEN KANAL MIT DEM STÄRKSTEN KONTRAST

Denken Sie daran, dass wir den Kanal mit dem besten Kontrast (dem größten Unterschied) zwischen Blume und Hintergrund suchen. Wenn Sie einen Blick in die Kanäle-Palette werfen, sehen Sie, dass es ganz leicht werden wird. Klicken Sie auf den roten Kanal, er sieht ziemlich hell aus (es reicht schon, wenn Sie sich die Miniatur in der Kanäle-Palette ansehen – sie ist so hell, dass wir den Kanal gar nicht erst zu aktivieren brauchen). Klicken Sie auf den grünen Kanal (wie hier zu sehen). Achten Sie auf den Kontrast – das könnte schon eine gute Maske werden, aber wir haben ja noch einen Kanal.

SCHRITT 3 IN DIESEM BILD IST DER BLAUE KANAL DER KONTRASTREICHSTE

Klicken Sie auf den blauen Kanal. Okay, wir haben einen Gewinner. Dieser Kanal ist noch dunkler und bietet einen besseren Kontrast als der grüne Kanal (der blaue Kanal eignet sich meistens am besten, weil es in der Regel der dunkelste der drei Kanäle ist. Es sei denn, Sie wollen den Himmel oder den Mond auswählen). Da wir den richtigen Kanal gefunden haben (den Kontrastkanal), wollen wir die Blume nun komplett schwarz einfärben, der Hintergrund soll weiß werden. Wenn wir diese Arbeiten im blauen Kanal vornehmen würden, zerstören wir das Farbbild. Deshalb …

SCHRITT 4 DUPLIZIEREN SIE DEN BLAUEN KANAL — DAS WIRD DIE BASIS IHRER MASKE

Erstellen Sie einfach ein Duplikat des blauen Kanals, indem Sie ihn unten in der Kanäle-Palette auf das Icon NEUEN KANAL ERSTELLEN ziehen. Den duplizierten Kanal erkennen Sie am Wort »Kopie« (wie in der Abbildung zu sehen). Mit diesem können Sie also beruhigt arbeiten – das Originalbild wird nicht verändert, sondern bleibt wie es ist, schließlich arbeiten Sie auf einer Kanalkopie.

SCHRITT 5 DUNKELN SIE DEN KANAL MIT EINER TONWERTKORREKTUR AB, FÄRBEN SIE DAS OBJEKT SCHWARZ

Wir müssen die Blume jetzt also schwarz einfärben. Sie ist zwar schon schwarz, aber einige Details in der Blüte sind immer noch zu erkennen. Dunkeln wir die Blume also ab, bis sie vollständig schwarz ist. Dafür fügen wir eine Gradationskurven- oder Tonwertkorrektur-Einstellungsebene hinzu (was Ihnen besser gefällt). Weil es sich um eine sehr einfache Maske handelt, nutze ich hier die Tonwertkorrektur. Drücken Sie also ⌘+L (PC: Strg+L). Ziehen Sie den Schwarzpunktregler (oben links) nach rechts, bis die Blume schwarz ist (wie hier zu sehen). Der Stiel ist noch etwas grau, aber das haben wir gleich. Klicken Sie noch nicht auf OK.

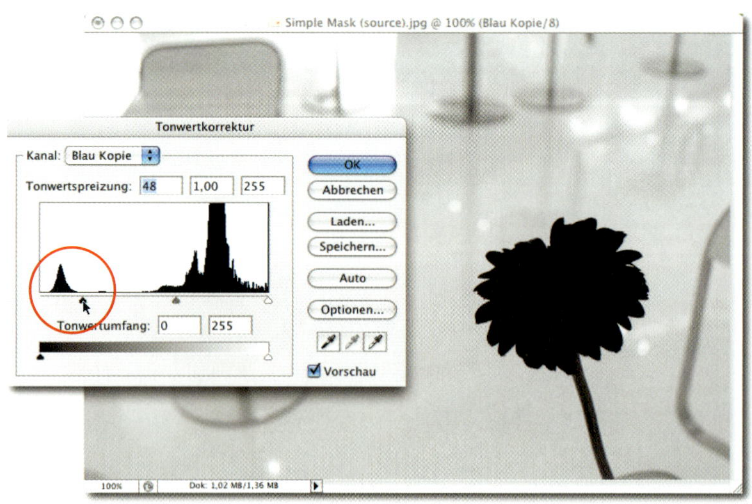

SCHRITT 6 KLICKEN SIE MIT DER WEISSEN PIPETTE IN DEN HINTERGRUND, UM DEN KONTRAST ZU VERSTÄRKEN

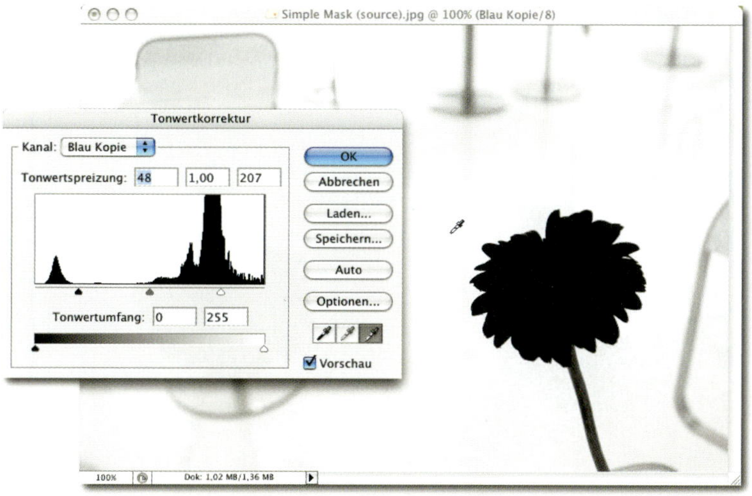

Die Blume ist schwarz, ja? Kanalmasken müssen vollständig schwarz und weiß sein (später werden Sie sehen, dass manchmal auch etwas Grau nötig ist, aber nicht bei dieser Maske). Lassen Sie uns nun den Rest des Bilds bearbeiten – der Hintergrund muss weiß werden. Aktivieren Sie die weiße Pipette (ganz rechts) und klicken Sie einmal in den Hintergrund. Er wird als Weißpunkt festgelegt, wird also auch weiß (wie Sie in der Abbildung direkt links neben der Blume sehen können). Klicken Sie nun auf OK.

SCHRITT 7 ERSTELLEN SIE MIT DEM LASSO EINE LOSE AUSWAHL UM DIE BLUME

Natürlich ist die Aufgabe noch nicht vollständig erledigt, wir sind dem Ziel jedoch schon näher gekommen. Im Hintergrund sind noch einige Stühle und graue Schatten zu erkennen. Für eine perfekte Maske brauchen wir eine tiefschwarze Blume vor einem weißen Hintergrund. Wir müssen also den restlichen Hintergrund entfernen. Hier eine zeitsparende Methode: Aktivieren Sie das Lasso (Taste » L «) und erstellen Sie eine lose Auswahl um die Blume (wie in der Abbildung zu sehen). Kommen Sie nicht zu nahe an die Kanten.

SCHRITT 8 KEHREN SIE DIE AUSWAHL UM, ENTFERNEN SIE DEN HINTERGRUND

Drücken Sie [⌘]+[⇧]+[I] (PC: [Strg]+[⇧]+[I]), um die Auswahl umzukehren und alles außer der Blume auszuwählen. Die Blume ist jetzt geschützt, der gesamte Hintergrund ist ausgewählt. Drücken Sie die Taste »[D]«, um Schwarz und Weiß als Vorder- und Hintergrundfarbe einzustellen. Drücken Sie anschließend einfach die Löschtaste, der Hintergrund wird mit Weiß gefüllt (wie hier zu sehen). Heben Sie die Auswahl mit [⌘]+[D] (PC: [Strg]+[D]) auf. Wir kommen unserem Ziel immer näher. Allerdings sehen Sie sicherlich noch den grauen Bereich direkt um die Blume, oder? Auch der muss noch verschwinden.

SCHRITT 9 PINSEL AKTIVIEREN, FÜLLMETHODE IN ÜBERLAGERN ÄNDERN UND DAS GRAU WEGMALEN

Glücklicherweise gibt es einige Tricks, um diese Bereiche zu entfernen, ohne ein akkurater Maler zu sein. Aktivieren Sie den Pinsel (Taste »[B]«), drücken Sie die Taste »[X]«, um Weiß als Vordergrundfarbe einzustellen, und ändern Sie in der Optionsleiste den Modus des Pinsels in ÜBERLAGERN. So können Sie bis an die Kanten der Blume malen und die grauen Bereiche weiß einfärben. Sie können über die Blume malen, ohne sie wegzumalen, müssen also nicht so genau sein.

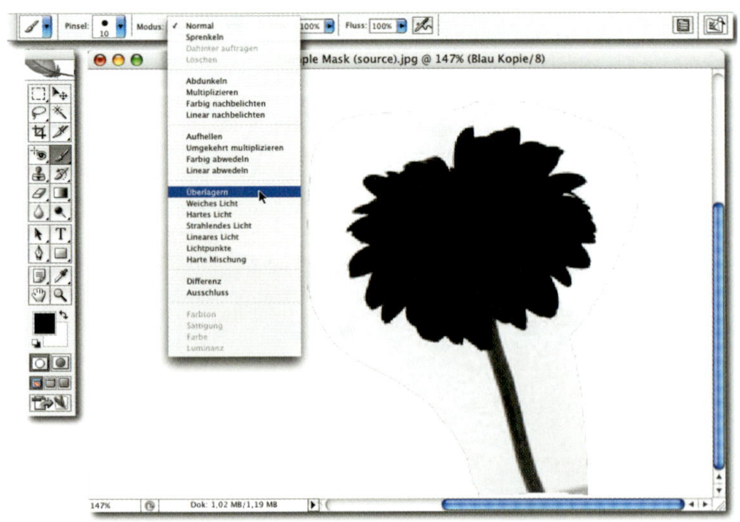

SCHRITT 10 SIE KÖNNEN IN DIESEM MODUS BIS AN DIE KANTEN MALEN, OHNE SCHWARZ ZU ENTFERNEN

Hier sehen Sie den Pinsel (im Modus Überlagern) in Aktion. Die graue Farbe verschwindet, die schwarze Blume bleibt intakt. Das wird als »Bereinigen der Maske« bezeichnet und Sie werden das sicherlich noch öfter machen. Diese Maske ist sehr einfach, da gibt es nicht viel zu bereinigen, aber im Verlauf dieses Kapitels werden Sie noch auf andere Masken stoßen, bei denen das Bereinigen etwas länger dauert.

SCHRITT 11 AKTIVIEREN SIE IN DER TONWERTKORREKTUR DIE SCHWARZE PIPETTE, KLICKEN SIE IN DEN STIEL

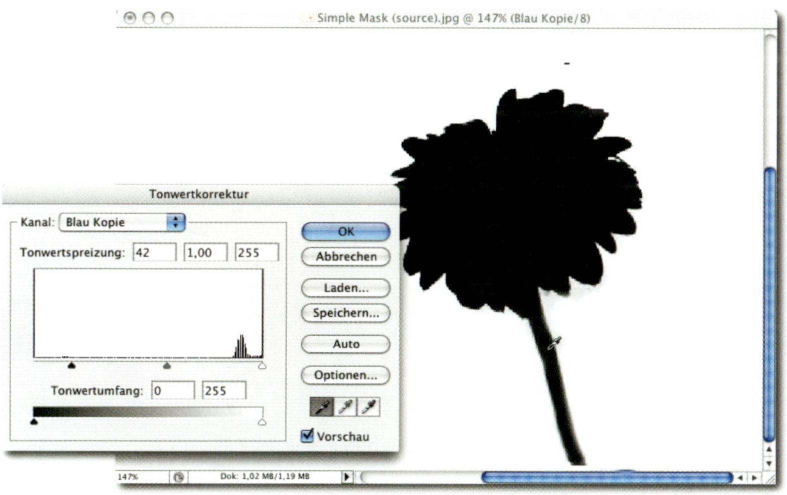

Ich weiß nicht, ob Sie das in der Abbildung erkennen können, aber der Stiel ist noch nicht komplett schwarz. (Er ist noch etwas grau. Eine Maske kann auch graue Bereiche beinhalten, allerdings werden dort die Kanten zu weich, was in diesem Fall nicht erwünscht ist.) Öffnen Sie deshalb erneut die Tonwertkorrektur-Dialogbox und klicken Sie mit der schwarzen Pipette (links) einmal in den hellsten Bereich des Stiels, um ihn schwarz einzufärben (wie in der Abbildung zu sehen). Klicken Sie auf OK. Sie haben jetzt eine wunderschöne Maske – eine schwarze Form vor einem schönen weißen Hintergrund.

SCHRITT 12 KEHREN SIE DIE MASKE UM, LADEN SIE SIE ALS AUSWAHL

Der Grund für die Erstellung dieser Maske ist, dass wir eine perfekte Auswahl der Blume haben wollten, um sie aus diesem Hintergrund auszuschneiden und in einen anderen einzufügen. Wenn Sie einen Kanal als Auswahl laden, bei dem sich eine schwarze Form auf weißem Grund befindet, besteht das Problem darin, dass wir genau das Gegenteil von dem bekommen, was wir wollen – es wir alles ausgewählt außer der Blume. Wir müssen den Kanal also zunächst mit ⌘+I (PC: Strg+I) umkehren. So erhalten Sie eine weiße Blume vor einem schwarzen Hintergrund (wie in der Abbildung zu sehen). Klicken Sie nun auf den Button KANAL ALS AUSWAHL LADEN.

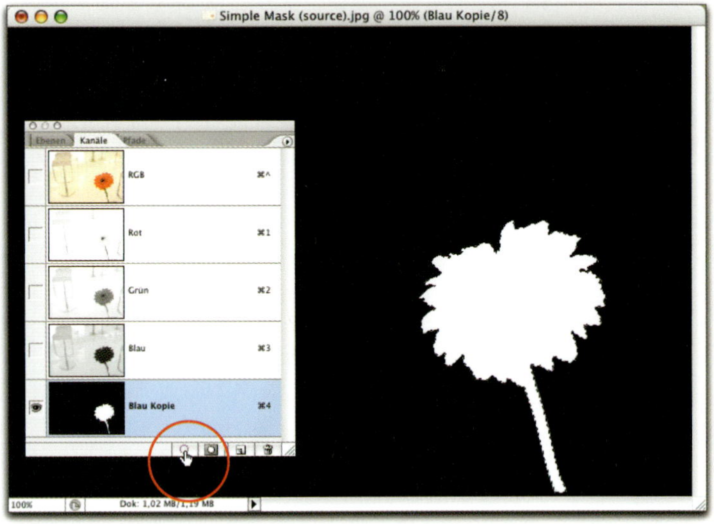

SCHRITT 13 AKTIVIEREN SIE DEN RGB-KANAL UND KOPIEREN SIE DIE BLUME IN EINE EIGENE EBENE

Es wird eine Auswahl von der Blume erstellt (in der Abbildung zum vorherigen Schritt können Sie die Auswahl sehen). Drücken Sie nun ⌘+^ (PC: Strg+^), um das Farbbild wieder einzublenden (die Auswahl bleibt erhalten). Kopieren Sie nur die Blume mit ⌘+J (PC: Strg+J) in eine neue Ebene. Die Blume erscheint nun in Ebene 1.

SCHRITT 14 LÖSCHEN SIE DIE HINTERGRUNDEBENE

Ziehen Sie die Hintergrundebene in der Ebenen-Palette auf den Papierkorb. Sie sehen, was die Maske bewirkt hat – eine perfekte Auswahl der Blume, die sich jetzt vor einem transparenten Hintergrund befindet. Öffnen Sie anschließend ein Foto, das Sie als neuen Hintergrund verwenden wollen. Sie haben zwei Möglichkeiten: (1) Sie können das Verschieben-Werkzeug aktivieren (Taste »V«) und die Blume auf den neuen Hintergrund ziehen oder (2) Sie ziehen den neuen Hintergrund in das Dokument mit der Blume und verschieben die Ebene in der Ebenen-Palette nach ganz unten.

SCHRITT 15 ÖFFNEN SIE EIN NEUES HINTERGRUNDFOTO, ZIEHEN SIE ES IN DAS DOKUMENT MIT DER BLUME

©ISTOCKPHOTO/MICHAL KOZIARSKI

Ich ziehe das Hintergrundbild in das Dokument mit der Blume und verschiebe die Ebene in der Ebenen-Palette. Warum ich mich für diesen Weg entschieden habe? Weil sich im Dokument der Blume immer noch die Maske befindet und mir noch 20 Protokollschritte zum Widerrufen zur Verfügung stehen. Wenn die Maske noch etwas besser bereinigt werden muss, können Sie den Kanal neu laden oder auch Schritte rückgängig machen. Mit der anderen Methode wäre die Maske verloren gegangen. Okay, Sie haben nun Ihre erste Maske mithilfe eines Kanals erstellt. Ich sagte doch, dass es einfach ist.

Kanalmasken kombinieren

MANCHMAL BRAUCHT EINE GUTE MASKE MEHR ALS EINEN KANAL

Okay, dann werden wir mal einen Schritt weitergehen und uns mit Dingen beschäftigen, mit denen Sie sicherlich häufiger zu tun haben – ein Foto mit einem schwer zu maskierenden Objekt (eine Frau mit wehenden Haaren). Und jetzt kommt's: Ein Kanal reicht zum Erstellen der Maske nicht aus. Es gibt keinen Kanal, der sowohl für die Haare als auch für die Kleidung funktioniert. Wir brauchen also einen Kanal für die Haare und einen, der besser zur Kleidung passt. Sie werden in dieser Übung also zwei Kanäle miteinander kombinieren.

Zum Glück ist das Kombinieren von Kanälen ganz einfach, auch wenn wir dafür die schrecklichste Dialogbox in ganz Photoshop nutzen müssen (wie Sie bald sehen werden, sieht sie nur schrecklich aus). Das Beste an der Sache: Wenn Sie die Maske korrekt erstellen, bleiben die Details in den Haaren erhalten, wodurch das finale Bild (die Frau vor einem anderen Hintergrund) realistischer aussieht.

SCHRITT 1 ÖFFNEN SIE DAS FOTO EINER PERSON, DIE SIE MASKIEREN UND DEREN HAARDETAILS SIE ERHALTEN WOLLEN

Dieses Projekt ist hervorragend, weil es so realistisch ist. Sie werden sicherlich öfter mit Bildern zu tun haben, in denen ein Kanal aufgrund der unterschiedlichen Farben nicht ausreicht. Auch wegen der losen Haare ist diese Auswahl nicht ganz einfach. Wir müssen die Maske sehr vorsichtig erstellen, um die Details in den Haaren nicht zu verlieren. Öffnen Sie also das Foto, in dem Sie eine Maske erstellen wollen (hier wollen wir die Maske in eine Auswahl umwandeln und die Frau vor einen anderen Hintergrund setzen).

©ISTOCKPHOTO

SCHRITT 2 DER ROTE KANAL IST EIN GUTER AUSGANGSPUNKT FÜR DIE MASKE DES KITTELS

Sehen Sie sich die einzelnen Kanäle an, um herauszufinden, welche sich für die Maske eignen. Im roten Kanal ist das Haar etwas zu hell (wie in der Abbildung zu sehen), er eignet sich für die Haarmaske also nicht. Der Kittel ist in diesem Kanal jedoch schön dunkel. Behalten wir den roten Kanal also im Hinterkopf, wenn wir die Maske für die Kleidung erstellen. (*Hinweis:* Wir benötigen hier zwei Masken.) Der grüne Kanal sieht nicht gut aus, hier ist alles viel zu hell.

SCHRITT 3 DER BLAUE KANAL IST EIN GUTER AUSGANGSPUNKTE FÜR DIE MASKE DER HAARE

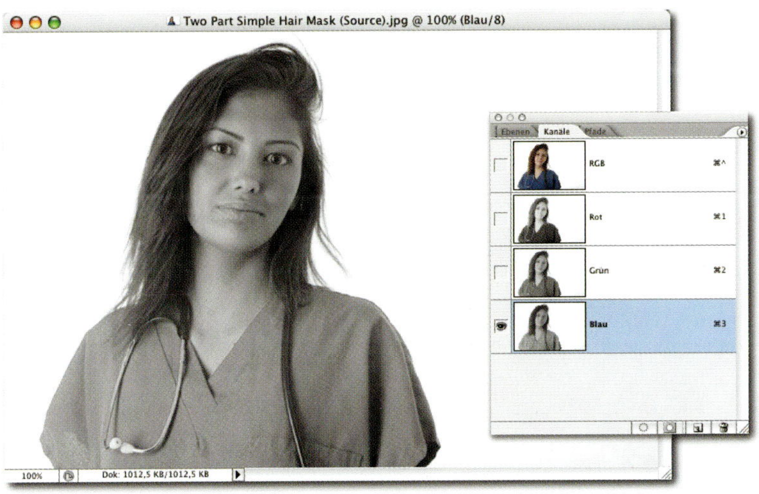

Im blauen Kanal sind die Haare schön dunkel, wie in der Abbildung zu sehen. Sie haben jetzt zwei Kanäle – einen für die Kleidung (den roten Kanal) und einen für die Haare (den blauen Kanal). Lassen Sie uns also loslegen.

SCHRITT 4 WIR BEGINNEN MIT DEN HAAREN, DUPLIZIEREN SIE DEN BLAUEN KANAL

Wir erstellen zunächst die Maske für die Haare. Duplizieren Sie den blauen Kanal, indem Sie ihn unten in der Kanäle-Palette auf das Icon Neuen Kanal erstellen ziehen. So zerstören Sie das Originalfoto nicht, sondern Sie schützen es.

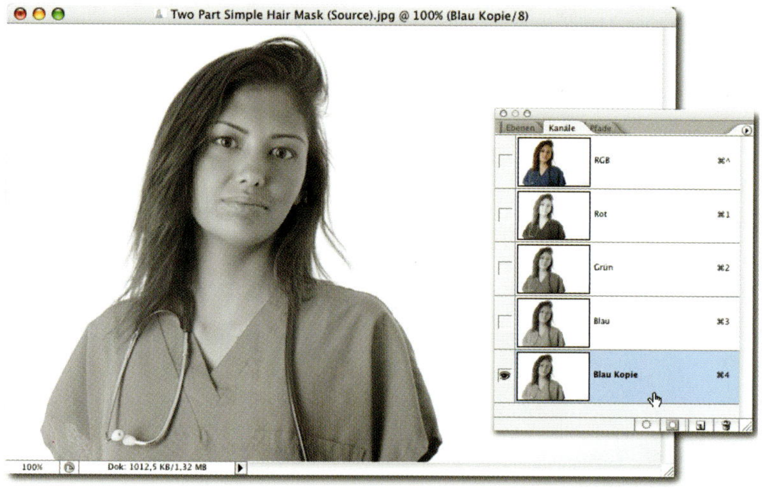

SCHRITT 5 DUNKELN SIE DEN KANAL MIT EINER TONWERTKORREKTUR AB, BIS DIE HAARSPITZEN SCHWARZ SIND

Jetzt müssen wir die Haare schwarz einfärben. Das betrifft nicht alle Haare, sondern nur die Kanten, denn diese sollen intakt bleiben. Den inneren Bereich können wir in Nullkommanix auswählen (wie Sie gleich sehen werden). Öffnen Sie mit ⌘ + L (PC: Strg + L) die Tonwertkorrektur-Dialogbox und ziehen Sie den Schwarzpunktregler (oben links) nach rechts, bis die Haarspitzen richtig schön schwarz sind. Sie können auch mit der schwarzen Pipette in die Nähe der Haarspitzen klicken. Probieren Sie beide Varianten aus, um herauszufinden, mit welcher die Haarspitzen am besten aussehen.

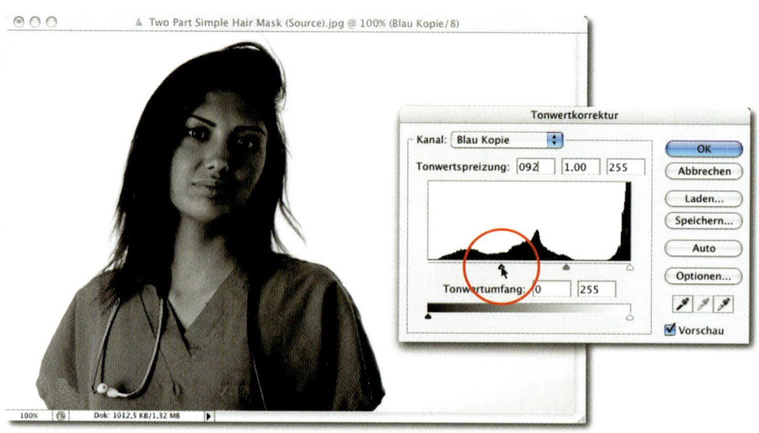

SCHRITT 6 ERSTELLEN SIE MIT DEM LASSO EINE LOSE AUSWAHL VON GESICHT UND HAARANSÄTZEN

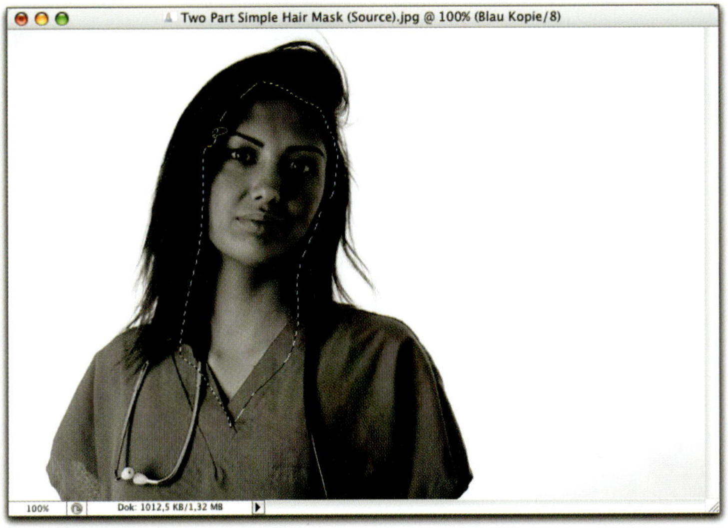

Wenn Sie die Haare abgedunkelt haben, wird es Zeit für den inneren Bereich (und das Gesicht). Das ist ganz einfach: Aktivieren Sie das Lasso (Taste » L «) und erstellen Sie eine lose Auswahl von den Innenkanten der Haare und dem Gesicht, wie in der Abbildung zu sehen. Wir halten uns fern von den Haarspitzen, denn die sehen ja schon gut aus.

SCHRITT 7 FÜLLEN SIE DIE AUSWAHL MIT SCHWARZ UND HEBEN SIE SIE AUF

Vergewissern Sie sich, dass Schwarz als Vordergrundfarbe eingestellt ist, und drücken Sie ⌥-Löschtaste (PC: Alt-Löschtaste), um die Auswahl mit Schwarz zu füllen. Sie können die Auswahl dann mit ⌘ + D (PC: Strg + D) aufheben. Die Haarmaske ist nun vollständig. Jetzt brauchen wir nur noch eine Maske für den Kittel.

SCHRITT 8	ERSTELLEN SIE DIE MASKE FÜR DEN KITTEL: DUPLIZIEREN SIE DEN ROTEN KANAL

Duplizieren Sie in der Kanäle-Palette den roten Kanal. Diese Kopie verwenden wir für den Kittel. Wenn Sie wollen, können Sie doppelt auf den Namen des Kanals klicken und ihn umbenennen, aber da wir nur zwei Masken erstellen, dürfte es nicht so schwer sein, die Kanäle auseinander zu halten. Wenn Sie jedoch mit vielen verschiedenen Alpha-Kanälen arbeiten, ist es sinnvoll, die Kanäle neu zu benennen.

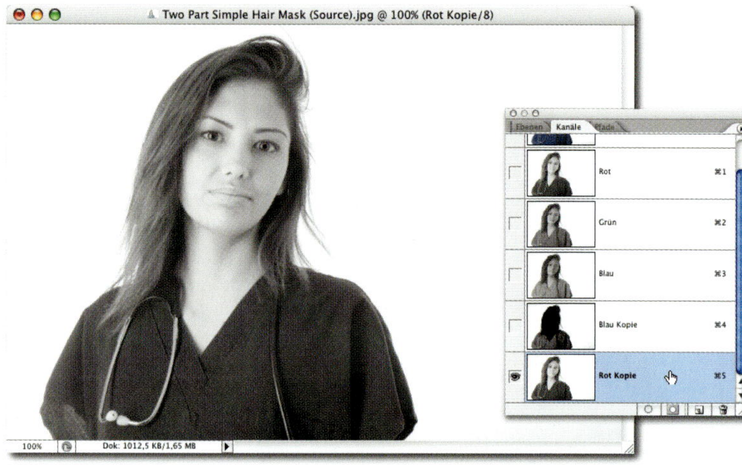

SCHRITT 9	KLICKEN SIE MIT DER SCHWARZEN PIPETTE IN DEN KITTEL, UM IHN ABZUDUNKELN

Öffnen Sie die Tonwertkorrektur-Dialogbox für die Kopie des roten Kanals (⌘+L [PC: Strg+L]), aktivieren Sie die schwarze Pipette (ganz links) und klicken Sie in einen hellen Bereich des Kittels (wie in der Abbildung zu sehen), um ihn schwarz einzufärben. Klicken Sie anschließend auf OK.

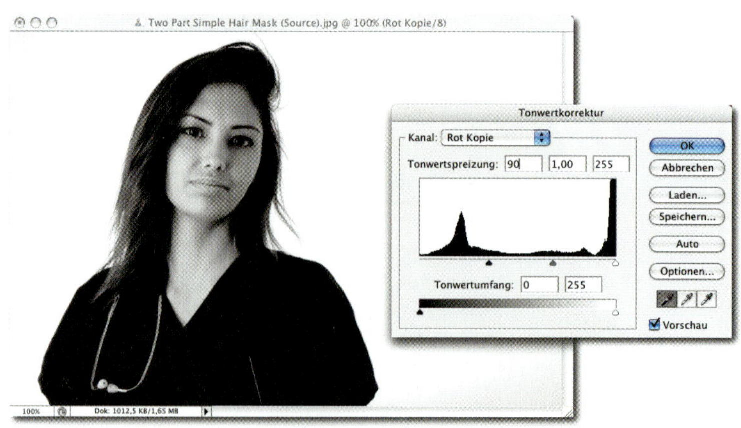

SCHRITT 10 ERSTELLEN SIE MIT DEM LASSO EINE AUSWAHL UM DAS STETHOSKOP UND DEN KITTEL

Jetzt wird es wieder Zeit für etwas ganz Einfaches. Aktivieren Sie das Lasso (Taste »L«), bleiben Sie weg von den Kanten und erstellen Sie eine Auswahl vom inneren Bereich des Kittels (wie in der Abbildung zu sehen). Drücken Sie die Taste »D«, um Schwarz als Vordergrundfarbe einzustellen.

SCHRITT 11 FÜLLEN SIE DIE AUSWAHL MIT SCHWARZ UND HEBEN SIE SIE AUF

Füllen Sie die Auswahl mit ⌥-Löschtaste (PC: Alt-Löschtaste) mit Schwarz. Sie können die Auswahl jetzt aufheben, die Maske für den Kittel ist vollständig. Sollen wir noch einmal einen Blick zurückwerfen? Wir haben jetzt zwei Masken – eine Kopie des blauen Kanals für die Haare und eine Kopie des roten Kanals für den Kittel. Wenn wir beide Kanäle miteinander kombinieren könnten, wäre die Maske vollständig. Leider existiert nichts Passendes. Es sei denn, Sie lassen Photoshops Funktion KANALBERECHNUNGEN gelten. Diese werden wir jetzt nutzen, um die beiden Kanäle miteinander zu kombinieren.

SCHRITT 12 KOMBINIEREN SIE ROTEN UND BLAUEN KANAL IM MODUS MULTIPLIZIEREN MIT KANALBERECHNUNGEN

Die Kombination zweier Kanäle ist sehr einfach. Wählen Sie zunächst BILD/KANALBERECHNUNGEN (die Dialogbox erscheint Ihnen um einiges klarer, wenn Sie die Übung von Seite 120 durchgearbeitet haben). Sie wählen hier einfach unter QUELLE 1 den Kanal BLAU KOPIE und unter QUELLE 2 den Kanal ROT KOPIE aus. Wählen Sie als Modus MULTIPLIZIEREN und belassen Sie die Deckkraft bei 100%. Noch bevor Sie auf OK klicken können, sehen Sie eine Vorschau der kombinierten Kanäle.

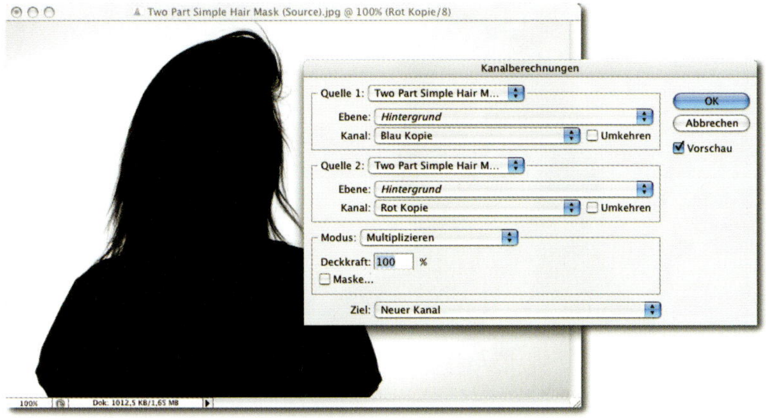

SCHRITT 13 KLICKEN SIE AUF OK, UM EINEN KOMBINIERTEN KANAL ZU ERSTELLEN

Klicken Sie auf OK, unten in der Kanäle-Palette wird standardmäßig ein neuer Alpha-Kanal erstellt. Dieser ist eine Kombination aus den Kopien des roten und blauen Kanals. Jetzt wird es Zeit für ein paar Reinigungsarbeiten (Sie wissen, was jetzt kommt, oder?). Sehen Sie die grauen Ecken im Bild? Diese müssen weg, schließlich muss sich die Maske auf einem absolut weißen Hintergrund befinden.

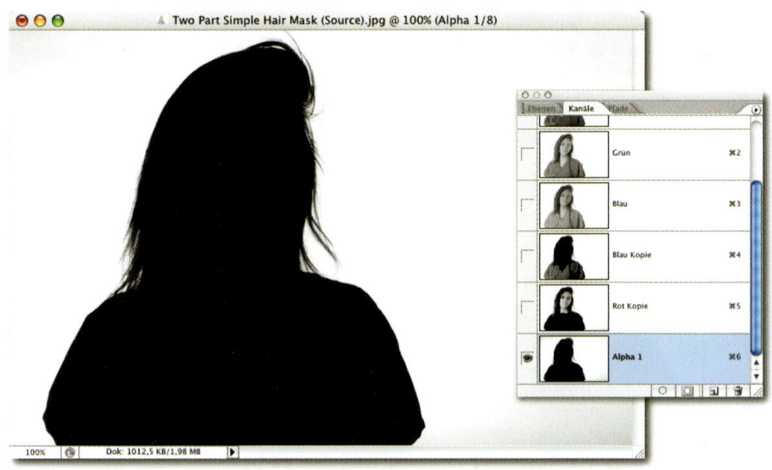

SCHRITT 14 ENTFERNEN SIE MIT DEM PINSEL DAS GRAU AUS DEM HINTERGRUND

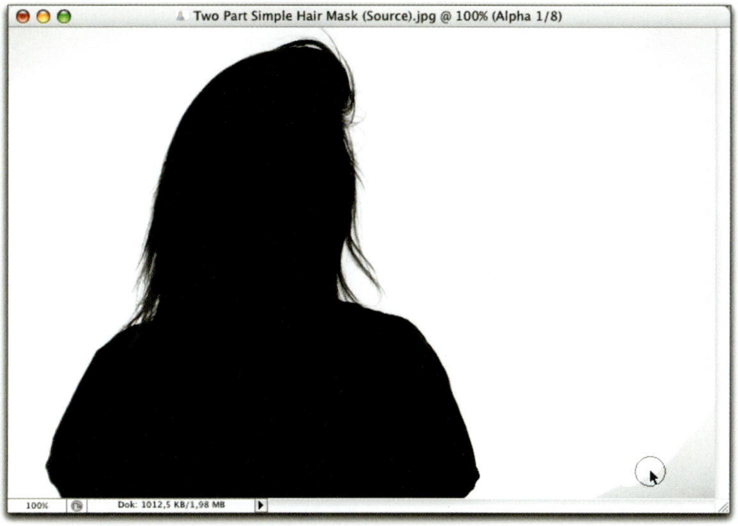

Aktivieren Sie den Pinsel (Taste »B«), drücken Sie die Taste »X«, um Weiß als Vordergrundfarbe einzustellen, und wählen Sie eine mittlere weiche Pinselspitze, mit der Sie über die grauen Ecken malen. Halten Sie sich von den Objektkanten fern. Falls Sie in deren Nähe arbeiten müssen, ändern Sie den Modus des Pinsels in ÜBERLAGERN, dann kann den Kanten nichts passieren. Entfernen Sie also die grauen Bereiche, bis der Hintergrund schön weiß ist.

SCHRITT 15 KEHREN SIE DEN KANAL UM UND LADEN SIE IHN ALS AUSWAHL

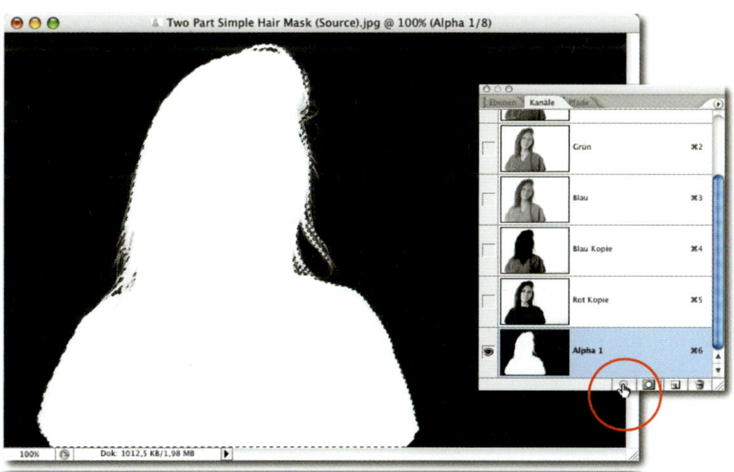

Bevor Sie die Maske als Auswahl laden (zu diesem Zeitpunkt würden Sie damit den Hintergrund und nicht die Frau auswählen), drücken Sie ⌘ + I (PC: Strg + I), um den Kanal umzukehren. Klicken Sie nun auf den Button KANAL ALS AUSWAHL LADEN (wie in der Abbildung zu sehen), um die Maske als Auswahl zu laden (wie es der Name schon sagt).

SCHRITT 16 AKTIVIEREN SIE DEN ZUSAMMENGESETZTEN KANAL UND KOPIEREN SIE IHN IN EINE EIGENE EBENE

Drücken Sie ⌘ + ^ (PC: Strg + ^), um den RGB-Kanal einzublenden. Die Auswahl ist immer noch vorhanden (wie in der Abbildung zu sehen). Jetzt sind wir wieder an diesem Punkt – Sie können Ihr Bild auf einen anderen Hintergrund ziehen oder ⌘ + J (PC: Strg + J) drücken, um die Auswahl in eine eigene Ebene zu kopieren, den Hintergrund zu löschen und einen neuen Hintergrund einzufügen.

SCHRITT 17 ZIEHEN SIE IHRE EBENE AUF EINEN NEUEN HINTERGRUND. BEARBEITEN SIE DIE KANTEN

Damit es schneller geht, ziehen wir die Ebene jetzt einfach auf einen neuen Hintergrund (ein Krankenhausflur). Sie kennen aber die Gründe, warum ich die andere Methode bevorzuge, oder? (Natürlich, wenn Sie die letzte Übung gelesen haben.) Okay, hier ist sie, es gibt allerdings noch ein kleines Problem. Da wir sie aus einem weißen Hintergrund ausgewählt haben, sehen Sie noch ein paar weiße Bereiche um die Haare.

Das klingt wie ein schlimmes Problem, lässt sich aber ganz schnell beheben.

SCHRITT 18 WÄHLEN SIE EBENE/BASIS/WEISS ENTFERNEN

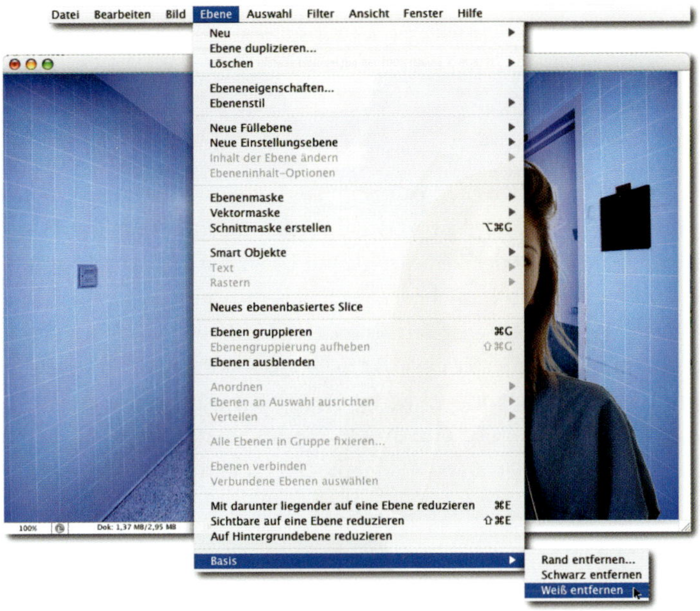

Um diesen weißen Rand zu entfernen, wählen Sie EBENE/BASIS/WEISS ENTFERNEN (wie in der Abbildung zu sehen). Die weißen Pixel werden entfernt, wie Sie in der nächsten Abbildung erkennen. Ich muss das jetzt nicht erwähnen, aber ich mache es trotzdem, also vergeben Sie mir. Was machen Sie, wenn Sie das Bild aus einem schwarzen Hintergrund ausgewählt haben? Richtig, Sie wählen einfach EBENE/BASIS/SCHWARZ ENTFERNEN. Okay, und was tun Sie, wenn es sich weder um einen schwarzen noch um einen weißen Hintergrund handelt? Punkt für Sie. Sie wählen einfach RAND ENTFERNEN.

SCHRITT 19 LADEN SIE IHRE EBENE ALS AUSWAHL, FÜGEN SIE EINEN BLAUEN FOTOFILTER HINZU

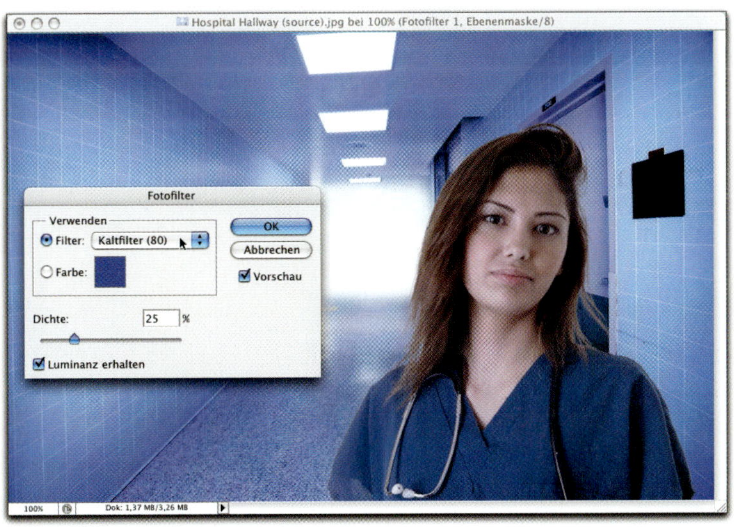

Wenn Sie beide Bilder miteinander kombinieren, haben Sie ein neues Problem. Das Foto sieht zusammengesetzt aus, weil die Farben nicht so ganz zusammenpassen. Mit anderen Worten, die Frau sieht zu warm und der Hintergrund zu kalt aus. Fügen Sie deshalb einfach eine Fotofilter-Einstellungsebene hinzu (aus dem Popup-Menü NEUE FÜLL- ODER EINSTELLUNGSEBENE ERSTELLEN unten in der Ebenen-Palette). Bevor Sie die Ebene hinzufügen, klicken Sie mit gedrückter ⌘-Taste (PC: Strg-Taste) auf die Miniatur Ihrer Ebene, um eine Auswahl zu erstellen. Ansonsten wirkt sich der Fotofilter auf das gesamte Bild aus.

Füllmethoden für Kanäle?

WIE SIE DIE EBENENFÜLLMETHODEN AUCH AUF KANÄLE ANWENDEN KÖNNEN

Wenn Sie es gewohnt sind, mit Ebenen und deren Füllmethoden zu arbeiten, dunkeln Sie Ihre Bilder wahrscheinlich meistens mit der Füllmethode MULTIPLIZIEREN ab (oder Sie hellen sie mit UMGEKEHRT MULTIPLIZIEREN auf). Das sind die ältesten Tricks in diesem Buch, richtig? Deshalb wünschen Sie sich sicherlich auch in der Kanäle-Palette ein entsprechendes Pop-up-Menü. Wenn Sie beispielsweise versuchen, eine Maske von einem Kontrastkanal zu erstellen, und das Objekt dunkler sein muss, könnten Sie einfach MULTIPLIZIEREN wählen. Fertig. Wenn doch nur alles so einfach wäre. Aber ob Sie es glauben oder nicht, Sie können denselben Effekt ebenso bei Kanälen erreichen und es ist auch fast genauso einfach. Wie Sie zu diesem Pop-up-Menü gelangen? Wählen Sie den Befehl BILDBERECHNUNGEN. Stellen Sie sich diesen als die Füllmethoden für Kanäle vor. Sie werden gleich sehen, wie einfach es ist.

SCHRITT 1 DIE GRAUSTUFENVERSION EINES BILDS ÖFFNEN UND DIE EBENE IM MODUS MULTIPLIZIEREN DUPLIZIEREN

Zuerst sehen wir uns an, wie Ebenen mit den Füllmethoden umgehen, damit wir die beiden Methoden miteinander vergleichen können. In diesem Beispiel sehen Sie zwei Versionen ein und desselben Bilds. Links sehen Sie das normale Graustufenbild und rechts die Ebenenkopie im Modus MULTIPLIZIEREN. Sehen Sie, wie viel dunkler das Bild dadurch wird (der untere Bereich ist nahezu schwarz)? Schauen wir uns jetzt an, wie wir dasselbe mit Kanälen erreichen können.

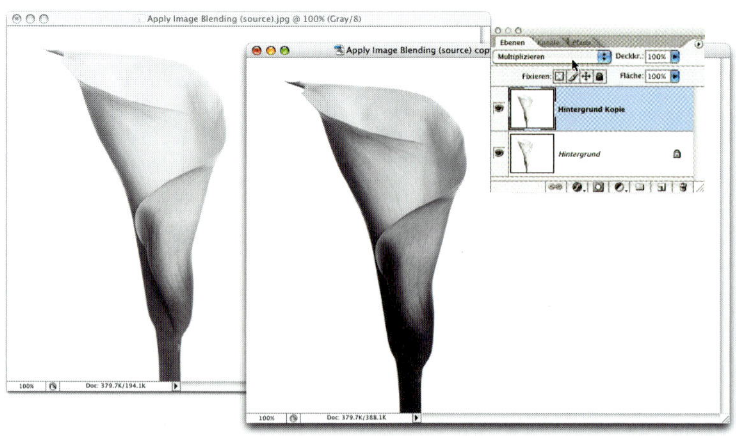

©ISTOCKPHOTO/ALAIN COUILLAUD

SCHRITT 2 EIN FARBBILD ÖFFNEN, DEN KONTRASTREICHSTEN KANAL DUPLIZIEREN, BILDBERECHNUNGEN

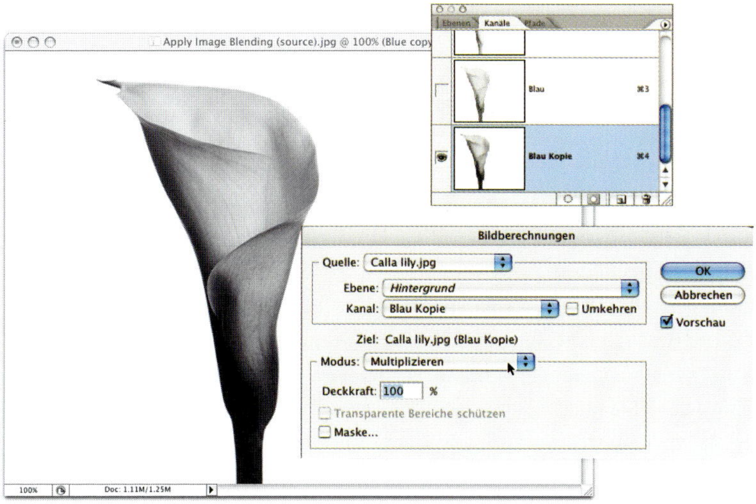

Öffnen Sie ein Farbbild (Sie können sich eine Farbversion dieses Bilds von der Website laden). Finden Sie zuerst den Kontrastkanal und duplizieren Sie ihn (hier ist es der blaue Kanal). Wir wollen dieses Duplikat jetzt dunkler machen. Wählen Sie deshalb Bild/Bildberechnungen (hier können Sie denselben Effekt erzielen wie im ersten Schritt mit den Ebenen). Wählen Sie in der Dialogbox den Kanal aus, den Sie verändern möchten (hier: Blau Kopie), und wählen Sie aus dem Pop-up-Menü den gewünschten Modus (Multiplizieren). Der Kanal sieht jetzt aus wie die Ebene im ersten Schritt, oder?

SCHRITT 3 DAS BILD NACH DREIMALIGEM MULTIPLIZIEREN – DIE MASKE IST FAST FERTIG!

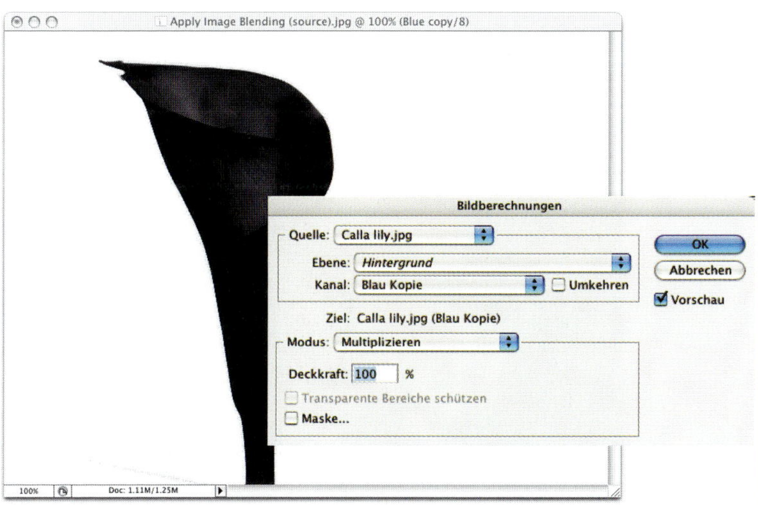

Klicken Sie auf OK. Wenn Ihr Kanal noch etwas dunkler werden muss, öffnen Sie erneut die Bildberechnungen-Dialogbox (ich wählte den Befehl hier dreimal hintereinander). Wie Sie sehen, ist die Maske nahezu vollständig – mit ein paar Pinselstrichen wäre sie fertig. Was ist, wenn Sie etwas aufhellen müssen? Wählen Sie statt Multiplizieren einfach Umgekehrt multiplizieren (wie Sie das bei Ebenen auch tun würden). Das war's, jetzt kennen Sie den Trick – verwenden Sie einfach den Befehl Bildberechnungen.

Schwer maskierbare Bilder

WAS SIE TUN MÜSSEN, WENN DER KONTRAST ZWISCHEN OBJEKT UND HINTERGRUND NICHT SEHR HOCH IST

Vielleicht hielten Sie die letzte Aufgabe schon für schwierig, doch jetzt wird es noch etwas schwieriger, aber auch realistischer. Denn so eine Maske, wie Sie sie jetzt erstellen, werden Sie immer wieder benötigen – denn es gibt viele Bilder mit dunklen Haaren vor einem dunklen Hintergrund.

Bisher gab es zwischen Hintergrund und Objekt immer ausreichend Kontrast (bei der Blume hatten wir einen hellen Hintergrund, die Krankenschwester befand sich vor einem weißen Hintergrund etc.), aber jetzt gibt es keinen Kanal, der ausreichend Kontrast zwischen Haaren und Hintergrund bietet. Was Sie tun müssen? Sie erstellen den Kontrast einfach selbst. Wenden Sie verschiedene Kanäletricks an, um den Kontrast zu verstärken, jedoch ohne das Bild zu beschädigen.

Sie fügen den Kontrast nur zeitweise hinzu, nur bis Sie die Maske erstellt haben. Anschließend entfernen Sie den Kontrast wieder und kehren zum Originalfoto zurück, in der Zwischenzeit haben Sie eine schöne kleine Maske erstellt.

SCHRITT 1 ÖFFNEN SIE DAS FOTO EINER PERSON MIT DUNKLEN HAAREN VOR EINEM DUNKLEN HINTERGRUND

Diese Aufgabe ist zwar schwieriger, aber Sie werden sie meistern – dunkles Haar vor dunklem Hintergrund. Ganz nebenbei lernen Sie einen oder zwei neue Kanäletricks. Hier ist also das Bild (Sie können es sich von der Website zum Buch herunterladen: www.scottkelbybooks.com/channelsphotos). Erkennen Sie das Problem? Wie soll man die dunklen Haare vom dunklen Hintergrund trennen? Mit Kanälen natürlich. Das wussten Sie, richtig? Sehr gut, weiter so.

©ISTOCKPHOTO/SHARON DOMINICK

SCHRITT 2 UNTERSUCHEN SIE DIE KANÄLE, DER ROTE KANAL ENTHÄLT KONTRAST, ABER NICHT GENUG

Werfen wir zunächst einen Blick auf die einzelnen Kanäle (das ist immer der erste Schritt). Der grüne und der blaue Kanal nützen uns wenig – sie sind genauso dunkel oder dunkler als das Bild – der rote Kanal gibt jedoch Anlass zur Hoffnung. Er ist der einzige Kanal, in dem man Haare und Hintergrund gut trennen kann. Ich weiß, was Sie jetzt denken: »Wenn der Kontrast zwischen Haaren und Hintergrund doch nur etwas größer wäre.« Sie könnten den Kontrast des Bilds verstärken, würden es dabei jedoch verändern, richtig? Das hängt davon ab, wie Sie den Kontrast einstellen.

SCHRITT 3 ERHÖHEN SIE DEN KONTRAST MIT EINER GRADATIONSKURVEN-EINSTELLUNGSEBENE

Und das ist der Trick: Wenn Sie eine Tonwertkorrektur- oder Gradationskurven-Einstellungsebene verwenden, können Sie den Kontrast kurzzeitig erhöhen. Anschließend duplizieren Sie den roten Kanal und verschieben die Einstellungsebene in den Papierkorb, so dass das Foto wieder normal aussieht. Das ist ein brillanter Plan (und er könnte funktionieren). Fügen Sie also eine Tonwertkorrektur- oder Gradationskurven-Einstellungsebene hinzu und verstärken Sie die Mitteltöne. (Ich nutzte hier die Gradationskurven, klickte in die Mitte der Kurve und zog sie nach oben, um die Mitteltöne zu öffnen und den grauen Hintergrund aufzuhellen.)

SCHRITT 4 ÜBERPRÜFEN SIE DEN ROTEN KANAL – ACHTEN SIE AUF DEN VERBESSERTEN KONTRAST

Sehen Sie sich den roten Kanal in der Kanäle-Palette erneut an. Erkennen Sie, dass der Hintergrund jetzt wesentlich heller aussieht und der Kontrast zwischen Haaren und Hintergrund verstärkt wurde? Wir haben den Kontrast in einem eigenen Kanal verstärkt, obwohl es eigentlich gar keinen gab. Und obwohl das Foto aufgrund der Einstellungsebene zu stark gesättigt aussieht, erhält das Bild erneut seine Originalsättigung, wenn wir die Einstellungsebene später wieder entfernen.

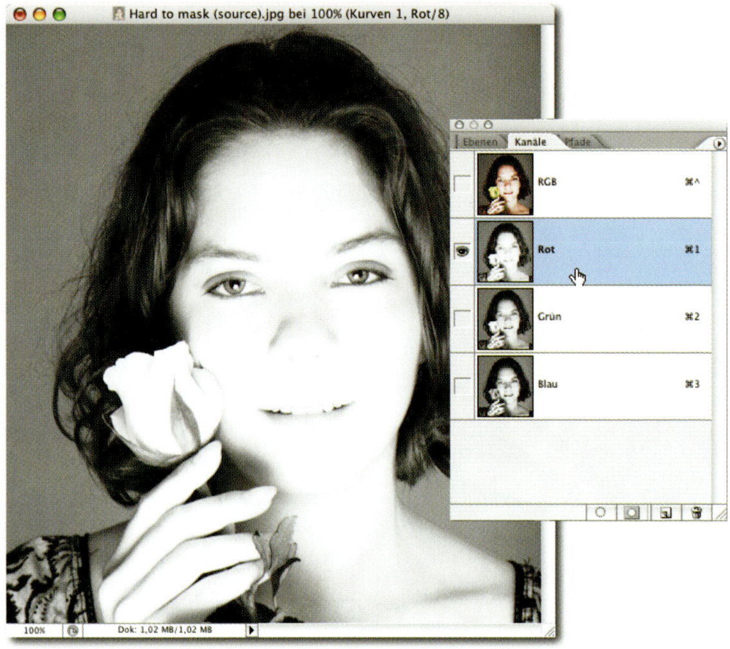

SCHRITT 5 DUPLIZIEREN SIE DEN ROTEN KANAL

Da der rote Kanal jetzt besser aussieht, können wir ihn duplizieren. Ziehen Sie den Kanal auf den Button NEUEN KANAL ERSTELLEN unten in der Kanäle-Palette.

SCHRITT 6 VERSTÄRKEN SIE DEN KONTRAST MIT BILDBERECHNUNGEN

Jetzt können wir den Kontrast noch etwas verstärken. Wenden Sie die Bildberechnungen einfach auf die Kopie des roten Kanals an, um den Hintergrund noch stärker aufzuhellen, die Haare jedoch dunkel zu lassen. So kommen wir der Maske immer näher. Wählen Sie also BILD/BILDBERECHNUNGEN und in der der Dialogbox den Kanal ROT KOPIE sowie den Modus UMGEKEHRT MULTIPLIZIEREN (Sie erhalten die Vorschau, die Sie in der Abbildung sehen können). Klicken Sie auf OK.

SCHRITT 7 EINE TONWERTKORREKTUR, UM DAS HAAR ABZUDUNKELN UND DEN HINTERGRUND AUFZUHELLEN

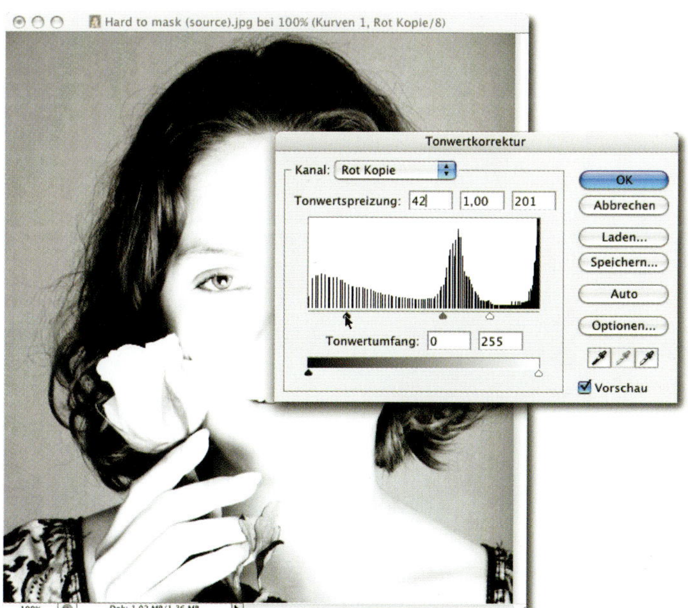

Jetzt haben Sie etwas, womit Sie arbeiten können – die Haare sind dunkel und der Hintergrund hell (hat ganz schön gedauert bis hierher, oder?). Wir werden die Haare jetzt noch weiter abdunkeln und den Hintergrund weiter aufhellen. Öffnen Sie mit ⌘ + L (PC: Strg + L) die Tonwertkorrektur-Dialogbox und ziehen Sie den Schwarzpunktregler nach rechts, um die Haarspitzen abzudunkeln (wie hier zu sehen). Ziehen Sie anschließend den Weißpunktregler nach links, um den Hintergrund aufzuhellen. Ziehen Sie in beide Richtungen nicht zu weit, um die Kanten nicht zu beschädigen. Sobald Ihr Bild aussieht wie das in der Abbildung, klicken Sie auf OK.

SCHRITT 8 **MALEN SIE MIT DEM PINSEL INNEN ÜBER HAARE UND GESICHT, MEIDEN SIE DIE KANTEN**

Photoshop übernimmt den schwierigen Teil für Sie (die Haarspitzen schön schwarz einzufärben). Jetzt sind Sie an der Reihe: Aktivieren Sie den Pinsel (Taste »B«), drücken Sie die Taste »D«, um Schwarz als Vordergrundfarbe einzustellen, und malen Sie über die Innenseiten der Haare und über das Gesicht, aber denken Sie daran, halten Sie sich von den Haarspitzen fern. Sie können direkt über die Lichter in den Haaren malen, die Kanten müssen jedoch intakt bleiben.

SCHRITT 9 **MALEN SIE BIS HINUNTER ZUM HALS**

Malen Sie so lange, bis Kopf und Gesicht schwarz eingefärbt sind (denken Sie daran, dass wir auf einer Kopie des Kanals arbeiten, wir beschädigen das Originalfoto also nicht).

SCHRITT 10 MALEN SIE ÜBER DIE KANTEN IM MODUS WEICHES LICHT

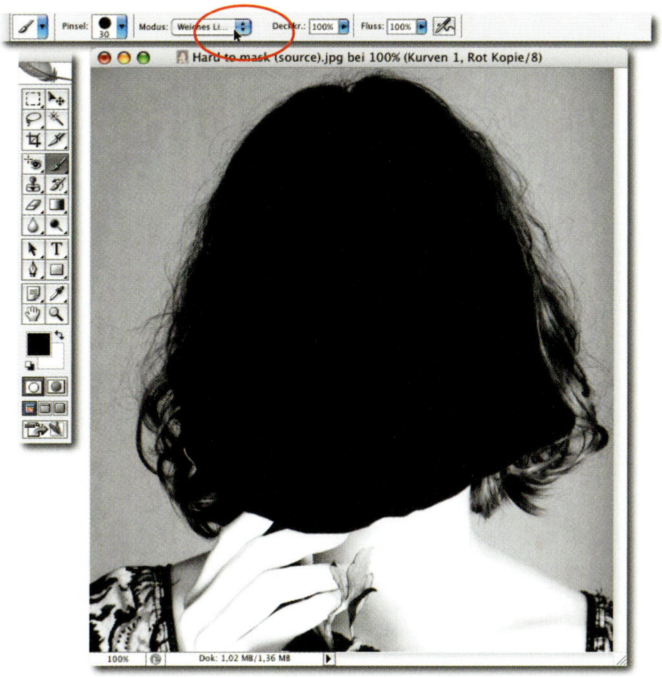

Wenn einige Kanten nicht 100% schwarz sein sollten, müssen Sie ein paar Korrekturen vornehmen. Ändern Sie jedoch vorher den Modus des Pinsels in WEICHES LICHT (wie in der Abbildung zu sehen). So können Sie nicht versehentlich in den grauen Hintergrund hineinmalen. Seien Sie jedoch trotzdem vorsichtig, denn über manche Bereiche müssen Sie vielleicht mehr als einmal malen. Das Füllen der Hand und der Schultern mit Schwarz ist jetzt ganz einfach – Sie können eine herkömmliche Auswahl erstellen (und müssen keinen Kanäletrick anwenden).

SCHRITT 11 UM DEN HALS WIEDER ZU SEHEN, AKTIVIEREN SIE DEN BLAUEN KANAL, WÄHLEN SIE DEN BEREICH AUS

Bevor Sie die Auswahl erstellen, sollten Sie sich noch einmal eine Version des Bilds mit sichtbaren Details ansehen (beispielsweise den blauen Kanal). Ansonsten müssten Sie raten, wo Sie die Auswahl erstellen müssen. Nutzen Sie ein Auswahlwerkzeug Ihrer Wahl – ich empfehle Ihnen jedoch den Zeichenstift (Taste » P «), weil Sie damit sehr sanfte Auswahlen erstellen können. Klicken Sie einmal und ziehen Sie mit dem Cursor entlang der Schultern direkt über die Finger und klicken erneut, bis Sie einen geschlossenen Pfad erstellt haben (wie in der Abbildung zu sehen).

SCHRITT 12 FÜLLEN SIE DIE AUSWAHL MIT SCHWARZ UND HEBEN SIE SIE AUF

Blenden Sie wieder die Kopie des roten Kanals ein und drücken Sie ⌘+↵ (PC: Strg+↵), um den Pfad als Auswahl zu laden. Füllen Sie die Auswahl anschließend mit Schwarz, indem Sie ⌥-Löschtaste (PC: Alt-Löschtaste) drücken. Mit ⌘+D (PC: Strg+D) heben Sie die Auswahl wieder auf. Sie sehen noch ein paar Löcher, die wir im nächsten Schritt jedoch schließen werden.

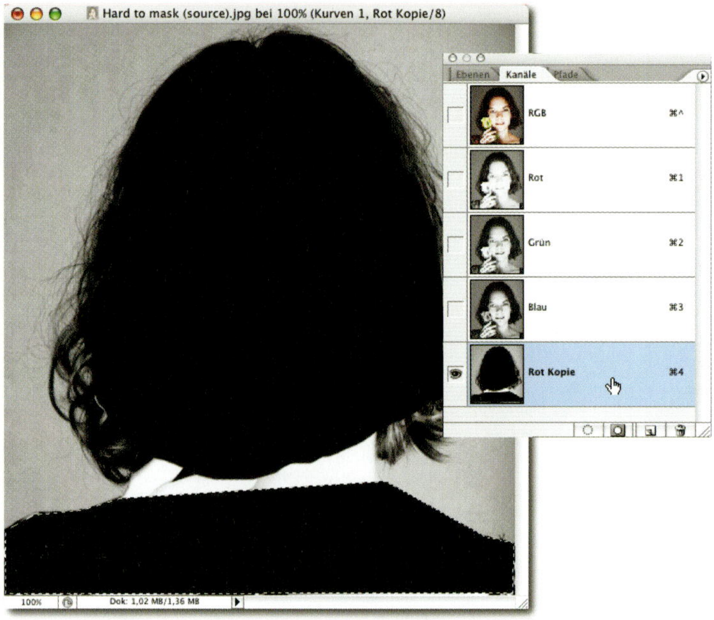

SCHRITT 13 MALEN SIE ÜBER DIE FEHLENDEN BEREICHE MIT SCHWARZ

Aktivieren Sie erneut den Pinsel und malen (natürlich mit Schwarz) über die Löcher. Der kleine graue Bereich links am Hals ist der Zwischenraum zwischen ihren Fingern, übermalen Sie diesen nicht. Malen Sie, bis alles schwarz ist – halten Sie sich jedoch von den Haarspitzen fern.

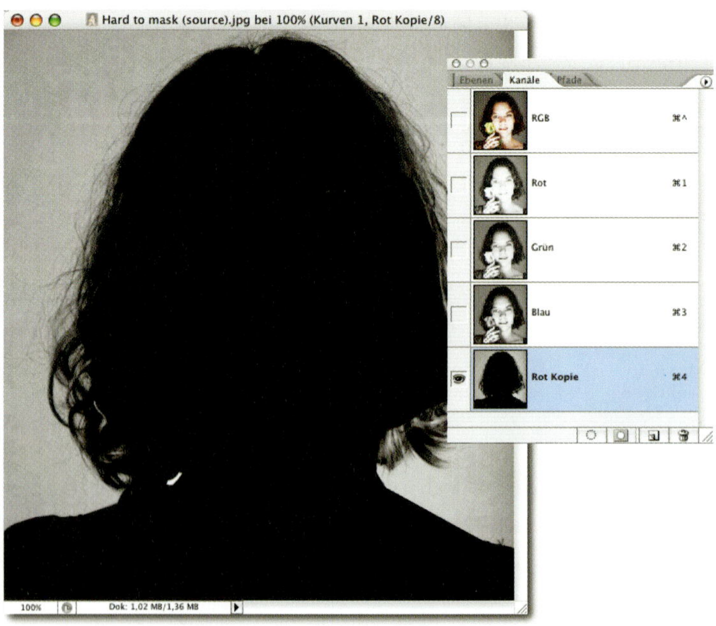

SCHRITT 14 KEHREN SIE DEN ALPHA-KANAL UM

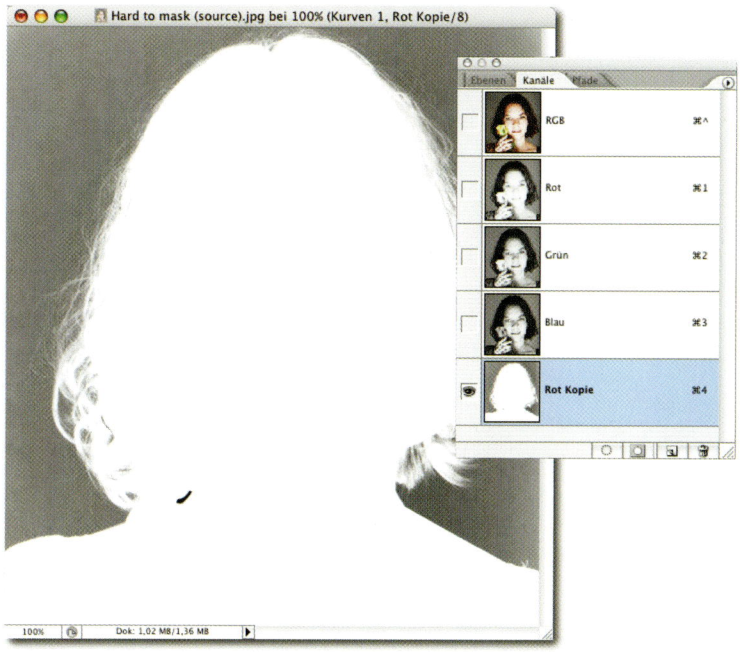

Um Ihnen bei der Reinigung der Maske zu helfen, drücken Sie ⌘ + I (PC: Strg + I), um den Kanal umzukehren. Jetzt sehen Sie, dass die weißen Bereiche der Maske sehr gut aussehen, der schwarze Hintergrund des Alpha-Kanals jedoch noch nicht richtig schwarz ist. Es ist eher ein dunkles Grau, besonders in den Ecken. Malen Sie also mit dem Pinsel und Schwarz über diese Ecken, halten Sie sich auch hier von den Haarspitzen fern.

SCHRITT 15 FÄRBEN SIE DEN HINTERGRUND MIT DEM SCHWARZPUNKTREGLER SCHWARZ EIN

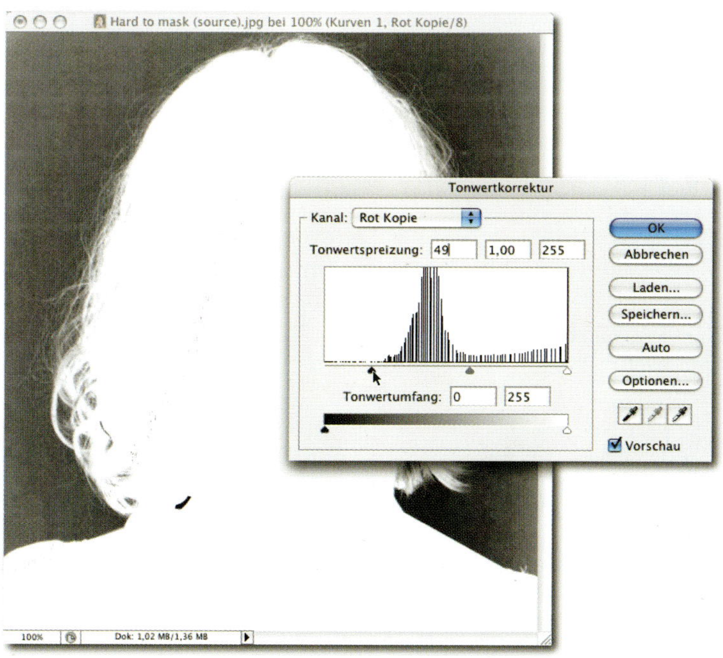

Sobald Sie die Ecken gefüllt haben, öffnen Sie erneut die Tonwertkorrektur-Dialogbox. Ziehen Sie den Schwarzpunktregler nach rechts, um den Hintergrund richtig schwarz einzufärben. Klicken Sie anschließend auf OK.

SCHRITT 16 LADEN SIE DEN ALPHA-KANAL ALS AUSWAHL

Laden Sie den Alpha-Kanal als Auswahl. Klicken Sie dazu unten in der Ebenen-Palette auf den Button KANAL ALS AUSWAHL LADEN (wie in der Abbildung zu sehen).

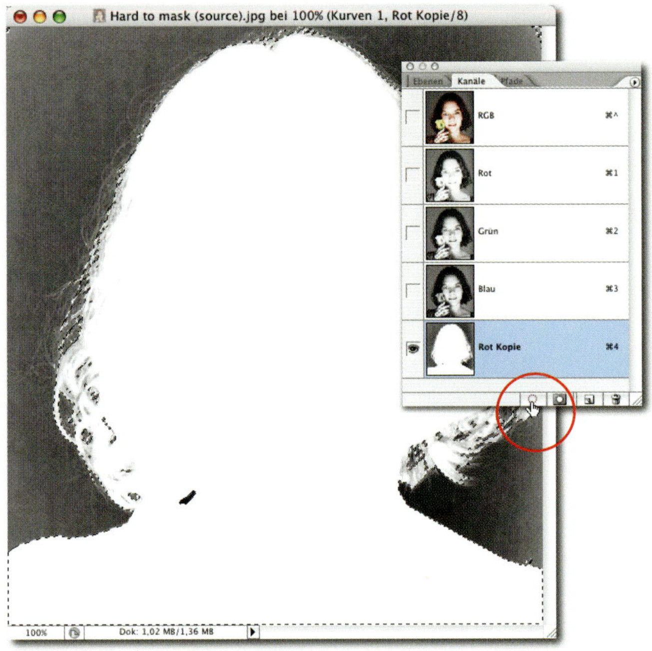

SCHRITT 17 BLENDEN SIE DEN ZUSAMMENGESETZTEN KANAL WIEDER EIN

Drücken Sie ⌘ + ^ (PC: Strg + ^), um den RGB-Kanal einzublenden. Wie Sie sehen, bleibt die Auswahl erhalten. Natürlich sieht das Bild noch zu kontrastreich aus, das liegt an der vorhin erstellten Einstellungsebene.

SCHRITT 18 ENTFERNEN SIE DIE EINSTELLUNGSEBENE, KOPIEREN SIE DAS BILD

Da Sie die Einstellungsebene nicht länger benötigen, können Sie sie unten in der Ebenen-Palette auf den Papierkorb ziehen. Drücken Sie anschließend ⌘ + C (PC: Strg + C), um das Foto in die Zwischenablage zu kopieren.

SCHRITT 19 FÜGEN SIE DAS BILD VOR EINEM ANDEREN HINTERGRUND EIN, DIE HAARDETAILS BLEIBEN ERHALTEN

©ISTOCKPHOTO/BIANCA DE BLOK

Öffnen Sie ein neues Hintergrundbild und drücken Sie ⌘ + V (PC: Strg + V), um das Bild vor dem neuen Hintergrund einzufügen. Beachten Sie, wie schön die Haardetails erhalten bleiben – dank der Maske.

MASKIERUNGSMODUS UND WEICHE KANTEN

MIT DIESER TEMPORÄREN MASKE ERSTELLEN SIE AUSWAHLEN MITHILFE DES PINSELS

Bisher haben wir unsere Auswahlen auf zwei Arten erstellt: (1) mit einem Auswahlwerkzeug (z.B. dem Zeichenstift oder dem Lasso) oder (2) mit einer Maske, die wir mithilfe der Farbkanäle des Bilds angelegt haben. Es gibt jedoch noch eine andere Möglichkeit – eine sehr beliebte Methode, mit der auch Sie sich schnell anfreunden werden. Sie müssen sie unbedingt kennen lernen.

Es handelt sich um den Maskierungsmodus, der eigentlich ein temporärer Alpha-Kanal ist (auch wenn er ähnlich wie ein Alpha-Kanal funktioniert, wird in der Kanäle-Palette nichts gespeichert, sobald Sie die Auswahl geladen haben). Ein weiterer Vorteil ist, dass Sie die Auswahl mit einem von Photoshops Malwerkzeugen erstellen. Richtig, Sie aktivieren den Maskierungsmodus, malen über die Bereiche, die Sie auswählen wollen – wenn Sie wieder in den Standardmodus wechseln, wird die Auswahl geladen. Diese Methode eignet sich hervorragend bei Objekten mit weichen Kanten, weil Sie die Auswahl mit einem weichen Pinsel erstellen können. Sie lässt sich auch gut anwenden, wenn Sie ein Objekt sowohl mit weichen als auch mit harten Kanten haben (wie in diesem Projekt).

SCHRITT 1 ÖFFNEN SIE EIN BILD MIT HARTEN UND WEICHEN KANTEN

Öffnen Sie das Foto eines Objekts, das sowohl harte als auch weiche Kanten besitzt. (Wie dieser Kolibri – seinen Körper können Sie mit einer Standardmaske oder einem Auswahlwerkzeug auswählen, aber für die sich bewegenden Flügel müssen Sie sich etwas anderes ausdenken.) Ich wette, Sie fragen sich jetzt, wie lange es wohl gedauert hat, bis ich einen fliegenden Kolibri vor einem grauen Hintergrund gefunden habe. Nun ja, schon eine Weile. Ehrlich gesagt habe ich nicht genau danach gesucht – ich war einfach auf der Suche nach einem Kolibri und fand unter iStockphoto.com diesen hier (ich habe die Blume aus dem Foto entfernt).

SCHRITT 2 WÄHLEN SIE DIE GUT DEFINIERTEN BEREICHE MIT EINEM AUSWAHLWERKZEUG AUS

Wie bereits erwähnt, werden wir den Maskierungsmodus verwenden, um die weichen Bereiche im Bild auszuwählen (die Flügel). Wir können jedoch bereits vorher die gut definierten Bereiche mit einem Standard-Auswahlwerkzeug auswählen. Ich verwendete hier den Zeichenstift (Taste »P«), um einen Pfad um den Körper des Kolibris zu erstellen, den ich anschließend mit ⌘ + ↵ (PC: Strg + ↵) in eine Auswahl umwandelte. Sie können hier natürlich auch ein anderes Auswahlwerkzeug verwenden (z.B. das Lasso oder das Magnetische Lasso). Erstellen Sie also die Auswahl (wie in der Abbildung zu sehen).

SCHRITT 3 DRÜCKEN SIE DIE TASTE »Q«, UM DEN MASKIERUNGSMODUS ZU AKTIVIEREN

Wechseln Sie jetzt in den Maskierungsmodus, indem Sie unten in der Werkzeug-Palette auf den Button IM MASKIERUNGSMODUS BEARBEITEN klicken oder einfach die Taste »Q« drücken. Im Maskierungsmodus erscheinen die maskierten Bereiche (die geschützten Bereiche) rot. Die ausgewählten Bereiche erscheinen ganz normal. Erkennen Sie die Gemeinsamkeit zu einem herkömmlichen Alpha-Kanal, bei dem die maskierten Bereiche schwarz und die ausgewählten Bereiche weiß sind?

SCHRITT 4 KLICKEN SIE DOPPELT AUF DAS MASKIERUNGSICON, UM DIE MASKEN-OPTIONEN EINZUBLENDEN

Wenn Sie im Maskierungsmodus mit Weiß über Rot malen, werden die maskierten Bereiche klar und in eine Auswahl umgewandelt, sobald Sie wieder in den Standardmodus wechseln. Manche Leute lassen sich von dieser Tatsache etwas abschrecken. Sie hätten es lieber, dass der Bereich rot wird, über den sie malen (das ist auch sinnvoller, denn im herkömmlichen Druck gibt es schließlich keinen Hintergrund). Wenn Sie zu diesen Leuten gehören, klicken Sie unten in der Werkzeug-Palette doppelt auf das Maskierungsicon und aktivieren Sie in der Dialogbox die Option Ausgewählte Bereiche. Klicken Sie anschließend auf OK.

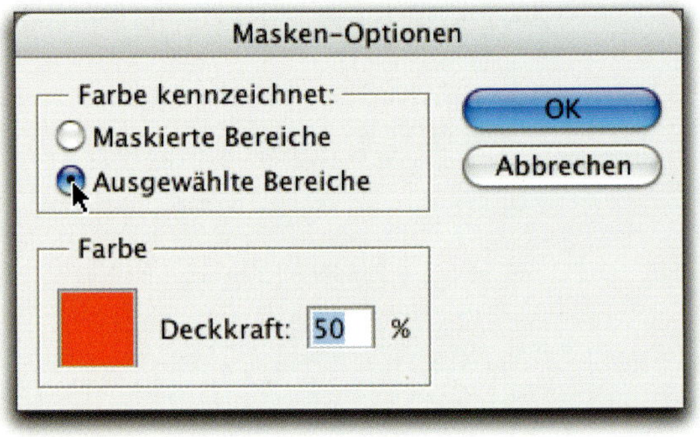

SCHRITT 5 WÄHLEN SIE EINE WEICHE MITTLERE PINSELSPITZE AUS

Versuchen Sie zu malen (mit Schwarz), Sie malen in Rot. Wenn Sie wieder in den Standardmodus wechseln, werden diese roten Bereiche als Auswahl geladen. Da Sie jetzt beide Methoden kennen, können Sie sich aussuchen, welche Ihnen besser gefällt. Erstellen Sie anschließend die Auswahl. Stellen Sie Weiß als Vordergrundfarbe ein, aktivieren Sie den Pinsel (Taste »B«) und eine mittlere weiche Pinselspitze. Ich verwende hier übrigens den Standardmodus. Rot ist also das, was geschützt wird, und die klaren Bereiche werden zur Auswahl.

SCHRITT 6 MALEN SIE ÜBER DIE KANTEN DES VORDEREN FLÜGELS

Malen Sie nun mit der weichen Pinselspitze über die Flügel des Kolibris. Das farbige Bild kommt beim Malen wieder zum Vorschein. Je näher Sie an die Kanten der Flügel kommen, desto kleiner müssen Sie die Werkzeugspitze wählen (verwenden Sie dazu die Tasten »#« [kleiner] und »Ö« [größer] auf Ihrer Tastatur). Ziel ist es, die rote Farbe über den Flügeln zu entfernen.

SCHRITT 7 ÄNDERN SIE DIE GRÖSSE DER PINSELSPITZE UND MALEN SIE ÜBER DEN HINTEREN FLÜGEL

Zoomen Sie in das Bild hinein, um die Bereiche besser zu erkennen. Für den hinteren Flügel sollten Sie eine größere Pinselspitze verwenden und die äußere Flügelkante mit der äußeren Kante des Pinsels berühren. Die Mitte des Kreises befindet sich gut innerhalb des Flügels, die äußere Kante hingegen entfernt die weichen roten Bereiche, wo die Bewegung sichtbar ist. Versuchen Sie, alle dunkelroten Bereiche wegzumalen.

SCHRITT 8 MALEN SIE, BIS DER VOGEL VOLLSTÄNDIG SICHTBAR IST

Malen Sie so lange, bis alle dunkelroten Bereiche verschwunden sind (wie in der Abbildung zu sehen). Falls Sie zu weit über die Flügel hinaus gemalt haben, können Sie den Fehler sofort beheben, indem Sie die Taste »X« drücken, somit Schwarz als Vordergrundfarbe aktivieren und über die fehlerhaften Bereiche malen. Sie werden dadurch wieder maskiert (geschützt). Wechseln Sie also zwischen Weiß (um die Auswahl zu vergrößern) und Schwarz (um die Auswahl zu verkleinern).

SCHRITT 9 HIER KÖNNEN SIE DIE FARBE DER ÜBERLAGERUNG ÄNDERN

Ich spreche übrigens immer von der roten Farbe, weil das die Standardfarbe für die Überlagerung des Maskierungsmodus ist (diese Farbe hat etwas mit den Masken zu tun, die erstellt wurden, weit bevor es Photoshop gab). Was ist, wenn Sie etwas maskieren wollen, was sich vor einem roten Hintergrund befindet? Erschwert die rote Farbe nicht deutlich das Arbeiten? Ja. Deshalb können Sie die Farbe der Überlagerung auch ändern. Klicken Sie einfach doppelt auf das Maskierungsicon, um die Masken-Optionen zu öffnen. Klicken Sie anschließend auf das rote Farbfeld und wählen Sie eine neue Farbe aus – eine, die einen besseren Kontrast zum Hintergrund bietet.

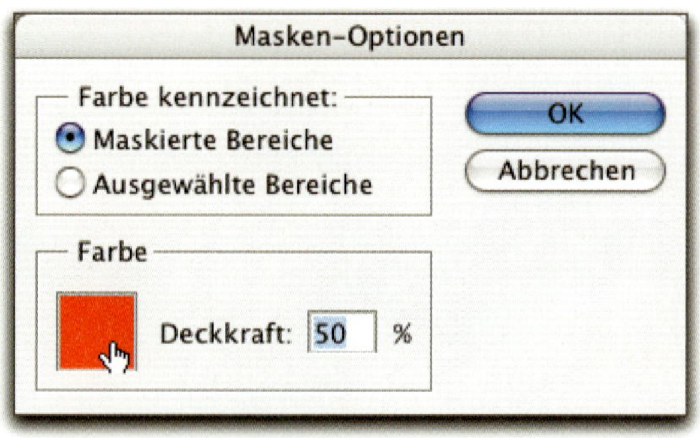

SCHRITT 10 WECHSELN SIE WIEDER IN DEN STANDARDMODUS UND KOPIEREN SIE DEN KOLIBRI

Da Sie den Kolibri jetzt maskiert haben, können Sie wieder in den Standardmodus wechseln, indem Sie entweder auf den Button Im Standardmodus bearbeiten unten in der Ebenen-Palette klicken oder erneut die Taste »Q« drücken. Die klaren Bereiche aus dem Maskierungsmodus werden als Auswahl geladen. Wenn Sie jetzt denken, dass die Flügel nicht weich, sondern viel zu rund sind, liegt das an der Auswahlkante, die keine weichen Auswahlen darstellen kann. Sie werden die weichen Kanten aber noch früh genug sehen. Drücken Sie ⌘+C (PC: Strg+C), um die Auswahl in die Zwischenablage zu kopieren.

SCHRITT 11 ÖFFNEN SIE EIN NEUES HINTERGRUNDFOTO

©ISTOCKPHOTO

Öffnen Sie ein Hintergrundfoto, in das Sie den Kolibri einfügen wollen (dieses hier können Sie sich zusammen mit dem Kolibri von der Website zum Buch herunterladen).

SCHRITT 12 FÜGEN SIE DEN KOLIBRI IN DAS NEUE DOKUMENT EIN, PLATZIEREN SIE IHN ÜBER DEN BLUMEN

Drücken Sie ⌘ + V (PC: Strg + V), um den Kolibri als eigene Ebene in das Dokument einzufügen. Da er sich in einer eigenen Ebene befindet, können Sie ihn mit dem Verschiebeben-Werkzeug (Taste » V «) direkt neben der Blume positionieren, wie Sie es in der Abbildung sehen. Achten Sie auf die weichen Kanten der Flügel. Sind sie nicht süß? Es gibt jedoch noch ein weiteres Problem, denn der Kolibri sieht im Vergleich zum Hintergrund zu blau (oder zu kalt) aus. Dadurch ist die Collage zu leicht zu erkennen. Aber das beheben wir im nächsten Schritt.

SCHRITT 13 LADEN SIE DIE EBENE ALS AUSWAHL, FÜGEN SIE EINEN GELBEN FOTOFILTER HINZU

Wir müssen den Kolibri etwas aufwärmen, allerdings nur den Kolibri, nicht den Hintergrund. Stellen Sie die Auswahl wieder her, indem Sie mit gedrückter ⌘+Taste (PC: Strg +Taste) auf die Ebenenminiatur des Kolibris klicken. Wählen Sie aus dem Popup-Menü NEUE FÜLL- ODER EINSTELLUNGSEBENE ERSTELLEN unten in der Ebenen-Palette die Option FOTOFILTER. Wählen Sie aus dem Popup-Menü FILTER die Option GELB und erhöhen Sie die Dichte (wie in der Abbildung zu sehen). Sobald Ihnen das Ergebnis gefällt, klicken Sie auf OK. In der Ebenen-Palette wird eine Einstellungsebene mit einer Maske für den Kolibri erstellt.

SCHRITT 14 VERWENDEN SIE DEN FILTER DUNKLE BEREICHE VERGRÖSSERN IM MASKIERUNGSMODUS

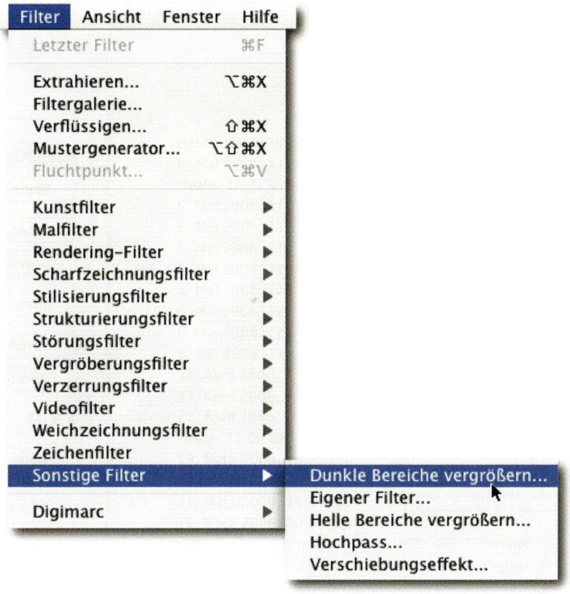

Diese Auswahl war sehr gut. Wenn Sie in Ihrer eigenen jedoch noch einen Teil des grauen Hintergrunds erkennen, müssen Sie die Auswahl im Maskierungsmodus etwas verkleinern und es erneut versuchen. Zum Glück gibt es zwei Filter, die Ihnen beim Vergrößern bzw. Verkleinern Ihrer Auswahl helfen, falls Sie nicht den gesamten Vogel ausgewählt haben. Zum Verkleinern wählen Sie FILTER/SONSTIGE FILTER/DUNKLE BEREICHE VERGRÖSSERN (wie in der Abbildung zu sehen).

SCHRITT 15 VERGRÖSSERN SIE DEN RADIUS, DIE AUSWAHL WIRD DADURCH KLEINER

Hier sehen Sie wieder das Ausgangsbild. In der Dialogbox DUNKLE BEREICHE VERGRÖSSERN gibt es nur einen Regler – Radius. Wenn Sie den Radius vergrößern, wird der ausgewählte Bereich verkleinert. In diesem Beispiel wählte ich einen Radius von 3. Sie sehen, dass die ausgewählten Bereiche kleiner geworden sind. Wenn Sie jetzt wieder in den Standardmodus wechseln, ist die Auswahl 3 Pixel enger als vorher. Nutzen Sie diesen Trick immer dann, wenn Sie ein Bild in ein anderes einfügen und noch etwas vom alten Hintergrund zu sehen ist.

SCHRITT 16 VERWENDEN SIE IM MASKIERUNGSMODUS DEN FILTER HELLE BEREICHE VERGRÖSSERN

Der andere Filter heißt Helle Bereiche vergrössern und erweitert Ihre Auswahl. In diesem Beispiel wählte ich den Filter (Filter/Sonstige Filter/Helle Bereiche vergrössern) mit einem Radius von 3. Sehen Sie den grauen Rand um den Kolibri? Das ist der graue Hintergrund aus dem Originalfoto (den wir hier nicht haben wollen). Wenn Sie jedoch das Foto in den neuen Hintergrund eingefügt haben und die weichen Bereiche der Flügel etwas beschnitten sind und wie harte Kanten aussehen, sollten Sie diesen Filter ausprobieren. Die Auswahl wird größer, die weichen Flügel sind vielleicht wieder zu sehen.

SCHRITT 17 LADEN SIE DIE AUSWAHL UND SPEICHERN SIE DEN KANAL

Denken Sie daran, der Maskierungsmodus ist nur temporär – sobald Sie in den Standardmodus wechseln, ist er verschwunden, richtig? Was ist, wenn Sie die Maske als Alpha-Kanal speichern wollen, um sie jederzeit wieder laden zu können? Tun Sie einfach Folgendes: Während Sie sich im Maskierungsmodus befinden, sehen Sie den entsprechenden Kanal in der Kanäle-Palette. Klicken Sie mit gedrückter ⌘-Taste (PC: Strg-Klick) auf die Miniatur dieses Kanals, um die Maske als Auswahl zu laden. Klicken Sie anschließend auf den Button Auswahl als Kanal speichern (wie hier zu sehen). Das war's – der neue Kanal erscheint als Alpha 1, den Maskierungsmodus-Kanal können Sie jetzt löschen.

SCHRITT 18 HIER IST DIE QUICKMASK-AUSWAHL, GESPEICHERT ALS ALPHA-KANAL

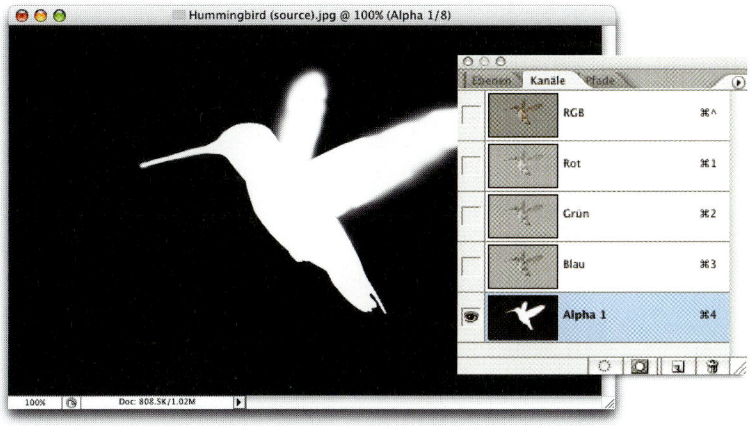

Klicken Sie auf den Kanal Alpha 1, Sie sehen die Auswahl als reguläre Kanal. Sehen Sie die kleinen grauen Bereiche um die Flügel (sind Kanäle nicht immer nur schwarz und weiß)? Diese Bereiche markieren die weichen Kanten. Grau ist wichtig in Alpha-Kanälen, da es die Sichtbarkeit bestimmt. Schwarze Bereiche sind geschützt und nicht zu sehen, weiße Bereiche sind sichtbar, richtig? Was ist, wenn nur 50% des Bilds durchscheinen sollen? Dann müssen Sie den Bereich des Alpha-Kanals mit 50% Grau füllen. Die Bereiche sollen noch transparenter werden? Füllen Sie sie mit 25% Grau.

SCHRITT 19 ALS ALPHA-KANAL GESPEICHERT KÖNNEN SIE HELLE ODER DUNKLE BEREICHE VERGRÖSSERN ANWENDEN

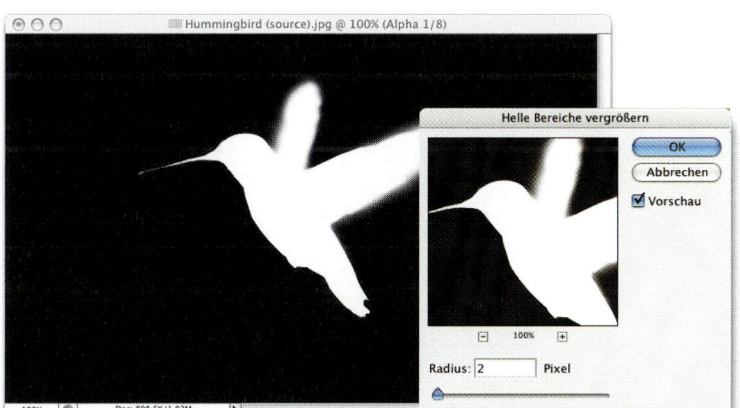

Da wir gerade einen Alpha-Kanal haben, ist es vielleicht nicht verkehrt, wenn ich Ihnen zeige, dass Sie die Filter Helle Bereiche vergrössern und Dunkle Bereiche vergrössern auch auf reguläre Alpha-Kanäle anwenden können (vielleicht haben Sie sich das schon gedacht, ich wollte es nur noch einmal erwähnen). Testen wir es – klicken Sie auf den Alpha-Kanal und öffnen Sie den Filter Helle Bereiche vergrössern. Wenn Sie direkt in die Vorschau klicken, sehen Sie ein Vorher-Nachher-Bild – bei gedrückter Maustaste sehen Sie das Bild vorher und sobald Sie die Maustaste loslassen, erscheint die Nachher-Version.

SCHRITT 20 ERSTELLEN SIE IM ZUSAMMENGESETZTEN FOTO EINE AUSWAHL VON DEN FLÜGELN

Lassen Sie uns noch eine letzte kleine Änderung vornehmen, um das Bild noch glaubhafter zu machen. Klicken Sie in der Ebenen-Palette auf die Ebene des Kolibris, aktivieren Sie das Lasso und erstellen Sie eine lose Auswahl von den Flügeln (wie in der Abbildung zu sehen).

SCHRITT 21 KOPIEREN SIE DIESE IN EINE EIGENE EBENE, ÄNDERN SIE DIE FÜLLMETHODE IN ABDUNKELN

Drücken Sie ⌘+⇧+J (PC: Strg+⇧+J), um die Flügel in eine eigene Ebene zu kopieren. Lassen Sie uns die Kanten etwas transparent machen (damit Farben aus dem Hintergrund durchscheinen können und das Bild realistischer aussieht). Ändern Sie die Füllmethode von NORMAL in ABDUNKELN. Sehen Sie sich die unteren Bereiche der Flügel an – erkennen Sie den Hintergrund? Wenn wir jetzt noch die Deckkraft verringern, werden die anderen Bereiche auch noch etwas transparenter. Durch die Füllmethode scheinen nur die Bildbereiche aus dem Hintergrund durch, die dunkler sind als die Flügel.

SCHRITT 22 DAS FINALE BILD, DER HINTERGRUND SCHEINT DURCH DIE FLÜGEL DURCH

Hier ist das fertige Bild ohne störende Ebenen-Palette. Wenn Sie noch tiefer in die Materie eindringen wollen, kann ich Ihnen dieses Buch hier empfehlen: *Photoshop Maskierung & Compositing*, ISBN 3-8273-2242-1 von Katrin Eismann. Das ist das beste Buch zum Thema und erklärt die unterschiedlichsten Techniken und Werkzeuge, die Sie für realistische Kompositionen benötigen.

TASTATURKURZBEFEHLE	WINDOWS	MACINTOSH
Im Maskierungsmodus umschalten, ob Rot die ausgewählten oder die nicht ausgewählten Bereiche anzeigt	Halten Sie die [Alt]-Taste gedrückt und klicken Sie unten in der Werkzeug-Palette auf den Button IM MASKIERUNGSMODUS BEARBEITEN.	Halten Sie die [⌥]-Taste gedrückt und klicken Sie unten in der Werkzeug-Palette auf den Button IM MASKIERUNGSMODUS BEARBEITEN.
Bei neuen Kanälen in der Kanäle-Palette umschalten, ob die weiße Maske den ausgewählten oder den nicht ausgewählten Bereich anzeigt	Halten Sie die [Alt]-Taste gedrückt und klicken Sie unten in der Kanäle-Palette auf den Button AUSWAHL ALS KANAL SPEICHERN.	Halten Sie die [⌥]-Taste gedrückt und klicken Sie unten in der Kanäle-Palette auf den Button AUSWAHL ALS KANAL SPEICHERN.
Den Alpha-Kanal als rote Überlagerung einblenden	Klicken Sie auf das Augen-Icon neben dem Alpha-Kanal, den Sie als Überlagerung einblenden wollen.	Klicken Sie auf das Augen-Icon neben dem Alpha-Kanal, den Sie als Überlagerung einblenden wollen.

Warum malen wir über die Personen, die wir maskieren wollen, immer in Schwarz?

Das ist nicht immer so – manchmal funktioniert es besser, wenn Sie die Maske mit Weiß erstellen und den Hintergrund schwarz machen (wenn das Objekt beispielsweise hell und der Hintergrund dunkel ist). Es hängt also vom Foto ab. Wenn Sie sich den Kontrastkanal ansehen und das zu maskierende Objekt weiße Kanten hat, ist die Entscheidung schon gefallen – füllen Sie den Rest des Objekts mit Weiß und färben Sie den Hintergrund schwarz.

©ISTOCKPHOTO/ULRIKE HAMMERICH

Diese Frau hat blonde Haare und befindet sich vor einem dunklen Hintergrund. Beim Maskieren ist es deshalb einfacher, mit Weiß über die Haare zu malen und den Hintergrund schwarz einzufärben.

Warum muss ich die Maske in der Regel umkehren, bevor ich sie als Auswahl laden kann?

Das müssen Sie nur, wenn der Hintergrund der Maske weiß und das Objekt schwarz ist (was oft der Fall ist). Wir kehren die Maske um, um nicht den Hintergrund sondern das Objekt auszuwählen, wenn die Maske als Auswahl geladen wird – schwarze Bereiche werden ausgeblendet, die weißen sind zu sehen. Sehen Sie sich die Abbildung an, dort wurde Alpha 1 als Auswahl geladen – sehen Sie, dass der Hintergrund ausgewählt wurde und nicht die Frau? Deshalb muss die Maske vorher umgekehrt werden, damit der Hintergrund schwarz und die Frau weiß ist.

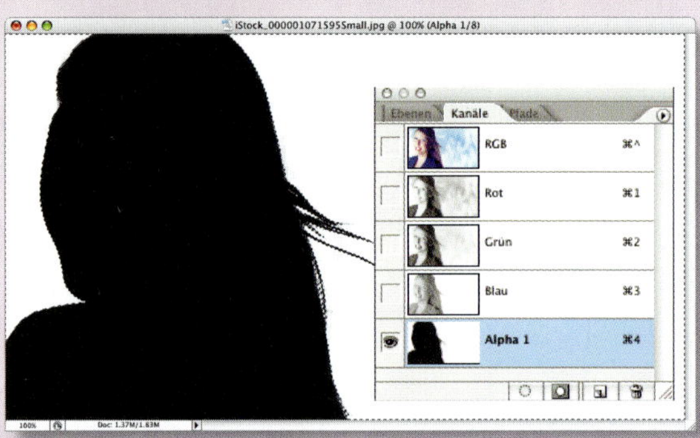

©ISTOCKPHOTO/AMANDA ROHDE

Wenn ich die Kanten mit einer Tonwertkorrektur abdunkle, was passiert, wenn sich die Regler zu nahe kommen?

Zwei Dinge: (1) Ihnen gehen feine Kantendetails und einige Haarsträhnen verloren; und (2) die Kanten werden zu hart und ausgefranst. Wenn Sie die Kanten mit der Tonwertkorrektur abdunkeln, müssen Sie deshalb besonders auf die Kanten achten, wenn Sie die Regler verschieben.

Wenn ich große schwarze (oder weiße) Bereiche habe, die ich füllen muss, muss ich sie dann ausmalen?

Mit diesem Ansatz können Sie viel Zeit sparen: Malen Sie mit dem Pinsel nahe der Kanten des Objekts, nutzen Sie für den Rest jedoch das Lasso oder ein anderes Auswahlwerkzeug, um so viel wie möglich auszuwählen und die Auswahl dann mit Schwarz oder Weiß zu füllen (je nachdem, was Sie gerade brauchen).

Was ist der Unterschied zwischen Kanalberechnungen und Bildberechnungen?

Mit Kanalberechnungen können Sie zwei separate Kanäle miteinander kombinieren, um einen neuen Kanal zu erstellen. Mit Bildberechnungen nehmen Sie einen Kanal und wenden diesen auf einen bereits bestehenden an – es wird kein neuer Kanal erstellt.

Wie passiert es, dass sich das Bild rot färbt, wenn ich den RGB-Kanal und den Alpha-Kanal gleichzeitig einblende (kann ich die Farbe ändern?)?

Das liegt daran, dass Photoshop den Kanal standardmäßig mit dieser Farbe einfärbt (früher verwendete man rotes Material, um Masken zu erstellen). Sie können diese Farben und deren Deckkraft im Menü der Kanäle-Palette ändern, indem Sie dort den Befehl KANAL-OPTIONEN aktivieren.

Frage & Antwort

Wie kann eine Auswahl am schnellsten als Alpha-Kanal gespeichert werden?

Wenn Sie die Kanäle-Palette geöffnet haben, klicken Sie unten auf den Button AUSWAHL ALS KANAL SPEICHERN. Wenn nicht, klicken Sie mit gedrückter `Ctrl`-Taste (PC: Rechts-Klick) in den ausgewählten Bereich und wählen AUSWAHL SPEICHERN.

Wie wandeln Sie einen Pfad in einen Alpha-Kanal um?

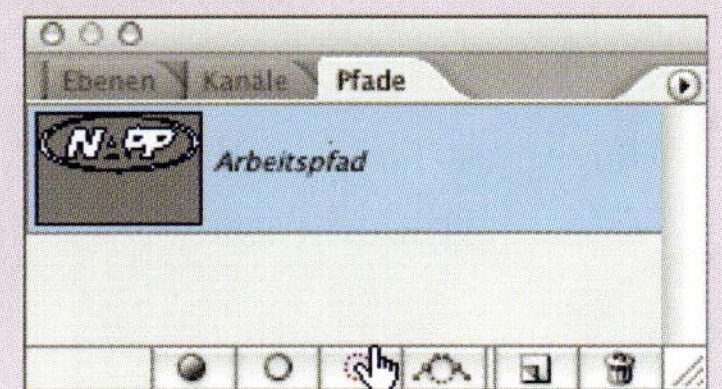

Klicken Sie in der Pfade-Palette unten auf den Button PFAD ALS AUSWAHL LADEN. Wählen Sie anschließend AUSWAHL/AUSWAHL SPEICHERN. Das war's – vom Pfad zum Kanal.

Was ist der alte Maskierungs- und Weiche-Kante-Trick?

Ahhhh, ich wusste, dass Sie das fragen würden. Er basiert auf der Tatsache, dass wenn Sie eine weiche Auswahlkante erstellen, Sie das Ergebnis der Weichzeichnung nicht genau kennen (wie weich die Kanten also tatsächlich sein werden), bis Sie die Auswahl aufheben. Aber dann ist es zu spät. Der Trick lautet:

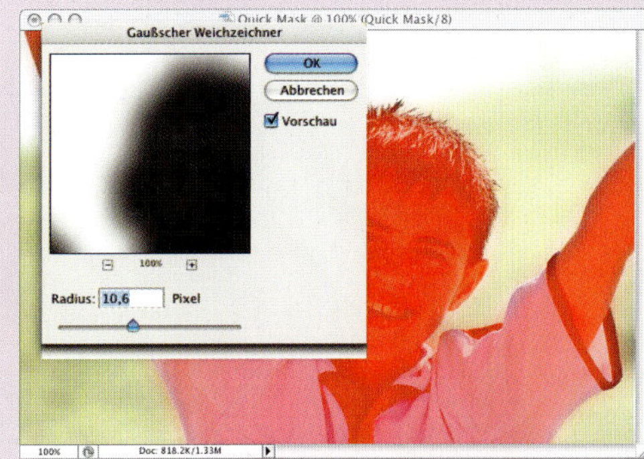

©ISTOCKPHOTO/DUNCAN WALKER

Erstellen Sie die Auswahl und wechseln Sie in den Maskierungsmodus – sie erscheint als Maske. Jetzt können Sie den Gaußschen Weichzeichner anwenden, und genau kontrollieren, wie weich die Kanten der Auswahl werden, wenn Sie wieder in den Standardmodus wechseln. Cool, oder?

3
ACTUAL PIXELS
FIT SCREEN
PRINT SIZE
RED
GREEN
BLUE
CHANNELS
NEW CHANNEL
DUPLICATE CHANNEL
DELETE CHANNEL
MERGE CHANNELS
PALETTE OPTIONS

Ebenenmasken & Einstellungsebenen

Vielleicht fragen Sie sich jetzt, warum Ebenenmasken und Einstellungsebenen in einem Buch über Kanäle auftauchen. Sehen Sie, das ist die Kraft des geschriebenen Wortes – so reisen Sie zu unbekannten Plätzen, entdecken mystische neue Welten und setzen sich gefährlichen Strahlungen aus, die normalerweise dem Besuch fremder Kulturen vorbehalten sind. Es gibt übrigens einen legitimen Grund, sowohl Ebenenmasken als auch Einstellungsebenen in diesem Buch zu besprechen (nicht den, dass beide mit kanalähnlichen Masken arbeiten, wie Sie jetzt vielleicht denken). Nein, ich habe sie mit in dieses Buch aufgenommen, um meinen Verleger etwas verrückt zu machen. Bevor Sie nämlich ein Buch wie dieses schreiben, müssen Sie schwören, dass Sie nicht mehr Seiten schreiben, als ursprünglich geplant (ich habe maximal 200 Seiten zugestimmt). Der Grund ist, dass die Papierkosten in den letzten sechs Jahren enorm gestiegen sind und wahrscheinlich noch weiter steigen werden, so dass Verleger zum jetzigen Zeitpunkt ausreichend Papier kaufen, um einen Preis für ein Buch mit 200 Seiten festlegen zu können. Deshalb musste ich natürlich 50 Seiten mehr schreiben als abgesprochen. Es sind so kleine Dinge wie dieses, die uns Autoren die Kraft geben, weiterzumachen.

Ebenenmasken-Grundlagen

WIE SIE DIE GELERNTEN KANÄLEPRINZIPIEN AUF DIE ARBEIT MIT EBENEN ANWENDEN

In Photoshop-Kreisen spricht man oft davon, »die Pixel nicht zu verletzen« oder »nicht destruktiv zu arbeiten«. Dabei geht es darum, das Originalbild zu schützen – also nichts zu tun, was Sie nicht jederzeit wieder rückgängig machen können (da die Protokoll-Palette standardmäßig nur maximal 20 Schritte zulässt, kann das sehr schnell passieren).

Eine der nicht destruktiven Bearbeitungsmethoden ist die Verwendung von Ebenenmasken. Sie entfernen also keine Pixel, sondern blenden sie nur ein oder aus. Wenn Sie mit der Funktionsweise von Masken bereits vertraut sind, sollte es keine Probleme mit dieser anderen Art von Kanälen geben. (Es sind eigentlich keine Kanäle, sie funktionieren aber oftmals so. Wenn Sie Kanäle verstanden haben, wird der Umgang mit Ebenenmasken zu einem Kinderspiel.)

SCHRITT 1 ÖFFNEN SIE EIN BILD, IN DEM DIE BELICHTUNG ANGEPASST WERDEN MUSS

Hier sehen Sie ein Foto mit Belichtungsproblemen. Das Mädchen (meine kleine süße Jenna) ist ein bisschen überbelichtet (zu hell), der Hintergrund ist sehr stark überbelichtet. Im Idealfall müssten nur der Hintergrund und einige Teile von Jenna etwas abgedunkelt werden (die Jacke und die Haare vielleicht). Das Gesicht sollte so bleiben, wie es ist. Bei solchen Aufgaben sind Ebenenmasken wirklich sehr nützlich, weil Sie damit die Belichtung selektiv ins Bild malen können.

©SCOTT KELBY

SCHRITT 2 DUPLIZIEREN SIE DIE EBENE UND ÄNDERN SIE DIE FÜLLMETHODE IN MULTIPLIZIEREN ODER ABDUNKELN

Drücken Sie ⌘+J (PC: Strg+J), um die Hintergrundebene zu duplizieren. Ändern Sie die Füllmethode dieser Ebenenkopie in MULTIPLIZIEREN. Dadurch wird das gesamte Bild etwas dunkler, wie Sie hier sehen können. Der Hintergrund sieht jetzt besser aus, das Gesicht, die Jacke und die Haare sind jedoch etwas zu dunkel. Vorher war das Bild überbelichtet (zu hell) und jetzt ist es unterbelichtet (zu dunkel). Wir werden eine Ebenenmaske hinzufügen, um das Beste aus beiden Ebenen miteinander zu kombinieren.

SCHRITT 3 FÜGEN SIE EINE EBENENMASKE HINZU

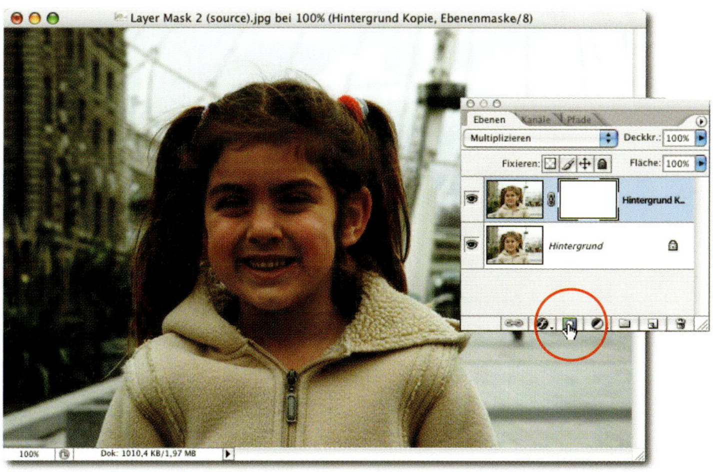

Um zu dieser Ebene eine Ebenenmaske anzulegen (das ist so, als würden Sie einen neuen Kanal erzeugen), klicken Sie unten in der Ebenen-Palette auf den Button EBENENMASKE HINZUFÜGEN (wie in der Abbildung zu sehen). Rechts neben der Ebenenminiatur erscheint etwas, das aussieht wie ein Alpha-Kanal. Bisher hat die Maske noch keine Auswirkungen auf das Bild – sie wartet darauf, dass Sie etwas mit ihr anstellen.

SCHRITT 4 MALEN SIE MIT SCHWARZ ÜBER DAS GESICHT, UM DIE DUNKLERE BILDVERSION AUSZUBLENDEN

Die obere Ebene ist die dunklere Version des Fotos. Direkt darunter befindet sich die besser belichtete Originalversion von Jenna, richtig? Ohne Ebenenmaske könnten wir den Radiergummi (Taste »E«) aktivieren, das Gesicht entfernen und die besser belichtete Version wieder einblenden. Dabei würden Sie jedoch Pixel entfernen – ein Loch in das Foto schneiden. Mithilfe der Ebenenmaske schneiden Sie nur ein Loch in die Maske (als würden Sie mit Schwarz auf dem Alpha-Kanal malen). Und Sie können alles mit Weiß wieder rückgängig machen. Aktivieren Sie den Pinsel (Taste »B«) und malen Sie mit Schwarz über das Gesicht, um die hellere Bildversion wieder einzublenden.

SCHRITT 5 LÖSCHEN SIE DIE MASKE, DAMIT WIR ETWAS NEUES PROBIEREN KÖNNEN

Das ist eine Möglichkeit. Es gibt jedoch noch eine andere, die ich bevorzuge, weil nicht so viel gemalt werden muss. Probieren Sie diese andere Methode aus. Löschen Sie dazu zunächst die bereits hinzugefügte Ebenenmaske. Klicken Sie direkt auf die Maskenminiatur und ziehen Sie sie unten in der Ebenen-Palette auf den Papierkorb. In der Dialogbox werden Sie gefragt, ob Sie die Maske löschen oder anwenden wollen. Sie wollen sie löschen, um neu beginnen zu können. Klicken Sie also auf LÖSCHEN. Würden Sie auf ANWENDEN klicken, würden die Änderungen im Bild permanent werden.

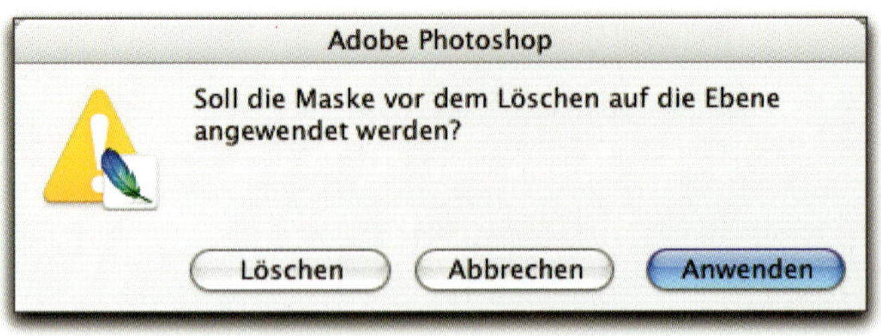

SCHRITT 6 FÜLLEN SIE DIE MASKE MIT SCHWARZ, UM DIE DUNKLERE BILDVERSION AUSZUBLENDEN

Beginnen wir also noch einmal von vorn. Die Ebenenkopie ist noch vorhanden, so dass das Foto zu dunkel aussieht, richtig? Richtig. Halten Sie die [⌥]-Taste (PC: [Alt]-Taste) gedrückt und klicken Sie auf den Button EBENENMASKE HINZUFÜGEN. Durch Gedrückthalten der Taste geschehen mit der Ebenenmaske zwei Dinge: (1) Die Ebenenmaske ist schwarz und nicht weiß und (2) es wird dadurch die dunklere Bildversion ausgeblendet – das Bild sieht jetzt also wieder aus wie zu Beginn, als Sie es geöffnet haben. Die dunklere Ebene ist noch vorhanden, sie wird nur von der Ebenenmaske überdeckt. Und das ist gut so.

SCHRITT 7 MALEN SIE MIT WEISS ÜBER DEN HINTERGRUND, UM DIE DUNKLERE BILDVERSION EINZUBLENDEN

Jetzt können wir die dunkleren Bereiche genau dort ins Bild malen, wo wir sie haben wollen. Aktivieren Sie den Pinsel, drücken Sie die Taste »[X]«, um Weiß als Vordergrundfarbe einzustellen und malen Sie über den Hintergrund des Fotos (wie in der Abbildung zu sehen). Durch das Malen mit Weiß wird der Hintergrund dunkler, denn Sie blenden die dunklere Bildversion wieder ein – die, die durch die Ebenenmaske verdeckt wird. Stellen Sie sich das so vor: Schwarz blendet die dunklere Bildversion aus, Weiß blendet sie wieder ein.

SCHRITT 8 VERRINGERN SIE DIE DECKKRAFT DES PINSELS, UM EINIGE BEREICHE WENIGER ABZUDUNKELN

Erinnern Sie sich, dass ich in Schritt 1 zwei Dinge erwähnt habe, die in diesem Bild nicht korrekt sind? (1) Der Hintergrund ist überbelichtet und (2) das Gleiche gilt für Jennas Jacke und die Haare. Den Hintergrund haben wir bereits korrigiert, wie können Sie jedoch Haare und Jacke nur »etwas« abdunkeln? Verringern Sie die Deckkraft des Pinsels (in der Optionsleiste, wie in der Abbildung zu sehen). So wird beim Malen nicht die volle dunklere Bildversion eingeblendet, sondern nur etwa 40%.

SCHRITT 9 MALEN SIE ÜBER DIE JACKE UND DIE BEREICHE, DIE NUR ETWAS DUNKLER SEIN SOLLEN

Malen Sie jetzt über die Jacke (wie in der Abbildung zu sehen) und die Haare, um diese etwas abzudunkeln. Falls einzelne Stellen dunkler werden sollen (jedoch nicht ganz so dunkel wie die multiplizierte Version der Ebene), erhöhen Sie einfach die Deckkraft des Pinsels.

SCHRITT 10 KLICKEN SIE MIT GEDRÜCKTER [⌥]-TASTE (PC: [Alt]-TASTE) AUF DIE MINIATUR DER MASKE

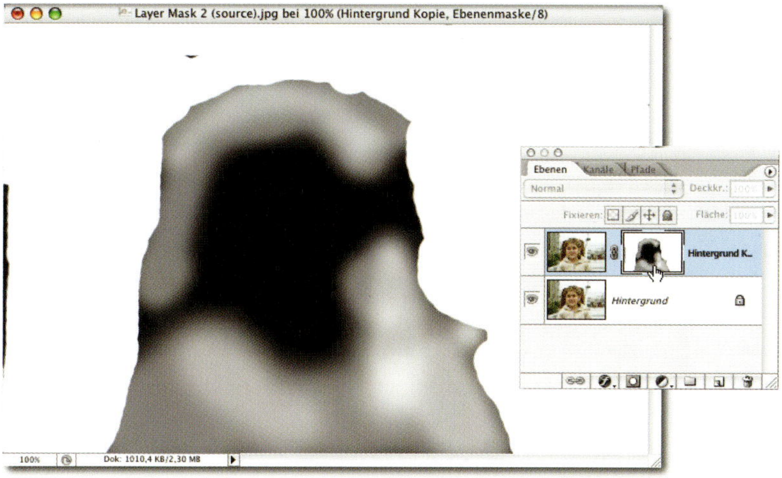

Wollen Sie sehen, was Sie gemacht haben? Erinnern Sie sich noch, dass ich gesagt habe, dass Sie die Pixel auf einer Ebenenmaske nicht entfernen? Es ist, als würden Sie auf einem Alpha-Kanal arbeiten – Sie malen auf einer Maske, nicht auf dem Original. Wenn Sie sich die Maske einmal ansehen wollen, halten Sie die [⌥]-Taste (PC: [Alt]-Taste) gedrückt und klicken Sie direkt auf die Miniatur der Ebenenmaske (wie in der Abbildung zu sehen). Die dunklen Bereiche stellen die dunklere Bildversion dar, die grauen Bereiche sind die, wo ich mit 40% gemalt habe, und die ganz hellgrauen sind die, über die ich zweimal malte.

SCHRITT 11 KLICKEN SIE JETZT WIEDER AUF DIE FOTOMINIATUR

Klicken Sie direkt auf die Fotominiatur, um das Foto wieder einzublenden (wie in der Abbildung zu sehen). Es ist an der Zeit für eine Warnung: Wenn Sie auf die Miniatur des Fotos klicken (wie Sie es eben getan haben), gelangen Sie zum Foto selbst. Falls Sie jetzt malen, malen Sie direkt auf dem Foto – nicht mehr auf der Ebenenmaske. Um wieder auf der Maske zu malen, müssen Sie auf die Miniatur der Ebenenmaske klicken. So viel zu den Grundlagen. Mit einer ähnlichen Technik zeichne ich Porträts scharf, wie Sie später noch sehen werden.

Fotomontagen

EBENENMASKEN WERDEN HÄUFIG VERWENDET, UM ZWEI ODER MEHR BILDER ZUSAMMENZUFÜGEN

Okay, die Grundlagen kennen Sie jetzt. Dann zeige ich Ihnen eine der wahrscheinlich beliebtesten Anwendungen für Ebenenmasken, bei der mehrere Bilder nahtlos zu einer Fotomontage zusammengesetzt werden. Sie sollen nicht nur lernen, Bilder zusammenzusetzen (denn darum geht es nicht in diesem Buch, es geht hier um Kanäle), sondern Sie sollen noch andere Möglichkeiten kennen lernen, Ebenenmasken zu bearbeiten – Techniken, die noch stärker an Alpha-Kanäle erinnern.

Außerdem erhalten Sie die Möglichkeit, Verläufe auf Ihre Ebenenmaske anzuwenden. Wir arbeiten also nicht nur mit vollen und transparenten Bereichen, sondern auch mit Grautönen, um Übergänge zu erzeugen.

SCHRITT 1 ÖFFNEN SIE EIN FOTO, DAS ALS HINTERGRUND FÜR DIE MONTAGE DIENT

Öffnen Sie ein Foto, das als Hintergrund dienen soll. Wenn Sie mit denselben Fotos arbeiten wollen wie ich, können Sie sich diese von der Website zum Buch herunterladen (www.scottkelbybooks.com/channelsphotos).

©ISTOCKPHOTO/SHAUN LOWE

SCHRITT 2 ZIEHEN SIE DAS NÄCHSTE FOTO (DEN TACHO) ÜBER DEN HINTERGRUND

Öffnen Sie ein zweites Foto (das Sie mit dem Hintergrund zusammen montieren wollen). Aktivieren Sie das Verschieben-Werkzeug (Taste » V «) und ziehen Sie dieses Foto über den Hintergrund (wie hier zu sehen). Es befindet sich in einer eigenen Ebene, so dass Sie es nach rechts aus dem Bild herausschieben können (positionieren Sie das Bild wie in der Abbildung). Die harte Bildkante ist noch zu sehen, aber nicht mehr lange – wir werden die Bilder gleich sanft ineinander überblenden.

SCHRITT 3 FÜGEN SIE EINE EBENENMASKE HINZU

Klicken Sie in der Ebenen-Palette auf den Button Ebenenmaske hinzufügen (wie hier zu sehen). Es wird eine weiße Maske hinzugefügt. Und wie bei Kanälen ist bei Weiß alles zu sehen. Deshalb hat das Hinzufügen der Ebenenmaske im Moment noch keine Auswirkungen auf das Bild – die gesamte Ebene ist zu sehen, das Bild sieht aus wie vorher.

SCHRITT 4 ERSTELLEN SIE EINEN SCHWARZWEISSVERLAUF, ZIEHEN SIE VON LINKS NACH RECHTS

Aktivieren Sie das Verlaufswerkzeug (Taste » G «) und öffnen Sie in der Optionsleiste den Verlaufswähler (oder drücken Sie ↵). Klicken Sie anschließend doppelt auf den dritten Verlauf – Schwarz, Weiß –, um ihn auszuwählen. Klicken Sie mit dem Verlaufswerkzeug dort ins Bild, wo der Tacho vollständig transparent sein soll (am linken Bildrand), und ziehen Sie nach rechts bis zu der Stelle, wo das Bild vollständig sichtbar sein soll. In der Abbildung erkennen Sie die Richtung an dem weißen Pfeil (von links nach rechts).

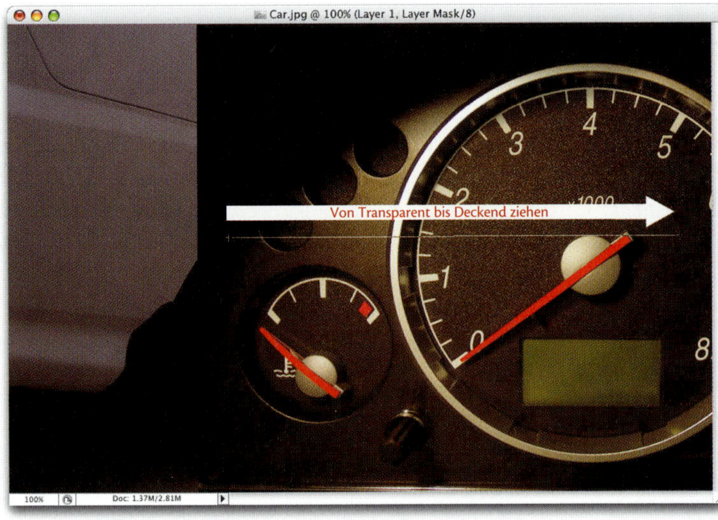

SCHRITT 5 AUF DER MASKE WIRD EIN VERLAUF ERSTELLT, DER IN TRANSPARENZ AUSLÄUFT

In der Miniatur der Ebenenmaske erkennen Sie einen Schwarzweißverlauf (wie in der Abbildung zu sehen). Erinnern Sie sich, dass die Ebenenmaske vorher vollständig weiß war und Sie das gesamte Foto sehen konnten? Dort, wo der Verlauf grau ist, wird das Bild langsam transparent, bis es im schwarzen Bereich vollständig ausgeblendet ist (denn Schwarz blendet die Pixel aus).

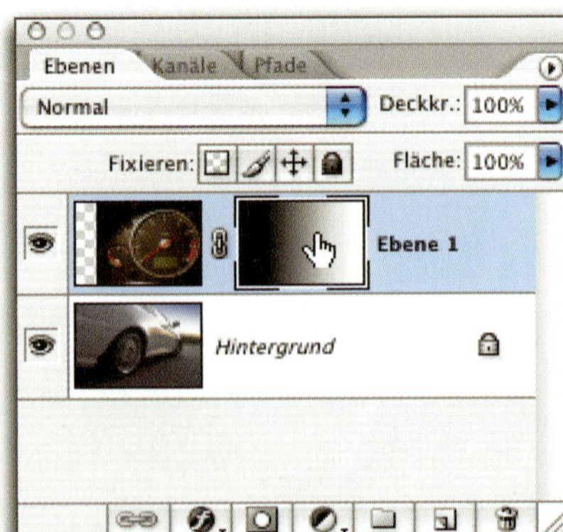

SCHRITT 6 MALEN SIE MIT EINEM SCHWARZEN PINSEL ÜBER DIE BEREICHE, DIE AUSGEBLENDET WERDEN SOLLEN

Der Verlauf erzeugt also einen weichen Übergang von rechts nach links. Wenn Sie die Maske weiterbearbeiten wollen, aktivieren Sie einfach den Pinsel (Taste » B «) mit einer weichen Pinselspitze und drücken Sie die Taste » D «, um Schwarz als Vordergrundfarbe einzustellen. Links unterhalb des Tachos sehen Sie noch einen kleinen Knopf. Falls Sie diesen ausblenden wollen (er also transparent werden soll), malen Sie einfach mit Schwarz über diesen Bereich. (Schwarz blendet aus – malen Sie also über alles, was nicht zu sehen sein soll, z.B. auch über die Ölanzeige.)

SCHRITT 7 MALEN SIE ZU TESTZWECKEN MIT WEISS ÜBER DEN TACHOMETER

Was ist, wenn Sie sich entscheiden, dass mehr vom Bild zu sehen sein soll? Aktivieren Sie einfach mit der Taste » X « Weiß als Vordergrundfarbe und malen Sie über die entsprechenden Bildbereiche. So blenden Sie das Foto wieder ein (wie in der Abbildung zu sehen). Da Sie jetzt wissen, wie das Ganze funktioniert, drücken Sie ⌘ + ⌥ + Z (PC: Strg + Alt + Z), bis die weißen Pinselstriche rückgängig gemacht wurden (das ist der Tastaturkurzbefehl für mehrmaliges Rückgängigmachen). Für diese Fotomontage soll der Tacho nahezu transparent sein, so wie er es vor dem Malen mit Weiß war.

SCHRITT 8	ZIEHEN SIE DAS FOTO MIT DEM SCHALTHEBEL AUF DEN HINTERGRUND, PLATZIEREN SIE ES LINKS

Öffnen Sie das dritte Foto (die Nahaufnahme des Schalthebels). Ziehen Sie es mit dem Verschieben-Werkzeug in Ihre Fotomontage und platzieren Sie es am linken Bildrand (wie in der Abbildung zu sehen).

©ISTOCKPHOTO/DENNIS DEBONO

SCHRITT 9	FÜGEN SIE EINE EBENENMASKE HINZU

Klicken Sie in der Ebenen-Palette auf den Button Ebenenmaske hinzufügen (wie hier zu sehen). Auch hier passiert mit dem Foto nichts, weil die Maske weiß ist. Das Foto ist also noch vollständig sichtbar.

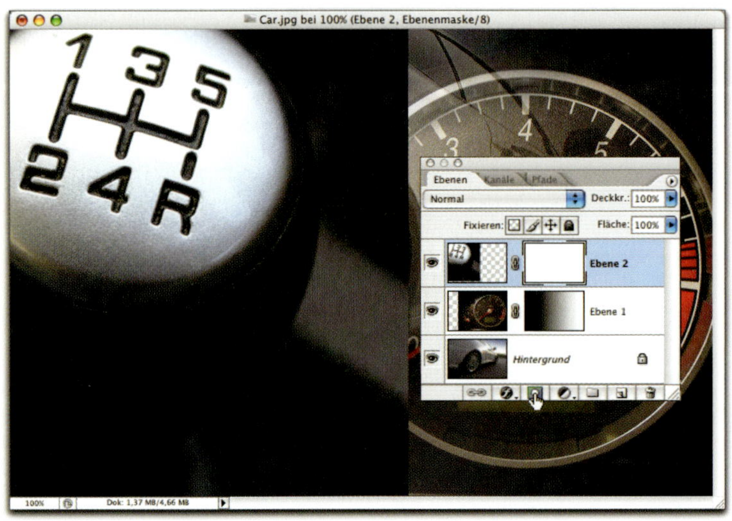

SCHRITT 10 **ERSTELLEN SIE HIER EINEN SCHWARZWEISSVERLAUF VON RECHTS NACH LINKS**

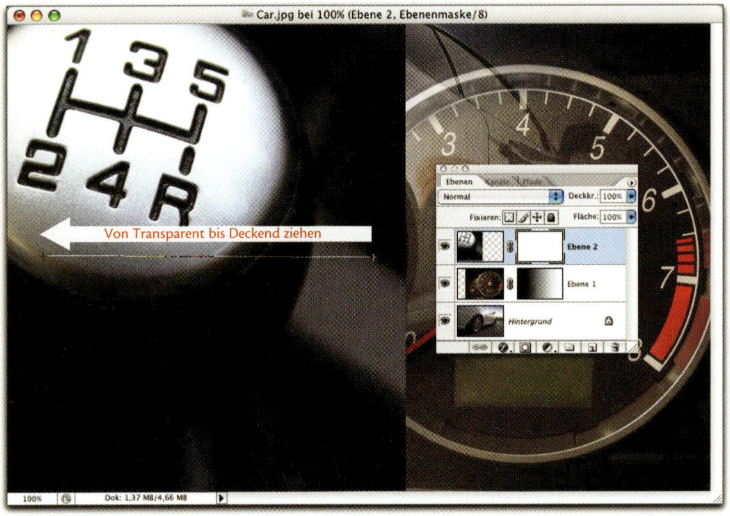

Aktivieren Sie erneut das Verlaufswerkzeug, ziehen Sie dieses Mal jedoch von rechts nach links. Der Startpunkt wird transparent und je weiter nach links Sie ziehen, desto sichtbarer wird das Foto.

SCHRITT 11 **DIE BILDER WERDEN INEINANDER ÜBERGEBLENDET. VERSCHIEBEN SIE BEIDE FOTOS NACH AUSSEN**

Sobald Sie das Verlaufswerkzeug loslassen, wird das Foto weich in die anderen übergeblendet. Soll mehr vom Foto sichtbar sein, malen Sie mit Weiß über diese Bereiche; für mehr Transparenz malen Sie mit Schwarz. Ziehen Sie zum Abschluss den Tachometer noch etwas weiter nach rechts und den Schalthebel etwas weiter nach links, damit das Auto in der Mitte besser zu sehen ist. Da Sie jetzt so ungefähr wissen, was man mit Ebenenmasken machen kann, wollen Sie noch mehr Ideen? Dann blättern Sie einfach weiter.

IDEE 1 — SCHARFZEICHNEN MITHILFE EINER EBENENMASKE

Eine Ebenenkopie scharfzeichnen: Diesen Trick nutzen Profis, um ein Bild schärfer aussehen zu lassen, ohne es zu verändern: Wenden Sie den Filter Unscharf maskieren auf die Hintergrundebene an, duplizieren Sie diese Ebene und wenden Sie den Filter noch zwei- oder dreimal an, bis das Bild zu scharf ist. Klicken Sie anschließend mit gedrückter [⌥]-Taste (PC: [Alt]-Taste) auf den Button Ebenenmaske hinzufügen. Aktivieren Sie den Pinsel und Weiß als Vordergrundfarbe, malen Sie nur über die Bereiche, die extra scharf sein sollen. (In Porträts sind das beispielsweise die Augen, die Augenbrauen und der Schmuck.)

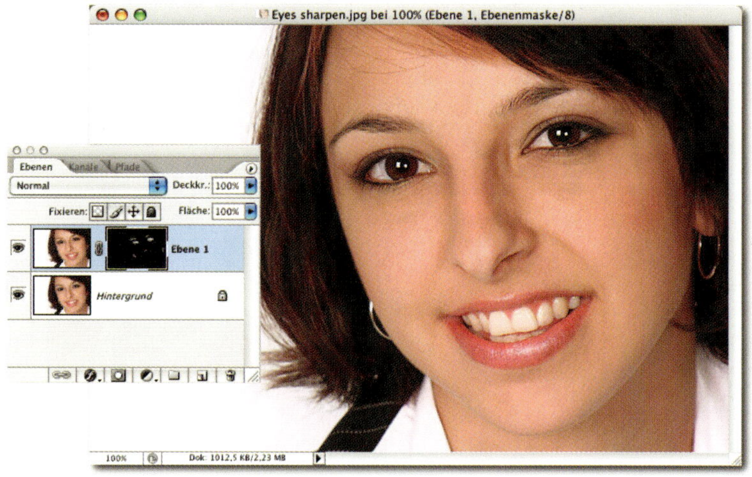

©ISTOCKPHOTO/CHARLES SHAPIRO

IDEE 2 — FARBIGE ELEMENTE IN EINEM SCHWARZWEISSFOTO MIT EINER MASKE HERVORHEBEN

Ein Hauch von Farbe in einem Schwarzweißbild – so färben Sie Teile eines Schwarzweißbilds ein: Duplizieren Sie die Hintergrundebene und drücken Sie [⌘]+[⇧]+[U] (PC: [Strg]+[⇧]+[U]), um die Farbe aus dieser Ebene zu entfernen. Fügen Sie eine Ebenenmaske hinzu, aktivieren Sie den Pinsel und drücken Sie die Taste »[D]«, um Schwarz als Vordergrundfarbe einzustellen. Malen Sie über die Bereiche des Fotos, die farbig sein sollen. Beim Malen kommt die farbige Ebene darunter wieder zum Vorschein. Falls Sie einen Fehler machen, stellen Sie einfach Weiß als Vordergrundfarbe ein und malen über diesen Bereich.

©ISTOCKPHOTO/DANIEL VINEYARD

IDEE 3 — ÜBERGÄNGE VON FARBE ZU SCHWARZWEISS MITHILFE EINER EBENENMASKE

©ISTOCKPHOTO/SHAUN LOWE

Übergang von Farbe zu Schwarzweiß:
Das ist eine Variation von Idee 2, nur dass es hier so aussieht, als würde sich Ihr Farbfoto langsam in ein Schwarzweißfoto verwandeln (oder umgekehrt). Öffnen Sie ein Farbfoto und duplizieren Sie die Hintergrundebene. Drücken Sie ⌘ + ⇧ + U (PC: Strg + ⇧ + U), um die Farbe aus der oberen Ebene zu entfernen. Fügen Sie eine Ebenenmaske hinzu. Erstellen Sie mit dem Verlaufswerkzeug einen Schwarzweißverlauf von links nach rechts, um das Bild sanft von Farbe zu Schwarzweiß überzublenden.

IDEE 4 — EIN BILD IN EINE AUSWAHL EINFÜGEN, DIE EBENENMASKE WIRD AUTOMATISCH ERSTELLT

©ISTOCKPHOTO/KOLBJØRN HOSETH LARSSEN

Ein Bild in eine Auswahl einfügen:
Versuchen Sie es damit: Öffnen Sie ein Foto mit einem Fenster. Erstellen Sie von diesem eine Auswahl und öffnen Sie ein Foto mit ein paar Wolken. Wählen Sie die Wolken aus und kopieren Sie diese in die Zwischenablage. Wählen Sie im Bild mit dem Fenster BEARBEITEN/IN DIE AUSWAHL EINFÜGEN, um die Wolken in das Fenster einzusetzen. Es wird automatisch eine Ebenenmaske erstellt, auf der Sie malen können, um die Öffnung zu vergrößern oder zu verkleinern. Sie können die Wolken mit dem Verschieben-Werkzeug (Taste »V«) auch nach Belieben neu positionieren.

Ebenenmasken von Einstellungsebenen

OKAY, SIE HEISSEN NICHT SO, ABER JEDE EINSTELLUNGSEBENE BESITZT EINE EIGENE EBENENMASKE

Eine weitere, nicht destruktive Form der Bildbearbeitung ist die Verwendung von Einstellungsebenen, mit denen Sie die Pixel Ihres Bilds verändern können.

Das bedeutet: Wenn Sie normalerweise den Kontrast in einem Farbfoto anpassen wollen, wenden Sie eine Tonwertkorrektur oder Gradationskurven an, richtig? Damit verändern Sie die Pixel in Ihrem Bild jedoch dauerhaft. Sie können stattdessen aber auch eine Ebene über dem eigentlichen Foto anwenden (die als Einstellungsebene bezeichnet wird) und so vier wesentliche Vorteile nutzen: (1) Die Bildpixel werden nicht permanent verändert. Sie können die Einstellungsebene und somit die Änderungen jederzeit löschen. (2) Sie können Ihre Meinung ändern, Gradationskurven oder die Tonwertkorrektur jederzeit wieder aufrufen und die Einstellungen ändern. (3) Sie können die Einstellungsebenen zusammen mit Ihrem Dokument speichern und so Änderungen auch Tage oder Wochen später vornehmen (in der Protokoll-Palette ist das nicht der Fall – da gehen alle Schritte verloren, sobald Sie das Dokument schließen). Und am wichtigsten ist (4) die Tatsache,6 dass Einstellungsebenen eine eigene Maske besitzen (ähnlich einer Ebenenmaske). Und so nutzen Sie Einstellungsebenen:

SCHRITT 1 ÖFFNEN SIE EIN FOTO, IN DEM SIE EIN ELEMENT ÄNDERN WOLLEN (HIER DAS T-SHIRT)

Öffnen Sie ein Foto, in dem Sie ein Element verändern wollen. Hier werden wir die Farbe des T-Shirts ändern. Die Technik ist jedoch immer dieselbe, egal welche Einstellungsebene Sie verwenden. Sie können also auch Gradationskurven anwenden oder Tonwertkorrekturen vornehmen. Ich wählte für dieses Projekt FARBTON/SÄTTIGUNG, weil damit die Änderungen auch in kleinen Bildern schön zu sehen sind. Wählen Sie also aus dem Popup-Menü NEUE FÜLL- ODER EINSTELLUNGSEBENE ERSTELLEN unten in der Ebenen-Palette die Option FARBTON/SÄTTIGUNG.

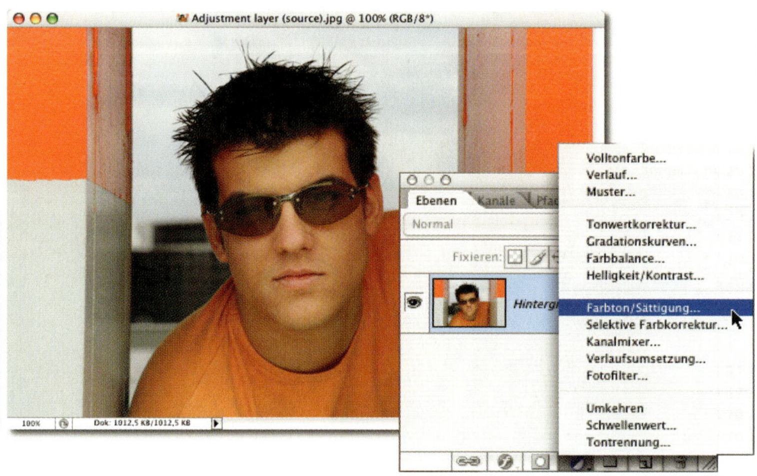

©ISTOCKPHOTO/EVA SERRABASSA

SCHRITT 2 FÜGEN SIE EINE FARBTON/SÄTTIGUNG-EINSTELLUNGSEBENE IM MODUS FÄRBEN HINZU

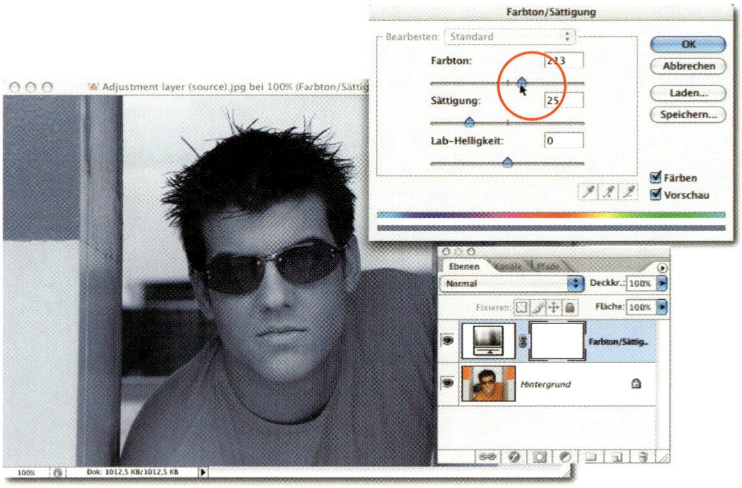

Aktivieren Sie in der Dialogbox zuerst die Checkbox Färben und ziehen Sie dann den Farbtonregler nach rechts, bis das Bild blau eingefärbt ist (wie in der Abbildung zu sehen). Klicken Sie anschließend auf OK. In der Ebenen-Palette sehen Sie jetzt eine Einstellungsebene mit einer Maske, die mit Weiß gefüllt ist (das ist der Standard). Dadurch wird der Effekt vollständig eingeblendet, das gesamte Foto ist blau.

SCHRITT 3 FÜLLEN SIE DIE EBENENMASKE MIT SCHWARZ, MALEN SIE MIT WEISS, UM DAS BLAUE SHIRT EINZUBLENDEN

Zum Ausblenden der blauen Bildversion drücken Sie die Taste »D«, um Schwarz als Vordergrundfarbe einzustellen, und anschließend ⌥-Löschtaste (PC: Alt-Löschtaste), um die Maske der Einstellungsebene mit Schwarz zu füllen. Um das blaue Bild nur auf dem T-Shirt einzublenden, wählen Sie Weiß als Vordergrundfarbe und malen mit dem Pinsel über das T-Shirt. Auch dieses Prinzip lässt sich auf andere Einstellungsebenen übertragen. Hätten Sie das Bild stattdessen mit einer Gradationskurve abgedunkelt, könnten Sie die Maske mit Schwarz füllen, um die dunklere Version auszublenden, und mit Weiß über einzelne Bereiche malen.

Volltonfarbenkanäle

WIE SIE ZWEIFARBIG ARBEITEN, LACK- ODER ANDERE SONDERDRUCKFARBEN IN PHOTOSHOP VERWENDEN

Das ist ein Thema, das selten so ausführlich behandelt wird, wie Sie es hier gleich sehen werden – Volltonfarben. Photoshop besitzt eine spezielle Art von Kanälen (Volltonfarbenkanäle), die Sie dafür verwenden. Außerdem gibt es ein spezielles Dateiformat für diese Bilder, damit diese für den Druck korrekt separiert werden können.

Volltonfarben werden aus vier Gründen eingesetzt: (1) wenn sich Ihr Kunde einen Vierfarbdruck nicht leisten kann und Sie mit zwei oder drei Farben auskommen müssen; (2) wenn Sie spezielle Farben haben, die exakt zusammenpassen müssen (beispielsweise bei einem Firmenlogo); (3) wenn Sie den Farbbereich Ihres Vierfarbdrucks ausdehnen oder eine leuchtende Farbe hinzufügen wollen, die außerhalb des CMYK-Bereichs liegt; oder (4) wenn Sie einen Volltonfarbenkanal als Lackfarbe verwenden wollen, um bestimmte Bildbereiche oder ein ganzes Bild damit zu überziehen, damit es extra stark glänzt.

Es dauert etwas länger, Volltonfarben in Photoshop zu erstellen, trotzdem ist es nicht schwer – manchmal einfach nur ein bisschen mühsam.

SCHRITT 1 ÖFFNEN SIE EINE GRAFIK

Öffnen Sie ein Bild, dass Sie mit Volltonfarben drucken wollen. Hier verwenden wir eine Grafik (das ist ein sehr gutes Beispiel), Sie können dieselbe Technik aber auch auf ein Graustufenbild anwenden. Werfen Sie zu Beginn einen Blick in die Titelleiste des Bilds. Sie sehen, dass es sich im Graustufenmodus befindet (sehen Sie die Bezeichnung Gray/8?). Wir beginnen also mit einem Graustufenbild und werden Volltonfarben hinzufügen.

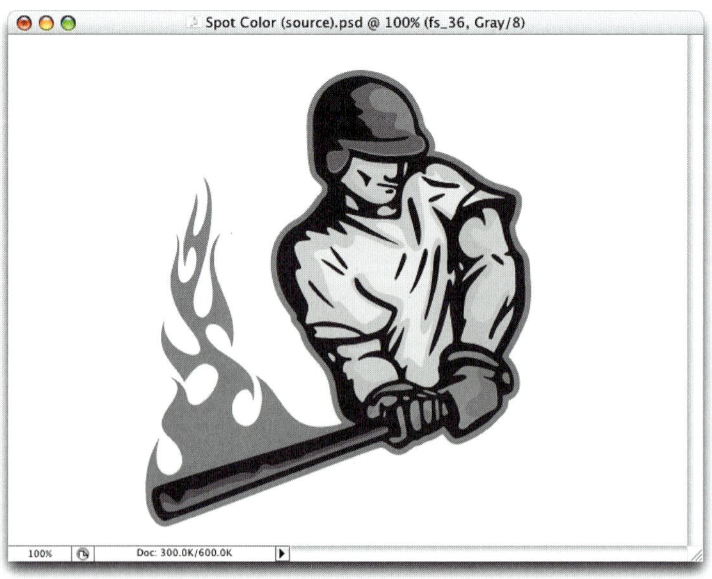

©ISTOCKPHOTO/VALLENTIN VASSILEFF

SCHRITT 2 ERSTELLEN SIE MIT DEM ZAUBERSTAB EINE AUSWAHL DER FLAMME UND DER KONTUR

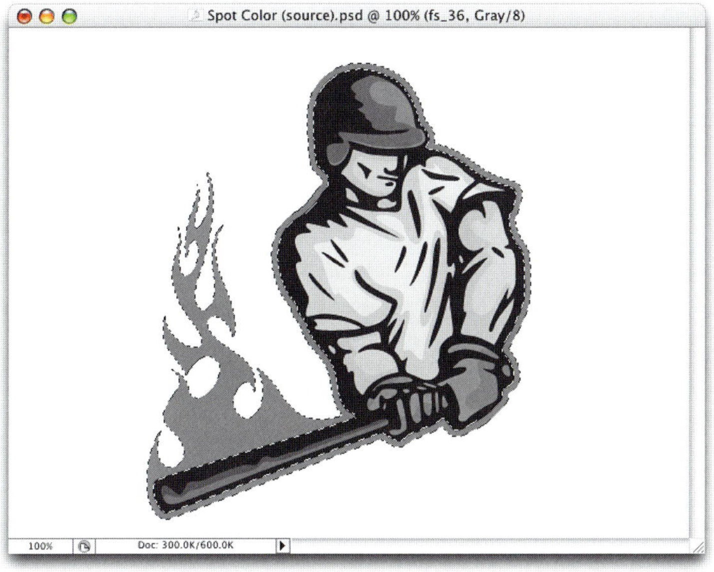

Wir wollen zunächst die Flamme und die gesamte Kontur einfärben. Bevor Sie eine Volltonfarbe anwenden können, müssen Sie immer erst eine Auswahl erstellen. Da Flamme und Kontur gleichmäßig gefärbt sind (in mittlerem Grau), können Sie diese mit dem Zauberstab (Taste » W «) auswählen (wie in der Abbildung zu sehen).

SCHRITT 3 ERSTELLEN SIE EINEN NEUEN VOLLTONFARBENKANAL

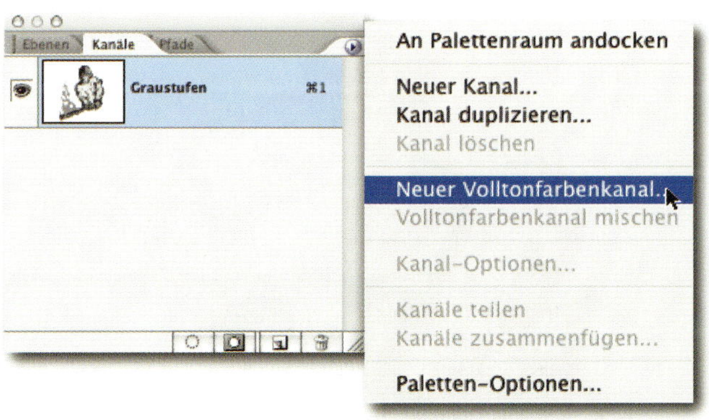

In der Kanäle-Palette sehen Sie nur einen Kanal – die Graustufen. Wählen Sie aus dem Palettenmenü die Option Neuer Volltonfarbenkanal (wie in der Abbildung zu sehen), um die entsprechende Dialogbox zu öffnen (Volltonfarben werden als eigenständige Kanäle hinzugefügt).

SCHRITT 4 WÄHLEN SIE EINE FARBE; DIE SOLIDITÄT HAT KEINE AUSWIRKUNGEN AUF DIE AUSGABE

In der Dialogbox sehen Sie ein sehr helles Farbfeld, die Farbe im Bild ist jedoch eher etwas dunkler. Das liegt daran, dass der Solidität ein Wert von 0% zugewiesen ist (siehe Abbildung). Diese Einstellung verwirrt viele Menschen, weil sie nur helfen soll, sich das finale Bild vorzustellen – auf die Druckplatten hat sie keine Auswirkung. Es schadet also nichts (hilft aber auch nicht), wenn Sie die Einstellung ändern – es ändert sich lediglich die Darstellung auf dem Monitor. *Hinweis:* Wenn die Farbe nicht vollständig deckend sein soll, müssen Sie die Deckkraft des Werkzeugs verringern, mit dem Sie die Zeichnung erstellt haben. Schwarz erzeugt deckende Farben, 50% Deckkraft, 50% Farbe.

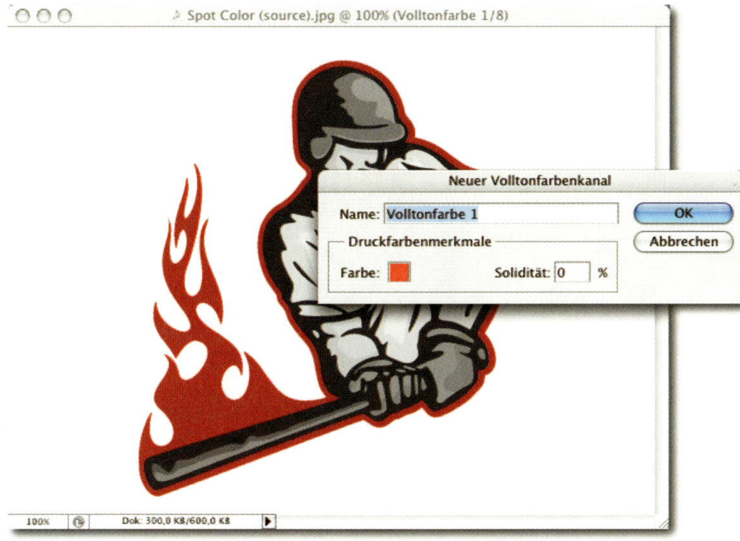

SCHRITT 5 ERHÖHEN SIE DIE SOLIDITÄT AUF 100%, DAMIT DAS ROT BESSER AUSSIEHT

Wenn wir die Solidität auf 100% erhöhen, sieht das Rot feuriger aus und passt eher zu dem in der Dialogbox. Noch einmal: Die Druckplatte wird nicht verändert – es handelt sich um eine rein optische Einstellung. Klicken Sie nun auf OK, Sie haben Ihren ersten Volltonfarbenkanal erstellt. *Hinweis:* Obwohl Sie auf dem Bildschirm Rot sehen, erscheinen die Flammen bei der Separation des Bilds auf der Druckplatte vollständig schwarz. Die Druckerei wendet dann exakt die Farben an, die Sie in der Datei festgelegt haben (das werden Sie später tun).

SCHRITT 6 ES GIBT JETZT ZWEI KANÄLE: EINEN GRAUEN UND EINEN VOLLTONFARBENKANAL

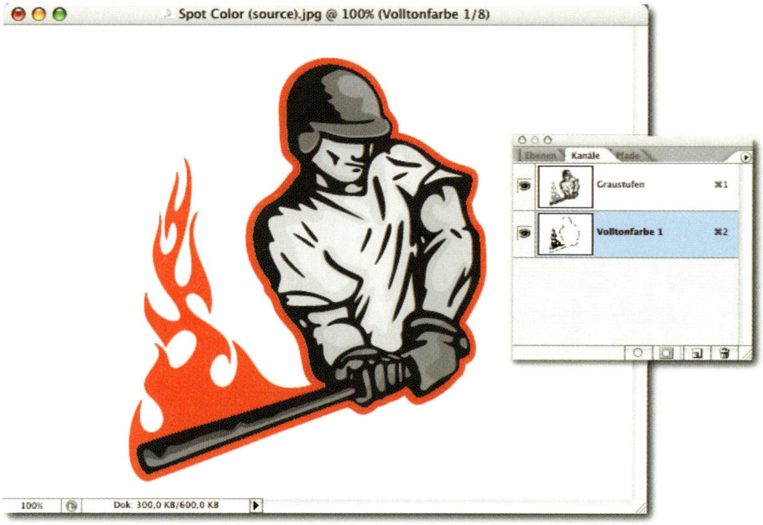

In der Kanäle-Palette sehen Sie jetzt zwei Kanäle: (1) die original Graustufen und (2) den Kanal VOLLTONFARBE 1 (das ist der Standardname). Sie können die Kanäle jetzt schon nach den Farben benennen, die Sie ihnen zuweisen wollen (das hätten Sie auch schon in der Dialogbox im vorherigen Schritt machen können). Sie können die Namen aber auch noch kurz vor der Ausgabe ändern (oder irgendwann dazwischen). Es gibt keine Regel, die vorschreibt, wann man Kanäle benennen muss – vergessen Sie es nur nicht, bevor Sie die Datei separieren, sonst hat Ihre Druckerei ein Problem.

SCHRITT 7 WÄHLEN SIE EINEN WEITEREN BEREICH AUS (DEN HELM UND TEILE DES BASEBALLSCHLÄGERS)

Lassen Sie uns einfach noch eine weitere Farbe hinzufügen. Aktivieren Sie wieder den Graustufenkanal und erstellen Sie eine Auswahl des Bereichs, den Sie als Nächstes einfärben wollen (bei einem einfachen Bild wie diesem können Sie hier auch wieder den Zauberstab verwenden). Wir erstellen jetzt eine Auswahl des helleren Bereichs des Helms. Drücken Sie die ⇧-Taste, um Teile des Schlägers zur Auswahl hinzuzufügen. Sobald die Bereiche ausgewählt sind, können Sie aus dem Palettenmenü erneut NEUER VOLLTONFARBENKANAL wählen (wie in der Abbildung zu sehen).

SCHRITT 8 WÄHLEN SIE FARBE UND SOLIDITÄT FÜR DIESEN VOLLTONFARBENKANAL

Klicken Sie auf das Farbfeld und wählen Sie ein mittleres Blau aus (wie das in der Abbildung). Wählen Sie für die Solidität einen Wert von 100%, damit die Farben auf dem Bildschirm schön aussehen. Sobald Sie auf OK klicken, sehen Sie in der Kanäle-Palette drei Kanäle – die Graustufen und zwei Volltonfarbenkanäle. Diese Schritte werden Sie jetzt wiederholen, um das Bild weiter einzufärben – erstellen Sie eine Auswahl im Graukanal, fügen Sie einen neuen Volltonfarbenkanal hinzu, wählen Sie eine Farbe aus und klicken Sie auf OK. Ganz einfach. Wenn wir diese Datei jetzt so drucken würden, bekämen wir ein Problem.

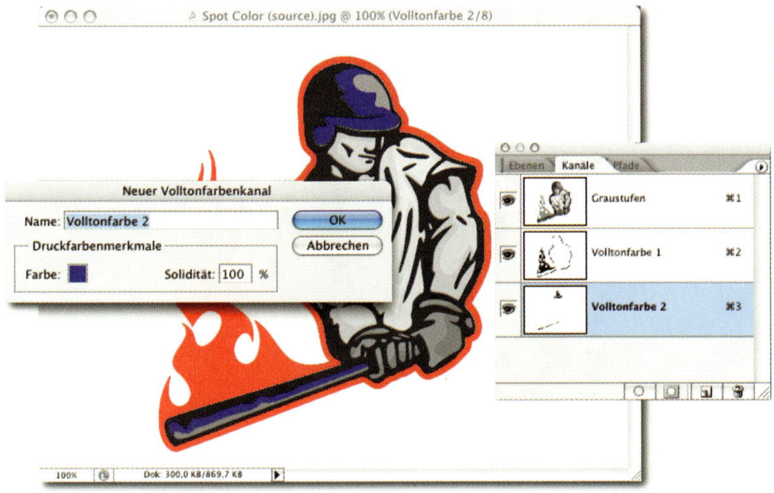

SCHRITT 9 SEHEN SIE SICH NUR DEN KANAL FÜR DIE FLAMME UND DIE KONTUR AN

Das Problem ist Folgendes: Sehen Sie die rote Kontur (aktivieren Sie den Kanal VOLLTONFARBE 1, klicken Sie anschließend auf das Augen-Icon für den zweiten Volltonfarbenkanal)? Wir werden die Flamme und die Kontur in einen eigenen Kanal kopieren, der dann in Rot gedruckt wird. Das Problem ist jedoch, dass sich Flamme und Kontur auch noch im Graustufenkanal befinden.

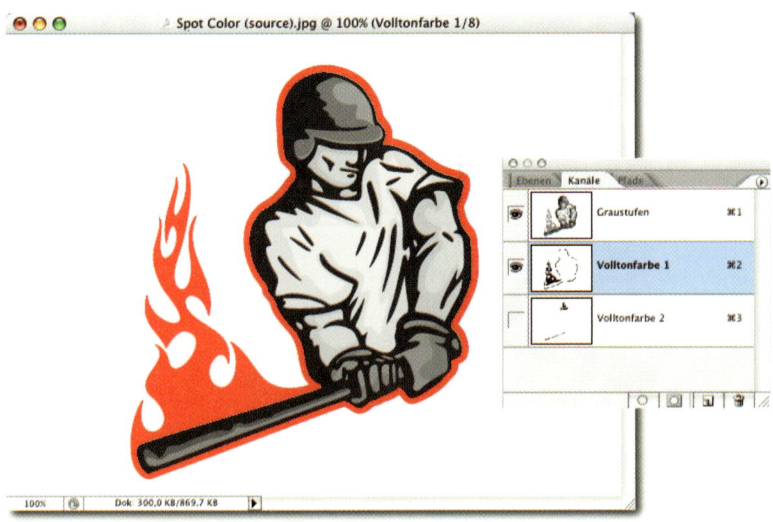

SCHRITT 10 **DAS PROBLEM IST, DASS SICH FLAMME UND KONTUR AUCH NOCH IM GRAUKANAL BEFINDEN**

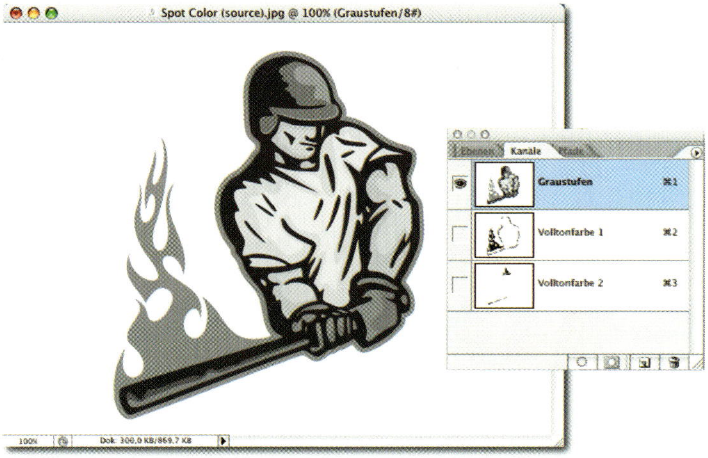

Aktivieren Sie den Graustufenkanal und blenden Sie den Volltonfarbenkanal 1 aus. Sehen Sie Flamme und Kontur? Das Rot aus dem Volltonfarbenkanal würde über dieses Grau gedruckt, so dass die Farbe am Ende sehr schmutzig aussehen würde. Deshalb müssen Sie Flamme und Kontur im Graustufenkanal entfernen.

SCHRITT 11 **KLICKEN SIE AUF DEN GRAUKANAL, LADEN SIE DIE AUSWAHL DES VOLLTONFARBENKANALS**

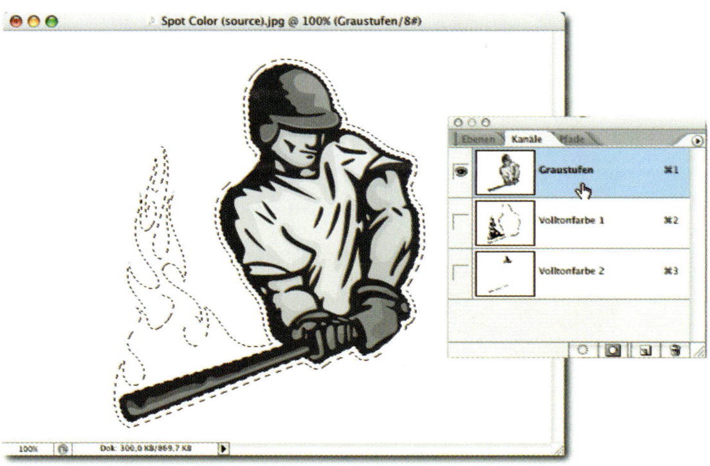

Das ist ganz einfach. Wechseln Sie in den Kanal VOLLTONFARBE 1 und klicken Sie auf den Button KANAL ALS AUSWAHL LADEN. Wechseln Sie bei aktiver Auswahl in den Graustufenkanal (wie in der Abbildung zu sehen) und drücken Sie die Löschtaste, um diese Bereiche aus diesem Kanal zu entfernen. Heben Sie die Auswahl anschließend mit ⌘ + D (PC: Strg + D) auf. Flamme und Kontur befinden sich jetzt nur noch im Volltonfarbenkanal. Ich sagte doch, es ist ganz einfach. Okay, sind Sie nun bereit für das Überfüllen? Gut, denn das kommt jetzt.

SCHRITT 12 WÄHLEN SIE DEN FILTER DUNKLE BEREICHE VERGRÖSSERN

Das Überfüllen wird wichtig, wenn sich zwei Volltonfarben berühren (nicht bei Fotos, sondern in Grafiken wie dieser hier). Wenn sich die Druckmaschine nur etwas verschiebt, kann es sein, dass sich zwischen roter Linie und schwarzem Umriss eine weiße Lücke bildet. Dieses Problem lässt sich jedoch ganz einfach beheben, indem Sie in den roten Kanal wechseln und die dunklen Bereiche um 1 Pixel vergrößern. Wählen Sie dazu FILTER/SONSTIGE FILTER/DUNKLE BEREICHE VERGRÖSSERN.

SCHRITT 13 SIE KÖNNEN AUCH DEN GRAUKANAL ÜBERFÜLLEN

Geben Sie in der Dialogbox einen Wert von 1 Pixel ein und klicken Sie auf OK. Kontur und Flamme werden um ein Pixel ausgedehnt. Wenn Sie genau hinsehen, erkennen Sie, dass der Filter die Flamme nach allen Seiten vergrößert hat (und sie jetzt in den schwarzen Bereich hineinreicht). Bei Beispielen wie diesem, wo die Farbe nur auf einer Seite an eine andere grenzt, können Sie auch Photoshops Überfüllen-Funktion verwenden. Wenn Sie den Befehl wählen, während Sie sich im Graukanal befinden, wird die Außenkante etwas erweitert, um die Lücke zu schließen. Die Größe der Flamme oder der Kontur bleibt unverändert.

SCHRITT 14 ERSTELLEN SIE WEITERE AUSWAHLEN UND FÄRBEN SIE DIESE EIN

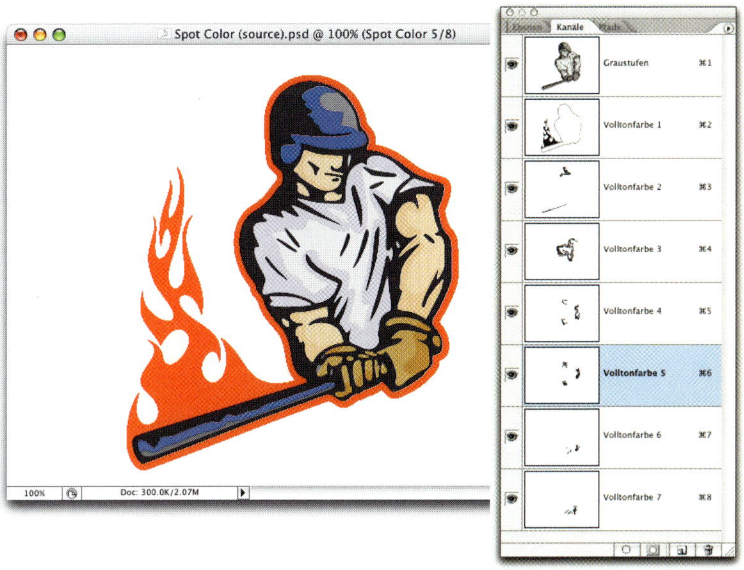

Da ich Sie jetzt auf die beiden Probleme hingewiesen habe, die bei der Arbeit mit Volltonfarben auftreten können: (1) auf das Entfernen doppelter Bereiche hinter einer Volltonfarbe und (2) auf das Überfüllen von Farben, können Sie das Bild jetzt weiter einfärben. Hier sehen Sie noch die Standardfarben für die einzelnen Volltonfarbenkanäle (Volltonfarbe 1, Volltonfarbe 2 etc.). Im nächsten Schritt ändern wir die Namen, damit die Druckerei auch etwas damit anfangen kann.

SCHRITT 15 ACHTEN SIE DARAUF, DEN KANÄLEN DEN RICHTIGEN NAMEN ZU GEBEN

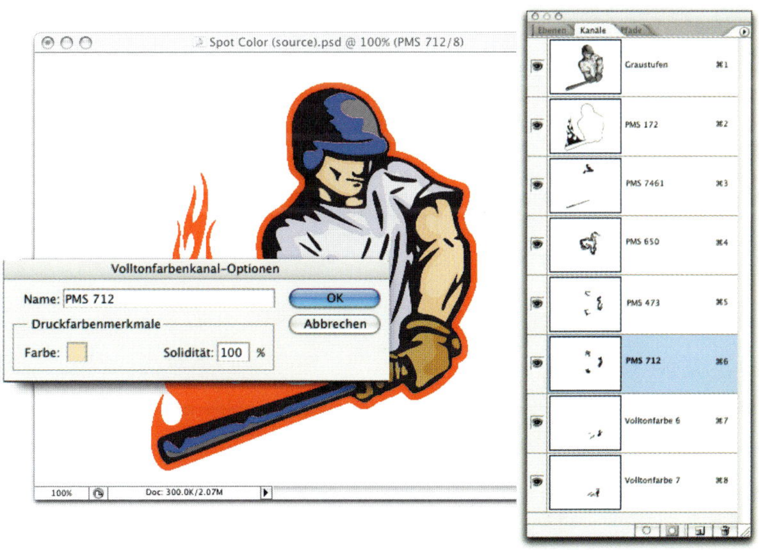

Ich empfehle Ihnen, die Farben nicht einfach durch einen Blick auf den Bildschirm auszuwählen – nutzen Sie lieber einen Farbfächer, um die Farben korrekt auszuwählen. Klicken Sie in der Kanäle-Palette anschließend auf den Namen eines Kanals (um ihn zu markieren) und geben Sie den entsprechenden Namen ein (z.B. den Pantonenamen). Sie können auch doppelt auf die Miniatur eines Kanals klicken, um die Dialogbox VOLLTONFARBENKANAL-OPTIONEN zu öffnen (siehe Abbildung). Geben Sie dort dann den Namen ein. Das ist wichtig, denn bei der Farbseparation wird jeder Druckplatte der entsprechende Name zugewiesen.

SCHRITT 16 FÜR INDESIGN: SPEICHERN SIE ES ALS PSD; FÜR QUARKXPRESS: ALS PHOTOSHOP DCS 2.0 EPS

Volltonfarben werden normalerweise mit einem Satzprogramm wie Adobe InDesign oder QuarkXPress ausgegeben. Falls Sie InDesign verwenden, können Sie die Datei in Photoshop als normale Photoshop-Datei (PSD) ausgeben und dann direkt in InDesign platzieren. Arbeiten Sie mit QuarkXPress, müssen Sie die Datei in einem speziellen EPS-Format speichern, das mit Volltonfarben umgehen kann – Photoshop DCS 2.0 (DCS steht für Desktop Color Separation). Wählen Sie Datei/Speichern unter und aus dem Popup-Menü Format die Option Photoshop DCS 2.0. Aktivieren Sie die Checkbox Volltonfarben. Sobald Sie auf Speichern klicken, öffnet sich die Dialogbox DCS 2.0-Format.

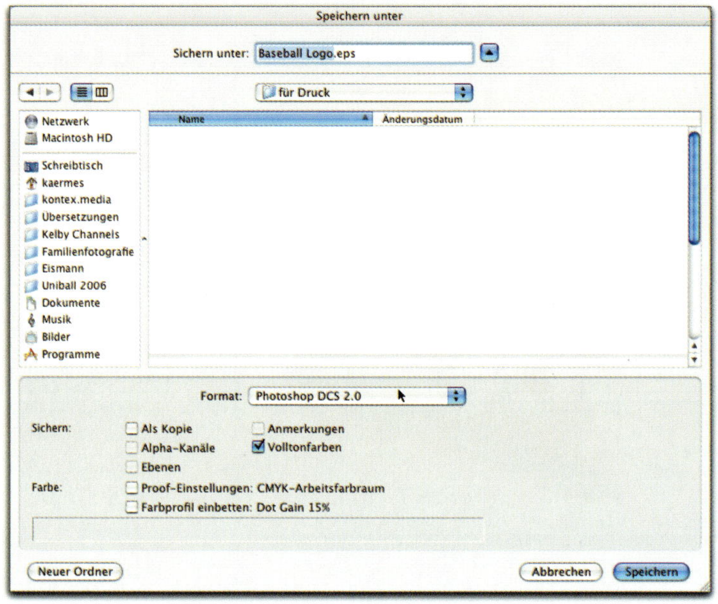

SCHRITT 17 AKTIVIEREN SIE IN DER DIALOGBOX FOLGENDE OPTIONEN

Ganz oben finden Sie das Popup-Menü Bildschirmdarstellung, in dem Sie die Qualität der Darstellung festlegen. Ich empfehle Ihnen eine JPEG-Vorschau, da diese am besten aussieht und die Dateigröße relativ gering ist. Anschließend empfehle ich Ihnen, die Option Einzeldatei mit Farb-Composite (72 Pixel/Zoll) zu aktivieren (so dass Sie nur auf eine Datei achten müssen und nicht eine Datei pro Volltonfarbenkanal erhalten). Okay, das war's – klicken Sie auf OK. Die Datei wird gespeichert, Sie können sie jetzt in ein Satzprogramm importieren.

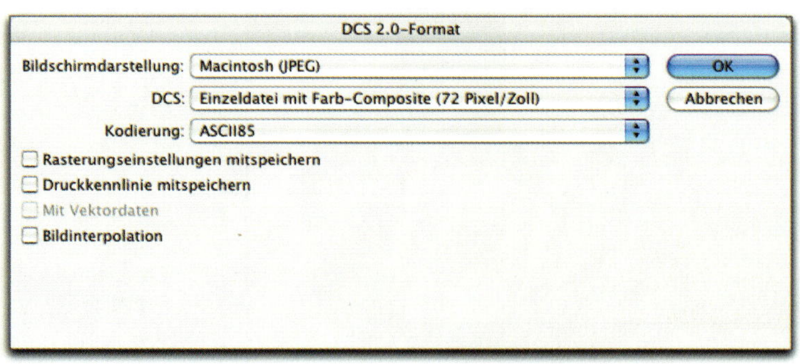

SCHRITT 18 ERSTELLEN SIE EINE AUSWAHL IN EINER CMYK-DATEI UND FÜGEN SIE EINEN VOLLTONFARBENKANAL HINZU

©ISTOCKPHOTO/MONIKA WISNIEWSKA

Was ist, wenn Sie keine Grafik einfärben, sondern einen Volltonfarbenkanal dazu verwenden wollen, einen Lackeffekt in einem CMYK-Foto zu erstellen (in diesem Beispiel sollen die Jeans stärker hervortreten und glänzen)? Die Funktionsweise ist nahezu identisch, mit ein paar kleinen Ausnahmen. Wählen Sie den Bereich aus, der mit einer Lackfarbe versehen werden soll (erstellen Sie hier eine Auswahl der Jeans). In der Kanäle-Palette sehen Sie, dass sich das Bild im CMYK-Modus befindet. Wählen Sie aus dem Palettenmenü die Option NEUER VOLLTONFARBENKANAL.

SCHRITT 19 VERGEBEN SIE EINEN NAMEN, LÖSCHEN SIE JEDOCH NICHTS (ES WIRD ÜBERDRUCKT)

Wählen Sie in der Dialogbox eine Farbe, die sich deutlich vom restlichen Bild abhebt, und geben Sie dem Kanal einen Namen. Das war's. Sie müssen nichts entfernen, denn die Lackfarbe wird einfach überdruckt. Sie brauchen sich auch keine Gedanken über das Überfüllen zu machen, denn es handelt sich hier um ein Vollfarbbild, nicht um eine Grafik. Klicken Sie einfach auf OK, der Volltonfarbenkanal wird erstellt. Speichern Sie das Bild als DCS 2-Datei, damit der Volltonfarbenkanal bei der Separation erkannt wird.

TASTATURKURZBEFEHLE	WINDOWS	MACINTOSH
Ebenenmaske löschen	Klicken Sie mit gedrückter rechter Maustaste auf die Maskenminiatur und wählen Sie EBENENMASKE LÖSCHEN.	Klicken Sie mit gedrückter Ctrl-Taste auf die Maskenminiatur und wählen Sie EBENENMASKE LÖSCHEN.
Ebenenmaske vorübergehend ausschalten	Klicken Sie mit gedrückter ⇧-Taste auf die Maskenminiatur in der Ebenen-Palette.	Klicken Sie mit gedrückter ⇧-Taste auf die Maskenminiatur in der Ebenen-Palette.
Nur die Ebenenmaske einblenden	Klicken Sie mit gedrückter Alt-Taste auf die Maskenminiatur in der Ebenen-Palette.	Klicken Sie mit gedrückter ⌥-Taste auf die Maskenminiatur in der Ebenen-Palette.
Eine umgekehrte Ebenenmaske erstellen (eine schwarze Ebenenmaske)	Klicken Sie mit gedrückter Alt-Taste unten in der Ebenen-Palette auf den Button EBENENMASKE HINZUFÜGEN.	Klicken Sie mit gedrückter ⌥-Taste unten in der Ebenen-Palette auf den Button EBENENMASKE HINZUFÜGEN.
Die Ebenenmaske als rote Überlagerung einblenden	Alt + ⇧-Klick auf die Maskenminiatur	⌥ + ⇧-Klick auf Maskenminiatur
Die Ebenenmaske als Auswahl laden	Strg-Klick auf die Maskenminiatur	Befehl-Klick auf Maskenminiatur
Die Farbe der Maskenüberlagerung und deren Deckkraft wählen	Klicken Sie mit gedrückter rechter Maustaste auf die Miniatur der Ebenenmaske und wählen Sie EBENENMASKEN-OPTIONEN.	Klicken Sie mit gedrückter Ctrl-Taste auf die Miniatur der Ebenenmaske und wählen Sie EBENENMASKEN-OPTIONEN.
Eine Ebenenmaske umkehren	Drücken Sie Strg + I.	Drücken Sie ⌘ + I.
Eine Ebenenmaske von einer Ebene in eine andere kopieren	Ziehen Sie die Maskenminiatur mit gedrückter Alt-Taste auf die neue Ebene.	Ziehen Sie die Maskenminiatur mit gedrückter ⌥-Taste auf die neue Ebene.
Eine Ebenenmaske von einer Ebene zur nächsten verschieben	Ziehen Sie die Miniatur der Ebenenmaske auf die neue Ebene.	Ziehen Sie die Miniatur der Ebenenmaske auf die neue Ebene.
Eine Ebenenmaske in einen Kanal umwandeln	Klicken Sie mit gedrückter Strg-Taste auf die Maskenminiatur, um sie als Auswahl zu laden; klicken Sie dann auf AUSWAHL ALS KANAL SPEICHERN.	Klicken Sie mit gedrückter ⌘-Taste auf die Maskenminiatur, um sie als Auswahl zu laden; klicken Sie dann auf AUSWAHL ALS KANAL SPEICHERN.
Ebene und Ebenenmaske trennen	Klicken Sie auf das Verbinden-Icon zwischen Ebenenminiatur und Maske.	Klicken Sie auf das Verbinden-Icon zwischen Ebenenminiatur und Maske.

Frage & Antwort

Ich wollte eigentlich auf der Ebenenmaske malen, habe aber auf dem Bild gemalt. Warum?

Wahrscheinlich haben Sie aus Versehen auf die Fotominiatur geklickt. Um die Ebenenmaske wieder zu aktivieren, klicken Sie einfach direkt auf die Maskenminiatur. Die Maskenminiatur erhält einen schwarzen Rahmen. So erkennen Sie, dass sie ausgewählt ist. (In der Abbildung unten sehen Sie den Rahmen um die Fotominatur, weshalb nicht auf der Maske, sondern auf dem Bild selbst gemalt wurde.)

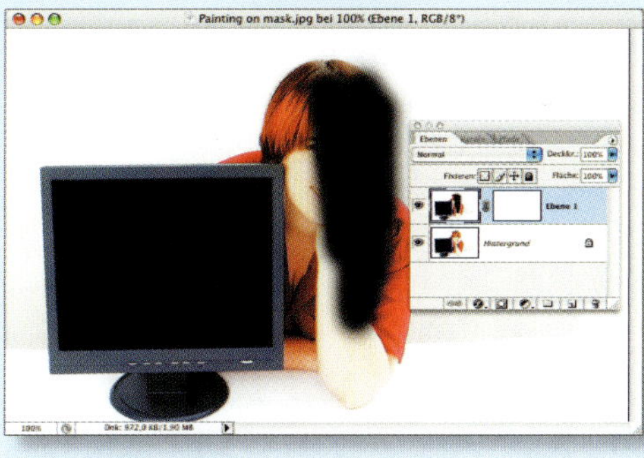

©ISTOCKPHOTO/AMANDA ROHDE

Wie kann man eine Ebenenmaske in eine andere Ebene kopieren?

Verschieben Sie die Ebenenmaske in Photoshop CS2, indem Sie direkt auf die Maskenminiatur klicken und die Maske in die gewünschte Ebene ziehen. Dabei wird die Maske jedoch verschoben, es wird keine Kopie erstellt. Dazu müssen Sie zusätzlich die ⌥-Taste (PC: Alt-Taste) gedrückt halten. In früheren Photoshop-Versionen müssen Sie zunächst auf die Zielebene klicken und die Ebenenmaske anschließend unten in der Palette auf den Button EBENENMASKE HINZUFÜGEN ziehen. Die Maske wird dann in die Ebene kopiert, die Sie zu Beginn angeklickt haben.

Was ist, wenn ich mit Schwarz auf einer Ebenenmaske gemalt und dabei einen Fehler gemacht habe? Muss ich die gesamte Ebene noch einmal mit Weiß übermalen?

Es ist einfacher, wenn Sie Weiß als Vordergrundfarbe einstellen und ⌥-Löschtaste (PC: Alt-Löschtaste) drücken, um die Maske mit Weiß zu füllen.

Wie kann ich die Verbindung zwischen Ebene und Ebenenmaske trennen?

Klicken Sie in der Ebenen-Palette auf das Verbinden-Icon zwischen den beiden Miniaturen, um die Verbindung zwischen ihnen aufzuheben. Um die Verbindung wieder herzustellen, klicken Sie einfach erneut in diesen Bereich.

Kann ich eine Ebenenmaske zeitweise ausblenden?

Klicken Sie mit gedrückter ⇧-Taste einfach auf die Maskenminiatur. Es erscheint ein großes rotes X, das Ihnen verrät, dass die Maske vorübergehend ausgeblendet ist. Um die Maske wieder einzublenden, klicken Sie erneut auf die Miniatur.

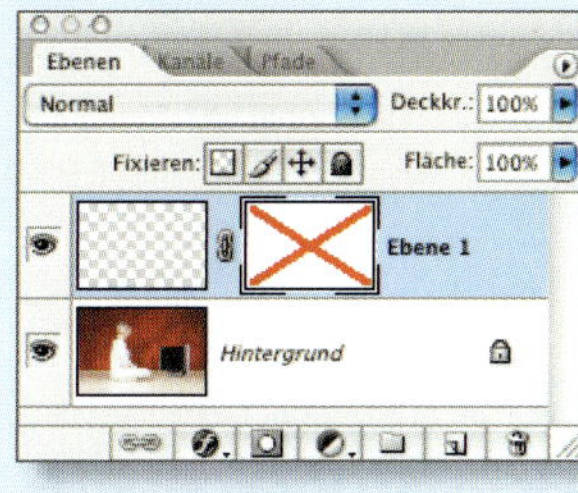

©ISTOCKPHOTO/AMANDA ROHDE

Wie kann ich nur die Ebenenmaske einblenden (in Schwarzweiß, wie einen Alpha-Kanal), damit ich meine Arbeit überprüfen kann?

Klicken Sie mit gedrückter ⌥-Taste (PC: Alt-Taste) direkt auf die Maskenminiatur in der Ebenen-Palette. Klicken Sie erneut, um die normale Ansicht wieder herzustellen.

Gibt es eine Möglichkeit, eine bereits erstellte Auswahl in eine Ebenenmaske umzuwandeln?

Natürlich (solange Sie sich in einer regulären Ebene befinden und nicht auf der Hintergrundebene). Klicken Sie bei aktiver Auswahl unten in der Ebenen-Palette auf den Button EBENENMASKE HINZUFÜGEN. Der ausgewählte Bereich erscheint in Weiß. Falls Sie das Gegenteil erzielen möchten, drücken Sie anschließend ⌘+I (PC: Strg+I), um die Ebenenmaske umzukehren.

4
ACTUAL PIXELS
FIT SCREEN
PRINT SIZE
RED
GREEN
BLUE
CHANNELS
NEW CHANNEL DUPLICATE CHANNEL DELETE CHANNEL MERGE CHANNELS

Von Farbe zu Schwarzweiß

Ich wette, dass Sie in diesem Buch kein Kapitel über die Umwandlung von Farbe in Schwarzweiß erwartet haben. Die Kapitelüberschrift hat Sie sogar so sehr aus der Fassung gebracht, dass Sie sich jetzt etwas desorientiert und benebelt fühlen … Keine Angst, Sie sind nicht allein (es sei denn, es ist keiner bei Ihnen). Aber mal ehrlich, viele Menschen überrascht es, ein Kapitel über die Schwarzweißumwandlung in einem Buch über Kanäle zu finden. Ich glaube, wenn Menschen an Kanäle denken, denken sie an Auswahlen. Wenn Leute heutzutage jedoch an Auswahlen denken, stellen sie sich einen Autohändler vor, der noch zu viele Modelle aus dem laufenden Jahr vorrätig hat und diese loswerden muss, bevor die neuen Modelle kommen. Deshalb gibt es für alle alten Modelle Sonderpreise und Rabatte. Wow! Was mit mir los ist? Ich sage es Ihnen. Ich habe ferngesehen, als ich diesen Kapiteleinstieg schrieb, und bin bei einer Autowerbung hängen geblieben. Aber jetzt ist leider kein Platz mehr. Tschuldigung …

Den besten Farbkanal auswählen

MANCHMAL WARTET EIN HERVORRAGENDES SCHWARZWEISSBILD NUR DARAUF, ENTDECKT ZU WERDEN

Ein aufregendes Schwarzweißfoto erstellen Sie am besten, indem Sie mit einem Farbfoto beginnen und es mithilfe von Photoshop in Graustufen umwandeln. Wenn Sie es jemals mit dem Befehl Bild/Modus/Graustufen versucht haben, haben Sie vielleicht auch gedacht: »Das Bild sieht so flau aus – da muss es doch eine bessere Möglichkeit geben.« Und es gibt sie – nutzen Sie einfach die Kanäle eines Bilds. Darauf verlassen sich auch die Profis, um kontrastreiche Schwarzweißbilder zu erstellen, nach denen wir uns alle sehnen. Okay, sehnen ist vielleicht etwas übertrieben, aber wie wäre es mit »streben«. Ja, das klingt gut.

Die erste Technik, die wir uns ansehen, gibt es schon eine ganze Weile. Sie wird aber immer noch gern genutzt, weil sie so einfach ist. Dabei sehen Sie sich die drei Farbkanäle an (in Graustufen), um herauszufinden, ob einer von ihnen besser ist als die Standard-Graustufenumwandlung. Normalerweise ist das der Fall. Sobald Sie den richtigen Kanal gefunden haben, gibt es noch einen letzten Schritt. Und so gehen Sie vor:

SCHRITT 1 ÖFFNEN SIE EIN FARBFOTO UND DUPLIZIEREN SIE DAS BILD

Öffnen Sie zunächst ein Farbfoto, das Sie in ein Schwarzweißbild umwandeln wollen. Wählen Sie Bild/Bild duplizieren und klicken Sie in der Dialogbox (hier zu sehen) auf OK, um ein Duplikat des Originaldokuments zu erstellen. Positionieren Sie das neue Dokument so, dass Sie Original und Duplikat nebeneinander sehen (sind die Bilder im Hochformat, können Sie sie nebeneinander anordnen, Querformatbilder ordnen Sie übereinander an).

©SCOTT KELBY

SCHRITT 2 WANDELN SIE DAS ORIGINAL MIT BILD/MODUS/GRAUSTUFEN IN GRAUSTUFEN UM

Wechseln Sie wieder in das Originaldokument (links) und wählen Sie Bild/Modus/Graustufen. Klicken Sie auf OK, um die Farbinformationen zu verwerfen. Dieser Schritt ist notwendig, um zu sehen, wie die Standardumwandlung aussehen würde – normalerweise ziemlich flau. Das ist jetzt Ihr Referenzfoto – dieses wollen Sie mit der Schwarzweißumwandlung übertreffen. Mit anderen Worten: Die Schwarzweißumwandlung soll ein besseres Ergebnis liefern als das Bild links.

SCHRITT 3 KLICKEN SIE IN DAS DUPLIZIERTE BILD UND IN DER KANÄLE-PALETTE AUF DEN ROTEN KANAL

Wechseln Sie zum duplizierten Bild (rechts). Sie werden sich jetzt die einzelnen Farbkanäle ansehen, um herauszufinden, ob einer ein besseres Ergebnis liefert als die Standardumwandlung. Sehen Sie sich zuerst den roten Kanal an – drücken Sie ⌘+1 (PC: Strg+1). Der Kanal erscheint als Graustufenbild (wenn nicht, deaktivieren Sie in den Voreinstellungen von Photoshop [Photoshop/Voreinstellungen oder PC: Bearbeiten/Voreinstellungen] im Abschnitt Bildschirm- und Zeigerdarstellung die Checkbox Farbauszüge in Farbe). In diesem Bild sieht der rote Kanal ziemlich gut aus – ich finde den Himmel hervorragend – sehr kontrastreich. Wir befinden uns also auf dem richtigen Weg.

SCHRITT 4 SEHEN SIE SICH DEN GRÜNEN KANAL AN – WÄRE DAS EIN GUTES SCHWARZWEISSBILD?

Drücken Sie jetzt ⌘+2 (PC: Strg+2), um sich den grünen Kanal anzusehen. Nicht schlecht. Gute Details, der Sand sieht jedoch etwas flau aus (in meinen Augen). Der Himmel sieht gut aus, jedoch nicht so dramatisch wie im roten Kanal. Die Details in den Bäumen kommen gut raus (klar, es ist ja auch der grüne Kanal und Bäume sind nun mal grün), aber alles in allem überzeugt mich der Kanal nicht wirklich (wie Sie sehen, ist so eine Umwandlung sehr subjektiv). Vielleicht sind Sie anderer Meinung – Sie müssen den Kanal auswählen, der Ihnen am besten gefällt, nicht mir.

SCHRITT 5 WIE STEHT ES MIT DEM BLAUEN KANAL? SEHEN SIE IHN SICH AN, ICH FINDE DEN ROTEN AM BESTEN

Hier sehen Sie noch den blauen Kanal. Drücken Sie ⌘+3 (PC: Strg+3), um zu ihm zu wechseln. Der Himmel ist sehr ausgewaschen, die Bäume erscheinen viel zu dunkel. Mir gefällt hier nur der Sand, das Wasser ist auch nicht allzu schlecht. Am besten wäre eine Kombination des Himmels aus dem roten, der Felsen aus dem grünen und des Sands und des Wassers aus dem blauen Kanal (wie das geht, erfahren Sie später in diesem Kapitel, wir beschränken uns im Moment auf einen Kanal). Wenn ich einen auswählen müsste, würde ich mich für den roten Kanal entscheiden.

SCHRITT 6 WENN SIE DEN BESTEN KANAL GEFUNDEN HABEN, AKTIVIEREN UND DUPLIZIEREN SIE IHN

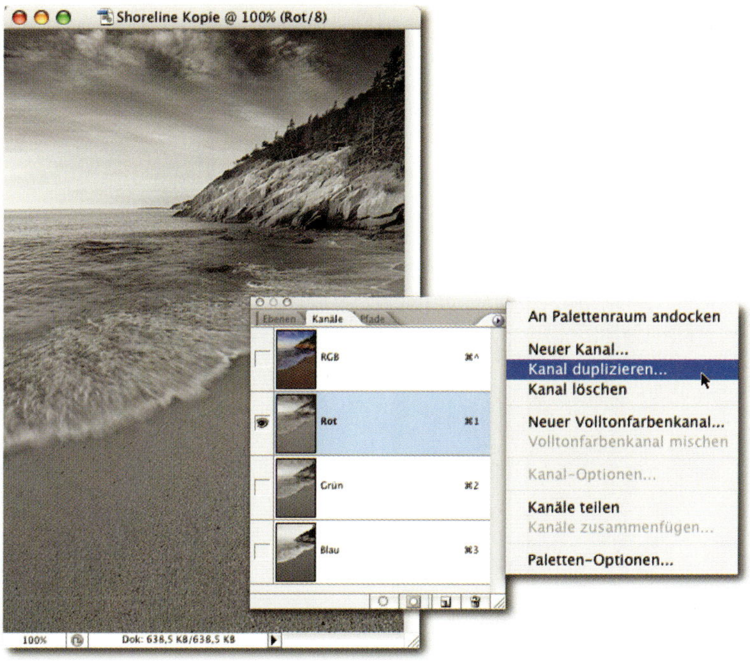

Okay, angenommen uns (Ihnen und mir) gefällt der rote Kanal am besten. Klicken Sie also auf den roten Kanal. Sie werden ihn jetzt in ein eigenes Dokument duplizieren. So wird er zu einem eigenständigen Bild und nicht nur zu einem weiteren Kanal innerhalb eines Bilds. Wählen Sie aus dem Menü der Ebenen-Palette den Befehl KANAL DUPLIZIEREN (wie in der Abbildung zu sehen).

SCHRITT 7 STELLEN SIE DEN DUPLIZIERTEN KANAL IN EINEM NEUEN DOKUMENT DAR

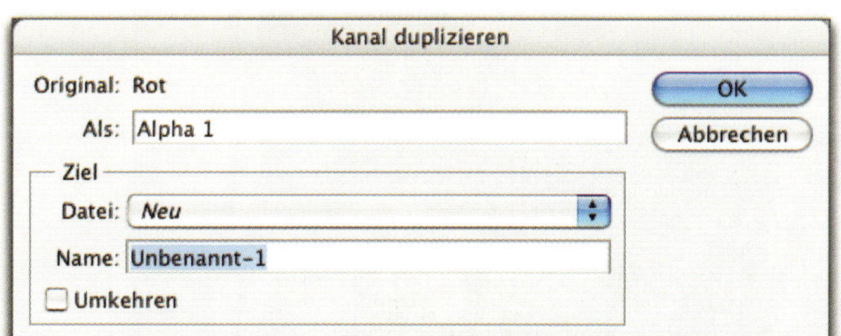

Es öffnet sich die Dialogbox KANAL DUPLIZIEREN (hier zu sehen). Hier können Sie dem Kanal einen Namen geben (tun Sie es hier allerdings nicht, da es nicht nötig ist). Photoshop nimmt standardmäßig an, dass der duplizierte Kanal im selben Dokument erscheinen soll. Wir wollen jedoch, dass der duplizierte Kanal in einem separaten Dokument erscheint (mit derselben Größe und identischer Auflösung). Wählen Sie deshalb aus dem Popup-Menü DATEI die Option NEU (wie hier zu sehen) und klicken Sie auf OK.

SCHRITT 8 ES HANDELT SICH UM EIN MEHRKANALBILD, SIE MÜSSEN ES IN GRAUSTUFEN UMWANDELN

Es entsteht ein neues Dokument, der Kanal erscheint als Alpha 1 in der Kanäle-Palette (siehe Abbildung). Werfen Sie einen Blick in die Titelleiste des Dokuments. Sehen Sie die Bezeichnung »(Alpha 1/8)« direkt rechts neben den 100%? Diese Bezeichnung verrät Ihnen, dass Sie sich nicht im RGB-Modus befinden, auch nicht im Graustufen-Modus, sondern im Mehrkanal-Modus (auf den ich später im Buch noch eingehen werde). Weil wir im nächsten Schritt eine Ebene hinzufügen wollen, müssen Sie das Bild in einen Modus umwandeln, der Ebenen akzeptiert (z.B. in den Graustufen-Modus). Wählen Sie also Bild/Modus/Graustufen.

SCHRITT 9 DUPLIZIEREN SIE DIE HINTERGRUNDEBENE UND ÄNDERN SIE DIE FÜLLMETHODE IN WEICHES LICHT

Jetzt können wir Ebenen verwenden, um das Bild weiter zu verbessern. Drücken Sie ⌘+J (PC: Strg+J), um die Hintergrundebene zu duplizieren. Ändern Sie anschließend die Füllmethode (oben links in der Ebenen-Palette) von Normal in Weiches Licht. Dadurch werden Sand und Wasser kontrastreicher, während die Details in den Felsen und im Himmel erhalten bleiben. Warum ich Weiches Licht gewählt habe? Weil ich alle anderen Füllmethoden ausprobiert habe und das die beste war. Ich weiß, das klingt sehr simpel, ist aber die Wahrheit. Bei einem anderen Foto funktioniert der Modus Überlagern oder Multiplizieren vielleicht besser.

SCHRITT 10 **VORHER & NACHHER: NORMALE UMWANDLUNG LINKS, UNSERE METHODE RECHTS**

Drücken Sie zum Abschluss ⌘+E (PC: Strg+E), um beide Ebenen auf eine zu reduzieren. Hier sehen Sie einmal die herkömmliche Graustufenumwandlung und einmal die Umwandlung über den roten Kanal. Mir persönlich gefällt das Bild auf der rechten Seite wesentlich besser als das linke. Sand, Wasser, Felsen und Himmel kommen dort besser zur Geltung. Das Bild wurde bisher noch nicht scharfgezeichnet, sieht jedoch durch den verstärkten Kontrast relativ scharf aus.

Graustufenumwandlung

Umwandlung über den roten Kanal

Der Lab-Helligkeitskanal

HIER IST EINE DER BELIEBTESTEN METHODEN ZUR SCHWARZWEISSUMANDLUNG

Das hier bleibt sicherlich eine der beliebtesten Methoden, um aus farbigen Originalen Schwarzweißbilder zu erstellen. Die Grundlage bildet die Umwandlung in den Lab-Farbmodus, wobei die Details im Bild (der Helligkeitskanal) von der Farbe (in der sich die meisten Störungen befinden) getrennt werden. Sobald das geschehen ist, können Sie den Helligkeitskanal als Grundlage für Ihre Schwarzweißumwandlung nutzen.

SCHRITT 1 WANDELN SIE DAS BILD IN DEN LAB-FARBMODUS UM

Öffnen Sie ein Bild, das Sie in Graustufen umwandeln wollen. Wählen Sie anschließend BILD/MODUS/LAB-FARBE (wie hier zu sehen).

©SCOTT KELBY

SCHRITT 2 KLICKEN SIE IN DER KANÄLE-PALETTE AUF DEN HELLIGKEITSKANAL

Werfen Sie einen Blick in die Kanäle-Palette. Dort sehen Sie, dass das Bild aus einem Helligkeitskanal (in dem sich die Details befinden) und einem »a«- und einem »b«-Kanal (in denen sich die Farbinformationen befinden) besteht. Sie verwenden den Helligkeitskanal als Grundlage für die Schwarzweißumwandlung. Klicken Sie also auf diesen Kanal, um ihn zu aktivieren.

SCHRITT 3 WÄHLEN SIE BILD/MODUS/GRAUSTUFEN UND KLICKEN SIE AUF OK, UM DIE KANÄLE ZU VERWERFEN

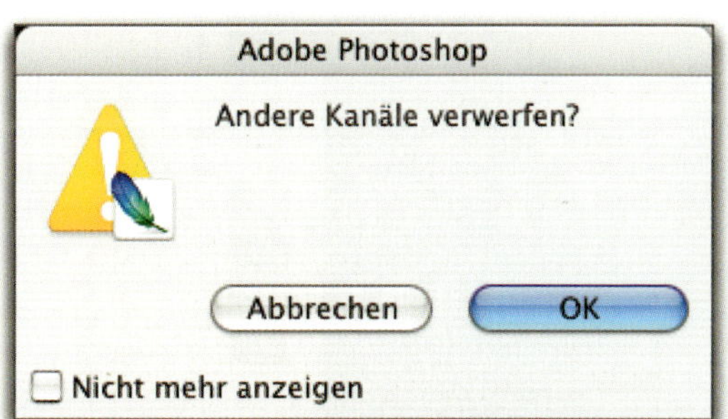

Wählen Sie nun BILD/MODUS/GRAUSTUFEN. Im Warndialog werden Sie gefragt, ob Sie die anderen Kanäle verwerfen möchten (also die Kanäle »a« und »b«). Da Sie das wollen, klicken Sie auf OK. Bei der Umwandlung von Lab in Graustufen ändert sich das Bild auf dem Bildschirm nicht, und das ist auch gut so, denn der Helligkeitskanal soll intakt bleiben. Und genau das passiert, wenn Sie die Graustufenumwandlung mit dieser Methode vornehmen.

SCHRITT 4 DER HELLIGKEITSKANAL LIEFERT EIN GUTES ERGEBNIS FÜR DIE UMWANDLUNG

Der Helligkeitskanal sieht meistens besser aus als die Standard-Graustufenumwandlung. Sie könnten die Datei jetzt also speichern und wären fertig. Es kann aber auch sein, dass der Helligkeitskanal etwas zu hell oder zu dunkel aussieht (meistens ist er etwas zu hell). Sollte das der Fall sein, gibt es eine schnelle Korrekturmöglichkeit (wie Sie im nächsten Schritt sehen werden).

SCHRITT 5 FALLS DER KANAL ZU HELL IST, DUPLIZIEREN SIE DIE EBENE IM MODUS MULTIPLIZIEREN

Wechseln Sie in die Ebenen-Palette und drücken Sie ⌘ + J (PC: Strg + J), um die Hintergrundebene zu duplizieren. Ist das Bild zu hell, ändern Sie die Füllmethode einfach in MULTIPLIZIEREN, um es etwas abzudunkeln. Dieser Trick reicht oftmals schon aus. Sollte das Bild jetzt jedoch etwas zu dunkel sein, verringern Sie einfach die Deckkraft der Ebenenkopie, bis das Bild ansprechend aussieht. Obwohl die Methode in den meisten Fällen sehr gut funktioniert, gibt es auch Situationen, in denen Teile des Bilds gut aussehen, andere jedoch zu dunkel geworden sind. Ist das bei Ihrem Bild der Fall, fahren Sie einfach mit dem nächsten Schritt fort.

SCHRITT 6 **KLICKEN SIE AUF DAS ICON EBENENMASKE HINZUFÜGEN**

Klicken Sie unten in der Ebenen-Palette auf das Icon EBENENMASKE HINZUFÜGEN. Da die hinzugefügte Maske weiß ist (das ist standardmäßig so), verändert sich Ihr Bild nicht – es sieht immer noch genauso aus. Sie müssen jetzt die zu dunklen Bereiche ausblenden, während Sie die gut aussehenden erhalten (mit anderen Worten, Sie müssen das Beste aus beiden Ebenen wählen).

SCHRITT 7 **BLENDEN SIE ZU DUNKLE BEREICHE AUS, INDEM SIE MIT SCHWARZ DARÜBER MALEN**

Drücken Sie zunächst die Taste »D« für die Vordergrundfarbe Schwarz. Aktivieren Sie anschließend den Pinsel (Taste »B«) mit einer mittleren weichen Pinselspitze. Malen Sie damit über die Bereiche im Bild, die zu dunkel sind (hier malen wir über die Felsen). Diese Bereiche werden ausgeblendet und erscheinen wieder wie in der ursprünglichen Ebene. Das war's – Sie haben ein Bild, in dem Sie die besten Bereiche des Helligkeitskanals und das Beste der Multiplizierenebene miteinander kombiniert haben. Wählen Sie nun aus dem Menü der Ebenen-Palette AUF HINTERGRUNDEBENE REDUZIEREN, um die Schwarzweißumwandlung abzuschließen.

Kanalberechnungen

SIE WERDEN JETZT FESTSTELLEN, DASS DIE DIALOGBOX IN PHOTOSHOP, DIE AM KOMPLIZIERTESTEN AUSSIEHT, EINE DER EINFACHSTEN IST

Wenn es in Photoshop eine Dialogbox gibt, die dem Nutzer das Grauen lehrt, dann ist es die Dialogbox KANALBERECHNUNGEN. Sie sieht vielleicht kompliziert aus, lässt sich jedoch ganz einfach handhaben, weil das, was sie tut, sehr einfach ist – es werden zwei Kanäle miteinander kombiniert, um einen neuen Kanal zu erstellen. Sie legen in der Dialogbox fest, wie die beiden Kanäle miteinander kombiniert werden. Ich sagte doch, dass es leicht ist. Später in diesem Buch werden wir einige komplexere Aufgaben mit dieser Dialogbox durchführen. Jetzt achten wir jedoch nur auf unsere Farbkanäle, suchen die beiden besten heraus und kombinieren sie, um ein schönes Schwarzweißbild zu erstellen. Meine Prognose: Ihnen wird die Verwendung dieser Dialogbox sehr leicht fallen und Sie werden auch feststellen, dass es Spaß macht, sie zu nutzen.

SCHRITT 1 ÖFFNEN SIE EIN FARBFOTO, WÄHLEN SIE ANSCHLIESSEND BILD/KANALBERECHNUNGEN

Öffnen Sie zunächst ein Foto, das Sie in Graustufen umwandeln wollen. Wählen Sie anschließend BILD/KANALBERECHNUNGEN (wie in der Abbildung zu sehen).

©SCOTT KELBY

SCHRITT 2 SIE BENÖTIGEN NUR DIE KANÄLE-POPUP-MENÜS, DEN MODUS UND DIE DECKKRAFT

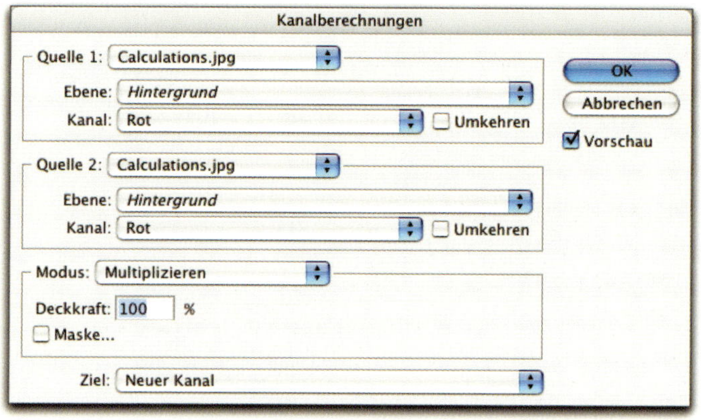

Die Dialogbox Kanalberechnungen wird geöffnet (wie in der Abbildung zu sehen). Sie sieht sehr kompliziert aus, ist es aber nicht, besonders weil Sie nur einige der Menüs und Einstellungen benötigen. Sehen Sie sich zunächst die Popup-Menüs Quelle 1 und Quelle 2 an. Sie können sie für diese Umwandlung ignorieren, die benötigen Sie nur, wenn Kanäle aus zwei unterschiedlichen Bildern miteinander kombiniert werden sollen. Wir verwenden jedoch die beiden besten Kanäle aus nur einem Bild. Da wir nur mit der Hintergrundebene arbeiten, können Sie die Ebene-Popup-Menüs auch ignorieren. Wie Sie sehen, brauchen Sie gar nicht alles.

SCHRITT 3 FÜR DIESE UMWANDLUNG KÖNNEN SIE ALLES IGNORIEREN, AUSSER DAS HIER

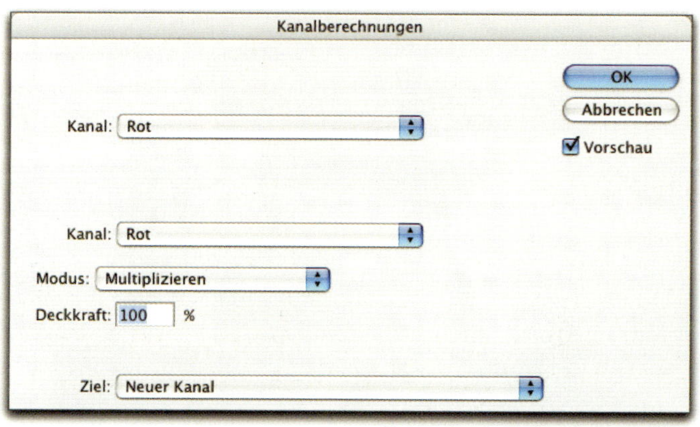

Ich habe den Screenshot etwas bearbeitet, so dass Sie nur die Teile sehen, die wir benötigen. Jetzt sieht sie schon viel einfacher aus, oder? Wählen Sie aus dem Popup-Menü Kanal die beiden Kanäle Ihres RGB-Bilds aus, die Sie verwenden wollen. Nutzen Sie dann die Standardfüllmethoden (Multiplizieren macht das Bild dunkler, Umgekehrt multiplizieren heller etc.), um die Kanäle zu mischen. Stellen Sie zum Abschluss die Deckkraft ein. Aber lassen Sie es mich noch weiter vereinfachen.

SCHRITT 4 **SIE KÖNNEN ES SICH AUCH SO VORSTELLEN**

Sie wählen also einen Kanal und kombinieren ihn mit einem anderen Kanal Ihrer Wahl. Anschließend müssen Sie wählen, wie die beiden miteinander kombiniert werden sollen (die Vorschau auf dem Bildschirm wird stetig aktualisiert, so dass Sie experimentieren können, bis Sie den besten Modus gefunden haben). Falls Sie einen Modus gefunden haben, dieser jedoch etwas zu intensiv ist (zu hell oder zu dunkel), verringern Sie einfach die Deckkraft. Sobald Sie auf OK klicken, wird in Ihrem Dokument standardmäßig ein neuer Kanal erzeugt (ein Alpha-Kanal).

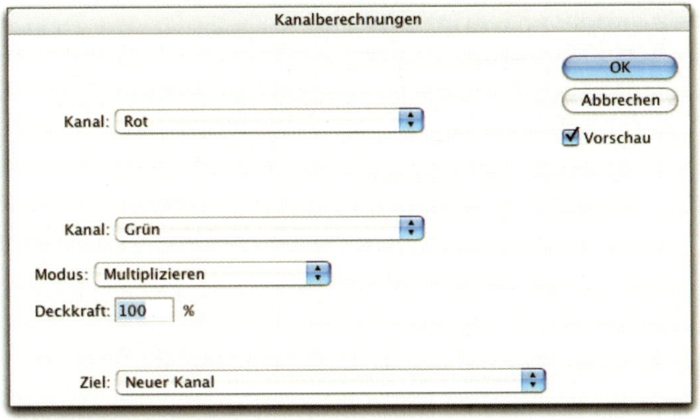

SCHRITT 5 **SEHEN SIE SICH ZUNÄCHST DIE EINZELNEN KANÄLE AN**

Okay, dann können wir ja jetzt anfangen und ein Schwarzweißbild erstellen, indem wir die beiden besten Kanäle miteinander kombinieren. Klicken Sie in der Dialogbox Kanalberechnungen auf Abbrechen, weil wir zunächst noch etwas anderes tun müssen. Wenn Sie sich die drei Farbkanäle vorher genauer ansehen, sparen Sie in der Dialogbox Zeit (die Tastaturkurzbefehle kennen Sie ja jetzt). Finden Sie also die beiden besten Kanäle heraus. So wissen Sie, welche Kanäle Sie in der Dialogbox verwenden müssen. In diesem Beispiel enthält der rote Kanal schöne Details in den Tiefen, er ist also schon einmal ein guter Kandidat.

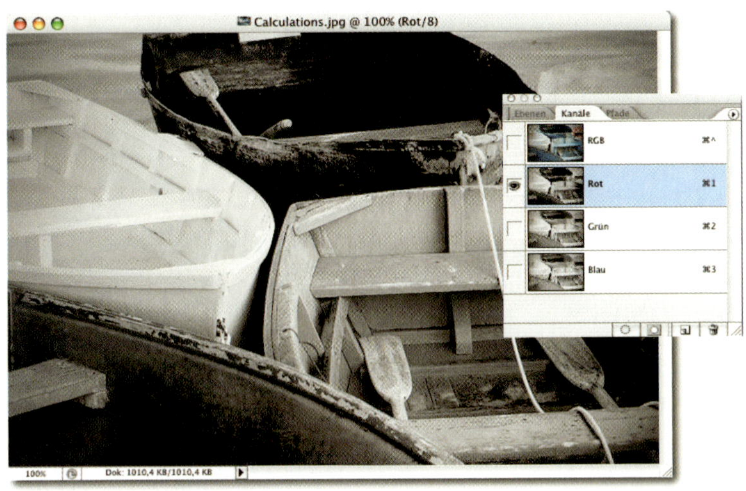

SCHRITT 6 SEHEN SIE SICH DEN GRÜNEN UND DEN BLAUEN KANAL AN

Überprüfen Sie auch den grünen und den blauen Kanal. Im grünen Kanal sind die Lichter teilweise sehr schön, allerdings fehlen einige Details. Lassen Sie es uns stattdessen mit dem blauen Kanal versuchen.

SCHRITT 7 DER ROTE UND DER BLAUE KANAL SEHEN AM BESTEN AUS

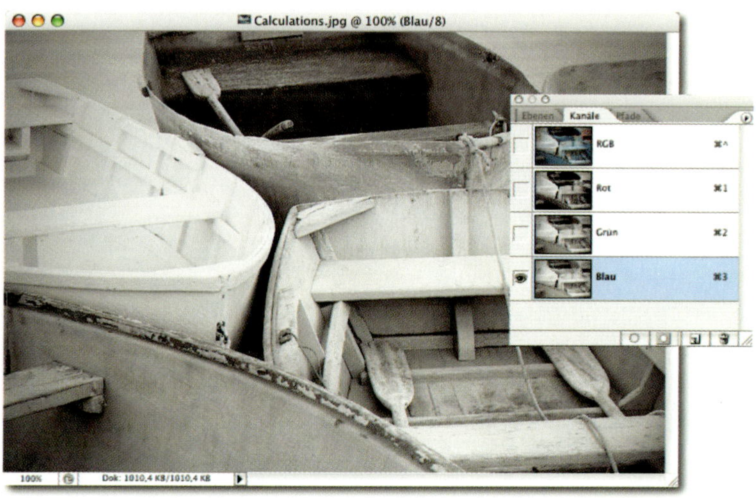

Auch im blauen Kanal sehen die Lichter ganz gut aus. Aufgrund der hellen Pastelltöne in den Booten, finde ich diesen Kanal besser als den grünen. Ich versuche nun, die guten Tiefen des roten Kanals mit den schönen Lichtern des blauen Kanals zu kombinieren. Auch wenn ich hier so begonnen haben, müssen Sie sich die Kanäle vorher nicht unbedingt einzeln ansehen. Sie können auch direkt die Dialogbox KANALBERECHNUNGEN öffnen und die Kanäle kombinieren, indem Sie auf die jeweilige Vorschau achten. Probieren Sie beide Methoden aus und entscheiden Sie sich für die, die Ihnen am besten gefällt.

SCHRITT 8 ZURÜCK ZU DEN KANALBERECHNUNGEN, WÄHLEN SIE QUELLE 1: ROT UND QUELLE 2: BLAU

Klicken Sie wieder auf den RGB-Kanal (um das Farbbild einzublenden). Wählen Sie BILD/KANALBERECHNUNGEN. Wählen Sie als Quelle 1 den roten Kanal und als Quelle 2 den blauen Kanal. Die Kanäle haben Sie festgelegt, jetzt müssen Sie nur noch den richtigen Modus finden, mit dem die beiden kombiniert werden sollen. Standardmäßig ist MULTIPLIZIEREN aktiviert, wodurch ein etwas dunkleres Bild entsteht. Deshalb verwende ich diesen Modus auch nur sehr selten, lassen Sie es uns also mit einem anderen versuchen.

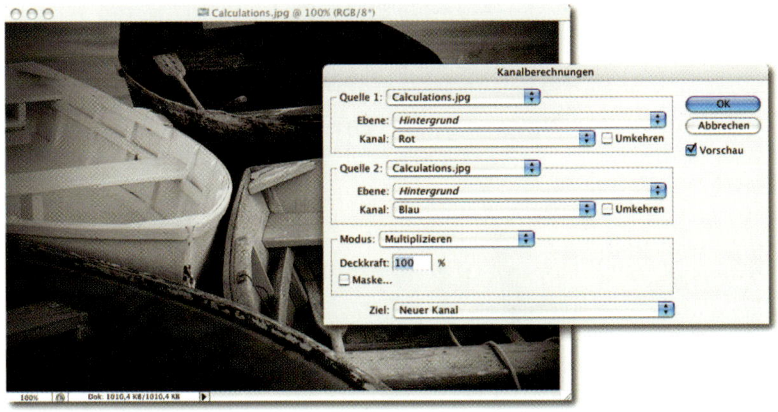

SCHRITT 9 PROBIEREN SIE VERSCHIEDENE MODI, UM DEN BESTEN HERAUSZUFINDEN (ÜBERLAGERN SIEHT GUT AUS)

Da jedes Bild unterschiedlich ist, kann ich Ihnen nicht sagen, welchen Modus Sie wählen sollen – Sie müssen es selbst ausprobieren. Ich habe jedoch einige Favoriten, die ich öfter verwende als die anderen. Ich nutze beispielsweise oft den Modus ÜBERLAGERN. Mir gefallen die Ergebnisse damit immer recht gut. Und wenn die Bilder dadurch zu kontrastreich werden, versuche ich es mit dem nächsten Modus – WEICHES LICHT – das funktioniert dann meistens. Da das Bild auf dem Monitor immer sofort aktualisiert wird, können Sie die Modi nacheinander ausprobieren und den besten herausfiltern.

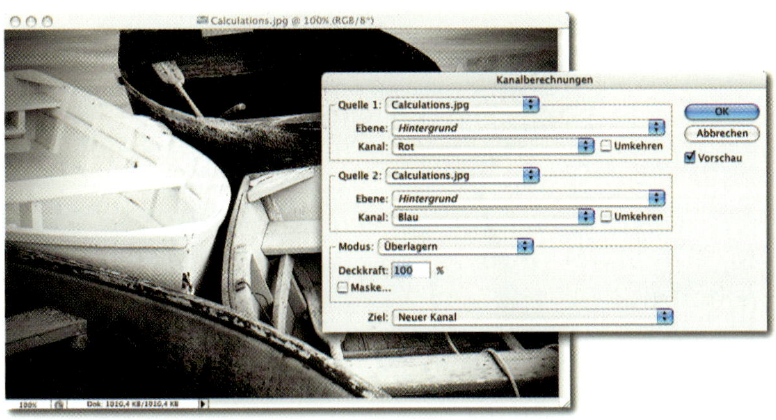

SCHRITT 10 FALLS DURCH ÜBERLAGERN ZU VIEL KONTRAST ENTSTEHT, PROBIEREN SIE ES MIT WEICHES LICHT

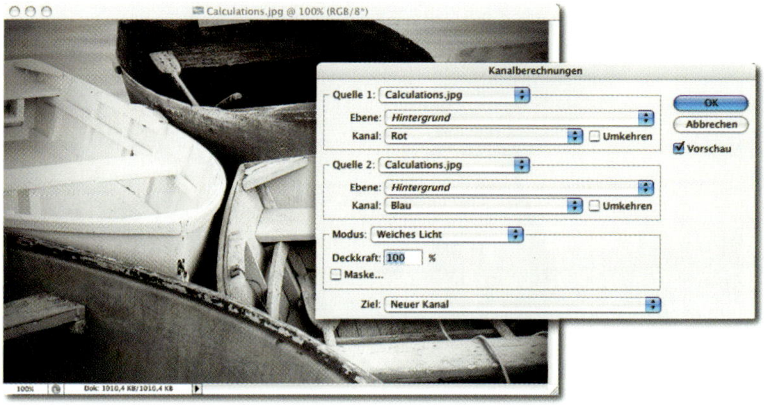

Hier sehen Sie die beiden gleichen Kanäle, jedoch im Modus WEICHES LICHT. Die Lichter sind ausgeglichener und nicht so kontrastreich wie bei ÜBERLAGERN. Trotzdem gefällt mir ÜBERLAGERN besser (jedenfalls für dieses Foto), was daran liegt, dass ich kontrastreiche Schwarzweißfotos schöner finde. Aber das ist meine persönliche Meinung. Sie müssen selbst entscheiden, was Ihnen gefällt.

SCHRITT 11 VERMEIDEN SIE DIESE MODI

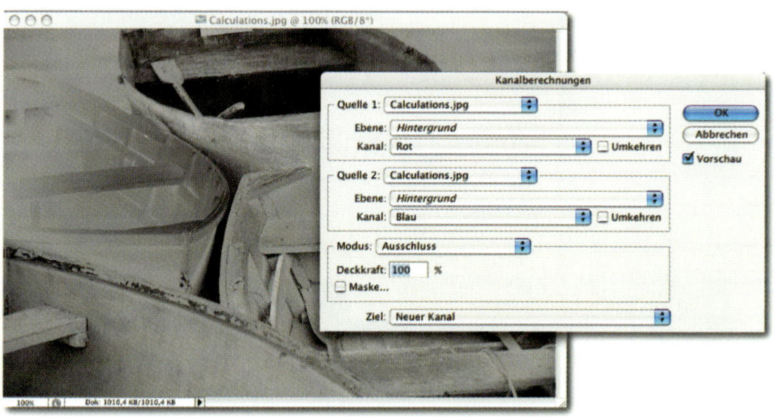

Hier noch ein paar Modi, die Sie auf jeden Fall vermeiden sollten: HARTES LICHT, DIFFERENZ und AUSSCHLUSS. Sie sehen in der Regel ziemlich schlecht aus (wie Sie hier sehen können).

SCHRITT 12 FALLS DAS ERGEBNIS ZU INTENSIV IST, VERRINGERN SIE DIE DECKKRAFT

Zwei weitere Einstellungen müssen Sie in diesem Dialog noch vornehmen: (1) Wollen Sie die Deckkraft (die Stärke) bei 100% belassen oder lieber verringern, so dass die beiden Kanäle weniger stark miteinander gemischt werden? Auch hier liegt die Entscheidung ganz bei Ihnen. Sie brauchen die Deckkraft aber eigentlich nur zu verändern, wenn der Effekt zu intensiv ist. Geben Sie zu reinen Testzwecken 50% ein und sehen Sie sich das Ergebnis an. (2) Sie müssen festlegen, was passiert, wenn Sie auf OK klicken: Soll ein neuer Kanal im bestehenden Dokument erstellt werden oder soll ein komplett neues Dokument entstehen? Treffen Sie Ihre Wahl im Popup-Menü ZIEL.

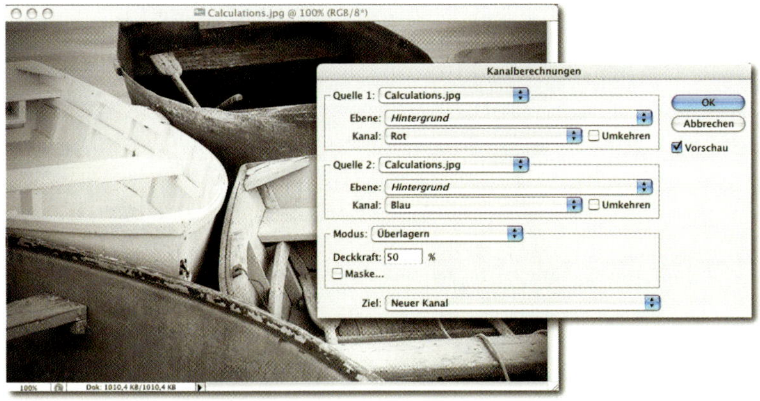

SCHRITT 13 WANDELN SIE DAS NEUE DOKUMENT IN GRAUSTUFEN UM

Ich erstelle am liebsten ein komplett neues Dokument, welches im Mehrkanal-Modus erstellt wird. Deshalb müssen Sie es anschließend mit BILD/MODUS/GRAUSTUFEN umwandeln, um Photoshop-Funktionen wie Filter, Ebenen etc. nutzen zu können.

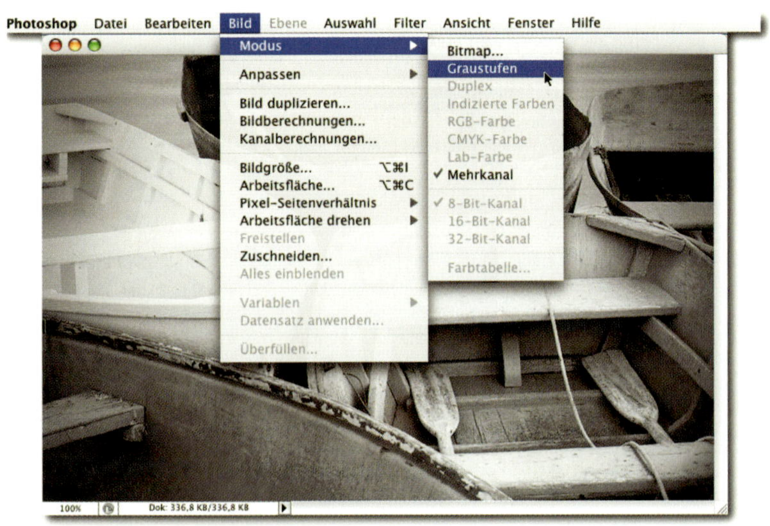

SCHRITT 14 VORHER & NACHHER: STANDARD-GRAUSTUFENUMWANDLUNG UND KANALBERECHNUNGEN

Hier sehen Sie die beiden Graustufenumwandlungen. Das obere Bild wurde erstellt, indem ein Farbbild geöffnet und einfach in Graustufen umgewandelt wurde. Beim unteren Bild kam die Kanalberechnungsmethode zum Einsatz – roter und blauer Kanal wurden im Modus ÜBERLAGERN und mit einer Deckkraft von 100% miteinander kombiniert. Habe ich Ihnen nicht versprochen, dass es ganz einfach werden wird?

Graustufenumwandlung

Kanalberechnungen

Kanalmixer

DIESE METHODE WIRD NACH UND NACH ZUR BELIEBTESTEN SCHWARZWEISSUMWANDLUNG

Es gibt noch eine weitere Möglichkeit, Farbfotos in Schwarzweiß umzuwandeln – eine Methode, die seit ihrer Einführung in Photoshop 5 immer beliebter wird. Dabei wird eine Kanalmixer-Einstellungsebene verwendet, so dass Sie die drei Kanäle mit unterschiedlichen Prozentwerten miteinander kombinieren und sehr dynamische Schwarzweißbilder erstellen können.

SCHRITT 1 ERSTELLEN SIE EINE KANALMIXER-EINSTELLUNGSEBENE

Öffnen Sie das Farbfoto, das Sie in Schwarzweiß umwandeln wollen. Klicken Sie unten in der Ebenen-Palette auf das Icon Neue Einstellungsebene und wählen Sie Kanalmixer (wie in der Abbildung zu sehen).

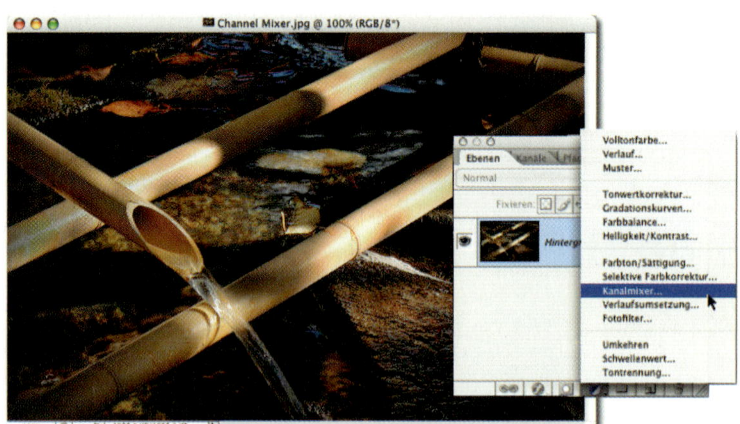

©SCOTT KELBY

SCHRITT 2 AKTIVIEREN SIE DIE CHECKBOX MONOCHROM

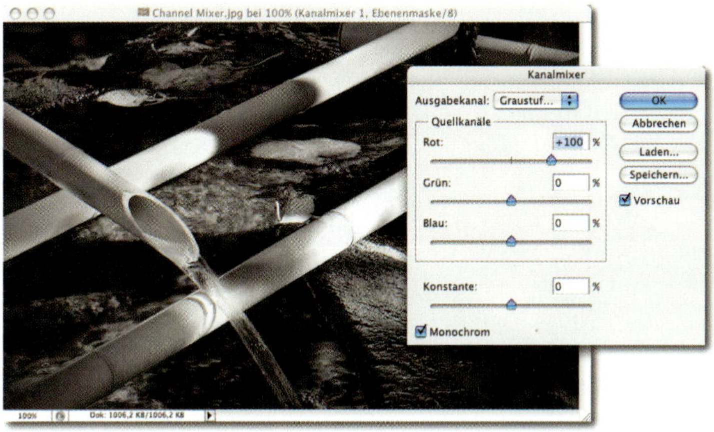

Aktivieren Sie in der Kanalmixer-Dialogbox die Checkbox Monochrom (unten links), um ein Schwarzweißbild zu erstellen (und nicht um die Farben zu bearbeiten). Standardmäßig erscheint bei Rot ein Wert von 100%, während bei den anderen beiden Kanälen 0% steht. Leider entsteht dadurch kein sehr schönes Schwarzweißbild. Deshalb sollten Sie die Einstellungen etwas anpassen (wie Sie gleich sehen werden).

SCHRITT 3 PASSEN SIE ROT, GRÜN, BLAU UND DEN KONTRAST AN

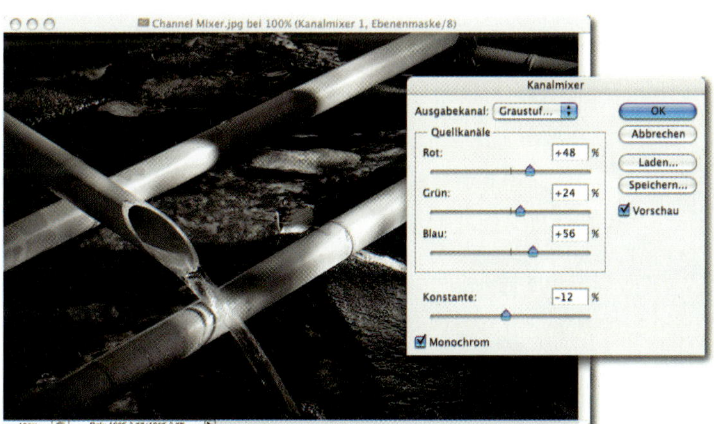

Ich habe eine Formel entwickelt, die ich auf die meisten meiner Fotos anwende und die in meinen Augen sehr gut funktioniert. Ich verringere den Wert für Rot auf +48% und verschiebe die Regler für Grün und Blau nach rechts, um so viel Kontrast wie nötig zu erstellen, die Lichter jedoch nicht zu sehr aufzuhellen. Zusätzlich wähle ich für die Konstante einen Wert von -12%, um das gesamte Bild etwas abzudunkeln. Zwar predigen einige Photoshop-Gurus, die Summe der drei Kanäle dürfe 100% nicht übersteigen, ich achte jedoch lieber darauf, wie das Bild im Druck aussieht. Sieht es hervorragend aus, auch wenn die Werte zusammen 128% ergeben, dann ist das okay. Sie sind aber noch nicht fertig.

SCHRITT 4	UM ZU HELLE BEREICHE ZU REPARIEREN, ENTFERNEN SIE DIE FARBE AUS DER HINTERGRUNDEBENE

Im vorherigen Schritt erwähnte ich, dass Sie den Kontrast erhöhen sollen, ohne die Lichter zu hell werden zu lassen. Das ist schwieriger als es sich anhört. Ich zeige Ihnen jedoch hier einen Trick, mit dem Sie Ihre Lichter retten können. Verschieben Sie die Regler, bis das Bild einen schönen Kontrast hat, auch wenn die Lichter etwas zu hell werden (hier in den Bambusrohren sind sie teilweise rein weiß). Klicken Sie anschließend in der Ebenen-Palette auf die Hintergrundebene (wie hier zu sehen) und drücken Sie ⌘ + ⇧ + U (PC: Strg + ⇧ + U), um die Farbe aus dieser Ebene zu entfernen.

SCHRITT 5	KLICKEN SIE WIEDER AUF DIE EINSTELLUNGSEBENE, MALEN SIE MIT SCHWARZ ÜBER DIE HELLEN BEREICHE

Klicken Sie anschließend wieder auf die Kanalmixer-Einstellungsebene. Der Vorteil der Einstellungsebene ist die eigene Maske, mit der Sie die zu hellen Bereiche ausblenden können. Drücken Sie die Taste » D «, um Schwarz als Vordergrundfarbe einzustellen, aktivieren Sie den Pinsel (Taste » B «) mit einer mittleren weichen Pinselspitze und malen Sie über die zu hellen Bereiche der Bambusrohre. Sie blenden diese Bereiche aus und die Hintergrundebene wieder ein. So nutzen Sie die Vorteile beider Welten: den hohen Kontrast in den Steinen, im Wasser und im Hintergrund, Sie schützen gleichzeitig aber auch die Lichter, indem Sie sie mit einer Maske ausblenden.

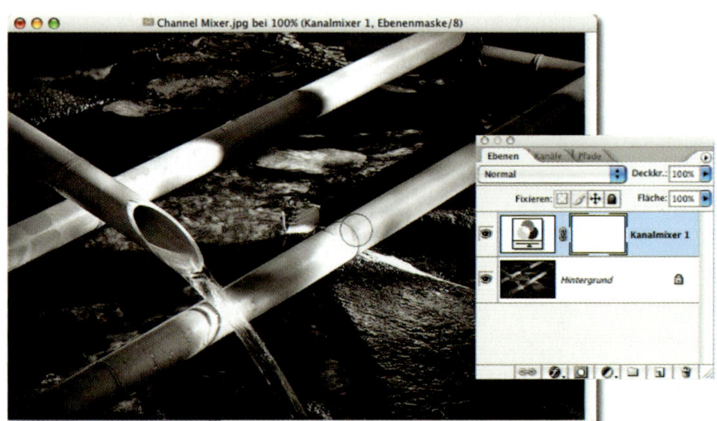

SCHRITT 6 **VORHER & NACHHER: OHNE ZU HELLE LICHTER**

Hier sehen Sie den Vergleich zwischen der herkömmlichen, leblosen Umwandlung (oben) und der kontrastreichen Umwandlung mithilfe einer Kanalmixer-Einstellungsebene (unten), bei der die Lichter mit einer Ebenenmaske geschützt wurden.

Graustufenumwandlung

Kanalmixerumwandlung

Frage & Antwort

Was macht eigentlich der Konstante-Regler (unten in der Kanalmixer-Dialogbox)?

Ob Sie es glauben oder nicht, er hellt das gesamte Bild auf oder dunkelt es ab. Verschieben Sie ihn nach links, wird das Bild dunkler; nach rechts verschoben wird es heller. Weil ich einen extremen Kontrast erstellen will, ziehe ich den Regler meistens nach links, um das gesamte Bild etwas abzudunkeln.

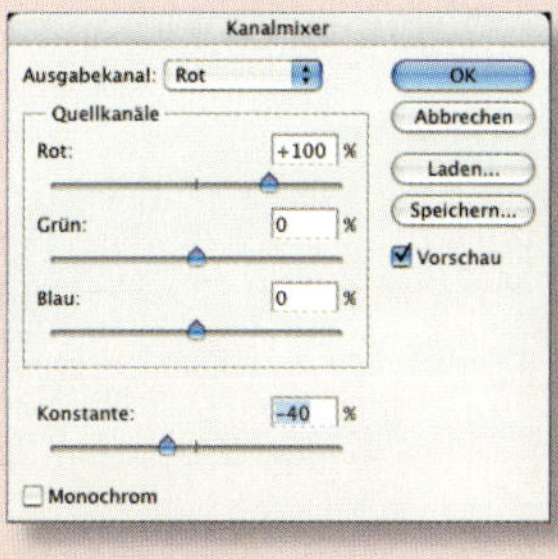

So werden die Tiefen richtig dunkel und ich kann sie mithilfe der Regler ROT, GRÜN und BLAU wieder aufhellen.

Muss ich immer eine Kanalmixer-Einstellungsebene erstellen oder gibt es noch eine andere Möglichkeit?

Es muss keine Einstellungsebene sein – Sie können auch direkt BILD/ANPASSEN/KANALMIXER wählen. Denken Sie dann jedoch daran, dass die Änderungen direkt auf das Bild angewendet werden (nicht als Einstellungsebene). Diese Methode ist also destruktiv (Sie ändern die Pixel und nach 20 oder mehr Änderungen in Photoshop [die Anzahl der Schritte der Protokoll-Palette], werden diese Änderungen dauerhaft).

Ich habe gehört, dass bei einer Einstellung mit dem Kanalmixer die Summe der Werte 100% betragen muss. Stimmt das?

Nein. Das ist eine Lüge. Lassen Sie es mich erklären: Der einzige Grund, auf eine Summe von 100% zu kommen, besteht darin, die Helligkeit im Bild beizubehalten. Sie wollen aber sicherlich ein kontrastreicheres und dynamischeres Bild erstellen, deshalb sollten Sie mehr auf den finalen Ausdruck achten und nicht so sehr auf die Zahlen. Es geht immer nur um das fertige Bild. (Es sei denn, Sie drucken eine große Anzahl Zahlen. Okay, das war etwas schwach. Frage: Machen sie noch mehr so lahme Witze im Verlauf des Buchs? Antwort: Leider ja. Ich hoffe aber, dass auch noch ein paar bessere dabei sind.)

Eignet sich der Kanalmixer nur, um Schwarzweißbilder zu erstellen?

Nein, aber er wird hauptsächlich dafür verwendet; manche Leute bearbeiten damit aber auch die Farben ihres Bilds oder erstellen Duplexeffekte. Am häufigsten wird er jedoch für die Schwarzweißumwandlung verwendet.

Was bewirkt der Abschnitt MASKE in der Dialogbox KANALBERECHNUNGEN?

Wenn Sie bereits eine Alpha-Kanalmaske erstellt haben, können Sie die Mischung der Kanäle durch diese Maske anwenden, um nur diese Bereiche zu bearbeiten (oder wenn Sie die Checkbox UMKEHREN aktiviert haben, die nicht maskierten Bereiche). Um die Funktion zu nutzen, aktivieren Sie die Checkbox MASKE und wählen Sie aus dem Popup-Menü einen Alpha-Kanal aus.

Wofür ist das Popup-Menü AUSGABEKANAL in der Kanalmixer-Dialogbox?

Hier haben Sie Zugang zu den einzelnen Kanälen. Wenn Sie beispielsweise das Grün in Ihrem Bild verringern wollen, können Sie direkt den grünen Kanal akivieren – standardmäßig werden 100% verwendet, Sie können den Wert jedoch auch verringern. Übrigens lassen sich hier dieselben Tastaturkurzbefehle nutzen wie in der Kanäle-Palette.

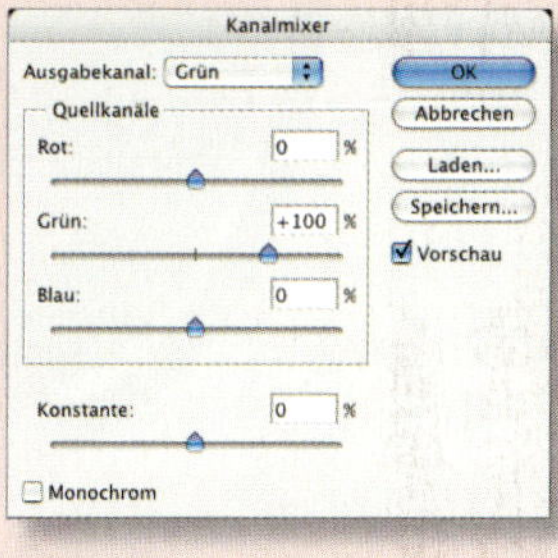

5
[03:38:55]
ACTUAL PIXELS
FIT SCREEN
PRINT SIZE
RED
GREEN
BLUE
CHANNELS
NEW CHANNEL DUPLICATE CHANNEL DELETE CHANNEL MERGE CHANNELS
PALETTE OPTIONS

Kanäle & bessere Farbe

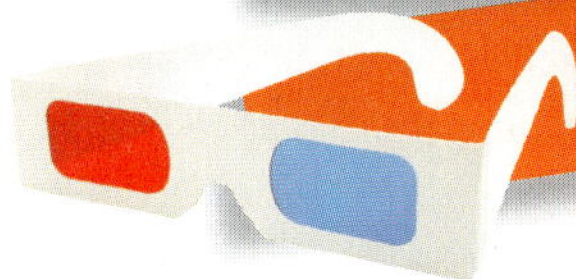

Ich sage es Ihnen lieber gleich – ich weiß nicht, ob Sie bereits reif sind für dieses Kapitel. Hier geht es ans Eingemachte. An die Wurzeln. Es geht unter die Haut. Es ist unverfälscht, dennoch ein bisschen hinterhältig und wirkt noch nicht ganz gefestigt. Dieses Kapitel (schon dafür lohnt es sich, das Buch zu kaufen – und mir ein Bier zu spendieren) ist so aufreizend und brandheiß, dass ich mir nicht sicher bin, ob Sie damit umgehen können. So ist das – denn dieses Kapitel wurde schlichtweg »margulisiert«. Sie wissen nicht, was das nun wieder bedeutet? Ich kann das erklären. Dieses Kapitel wurde mit der Eingebung von Dan Margulis gezüchtet, dem weltweit führenden Experten für Photoshop und Farbe, und von dessen genialer Hand gefüttert und gepäppelt. Aus der Feder dieses Mannes stammt das, was als Bibel für Farbkorrektur und digitale Druckvorstufe gilt – wegen ihm wurde sozusagen die Photoshop Hall of Fame erfunden (Sie wissen schon, *der* Dan Margulis). Ich wusste, wie dieses Kapitel aussehen sollte, und dazu brauchte ich seine Hilfe. Er war unglaublich großzügig und opferte mir seine Zeit (wenn man bedenkt, wie groß seine Geringschätzung für alles Lebendige ist …). Ich danke ihm, dass ich dieses Kapitel – mein Lieblingskapitel in diesem Buch – margulisieren durfte.

Mehr Details in Porträts

MIT EIN PAAR COOLEN HANDGRIFFEN ERHALTEN BILDER MIT HAUTFARBEN MEHR KONTRAST UND DETAIL

Auch diesen Trick verriet mit der Meister der Photoshop-Farbe, Dan Margulis. Dabei verwendet er Kanäle, um zwei wichtige Einstellungen vorzunehmen: (1) Er fügt Kontrast zu den Hauttönen hinzu, ohne die übrigen Farben im Bild zu übersättigen, (2) er wirkt Wunder, was Schärfe und Details angeht. Das erste Projekt zeigt, wie es geht, das zweite demonstriert, wie Sie die anderen Bereiche korrigieren, die möglicherweise bei der Korrektur der Hauttöne in Mitleidenschaft gezogen wurden. Im letzten Projekt sehen Sie, wie Sie dasselbe einfache Konzept auf Bilder ohne Hautfarben anwenden.

SCHRITT 1 ÖFFNEN SIE DAS FOTO, DAS MEHR KONTRAST UND DETAILS NÖTIG HAT

Öffnen Sie das Porträt, dem Sie mithilfe von Kanälen mehr Kontrast und Details hinzufügen wollen. Das hier gezeigte Bild ist wahrhaftig etwas flau. Die Farben sind zwar ausbalanciert und auch der Kontrast ist nicht schlecht, aber mithilfe von Kanälen geht das alles deutlich besser.

©ISTOCKPHOTO/PER ARNE BRATTEMO

SCHRITT 2 BETRACHTEN SIE DIE EINZELNEN KANÄLE

Wenn Sie die einzelnen Kanäle betrachten, sehen Sie, wie sich das Bild zusammensetzt. Hier sehen Sie zum Beispiel den roten Kanal. Er ist zu hell und enthält vor allem in den Hautfarben nur wenige Details. Für unsere Zwecke ist er also nicht hilfreich.

SCHRITT 3 BEI BILDERN, DIE VOR ALLEM HAUTFARBEN ENTHALTEN, IST DER GRÜNE KANAL DER BESTE

Bei Hauttönen sind normalerweise die meisten Details im grünen Kanal zu finden – meist müssen Sie die beiden anderen gar nicht erst anschauen, wenn in einem Bild viele Hauttöne vertreten sind. Sie können einfach davon ausgehen, dass der grüne Kanal der geeignete ist, und mit ihm im nächsten Schritt weiterarbeiten. Die anderen Kanäle würde ich nur dann begutachten, wenn der grüne wirklich nicht funktioniert. Das habe ich jedoch nur selten erlebt – aber es soll vorkommen.

SCHRITT 4 DUPLIZIEREN SIE DIE HINTERGRUNDEBENE

Aktivieren Sie die Ebenen-Palette und drücken Sie ⌘ + J (PC: Strg + J), um die Hintergrundebene zu duplizieren. Das Duplikat hat im Moment drei Kanäle, stimmt's? Einen roten, einen grünen und einen blauen. Im nächsten Schritt werden Sie alle drei Kanäle dieser Ebene durch den grünen Kanal ersetzen, denn der verfügt über die meisten Details.

SCHRITT 5 WÄHLEN SIE BILDBERECHNUNG, ZIEL GRÜNER KANAL, MODUS NORMAL, DECKKRAFT 100%

Wählen Sie BILD/BILDBERECHNUNGEN. Wählen Sie in der erscheinenden Dialogbox den grünen Kanal aus dem Kanal-Popup-Menü aus. Ändern Sie den Modus in NORMAL und lassen Sie die Deckkraft bei 100%, wie in der Abbildung zu sehen. Klicken Sie dann auf OK.

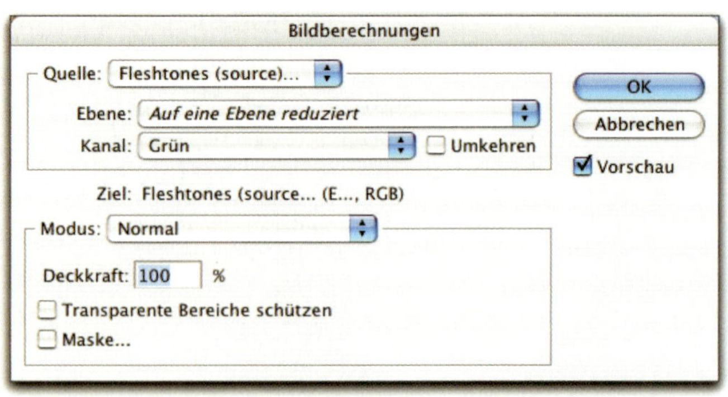

SCHRITT 6 KLICKEN SIE AUF OK, UM DIE NEUE EBENE MIT DEM GRÜNEN KANAL ZU SEHEN

Wenn Sie auf OK klicken, wird die vollfarbige duplizierte Ebene durch den grünen Kanal ersetzt, sie sieht also wie ein Schwarzweißfoto aus (siehe Abbildung).

SCHRITT 7 ÄNDERN SIE DIE FÜLLMETHODE DER EBENE IN LUMINANZ

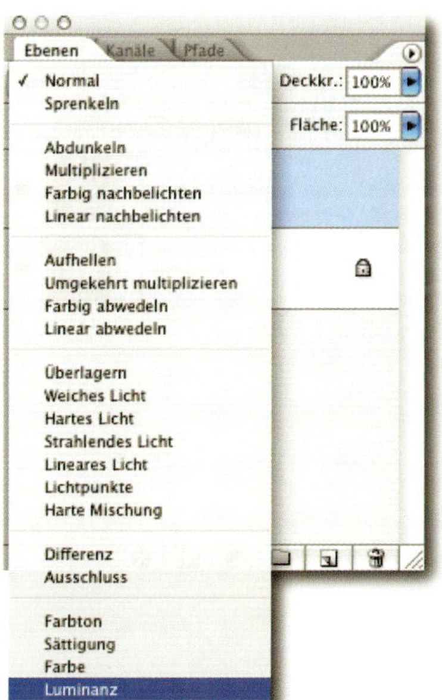

Jetzt benutzen wir diese Schwarzweißebene (die in Wahrheit der grüne Kanal ist), um mehr Kontrast im Bild zu erzeugen. Ändern Sie dazu einfach die Füllmethode der Schwarzweißebene oben in der Ebenen-Palette von Normal in Luminanz.

SCHRITT 8 HIER SEHEN SIE DAS BILD VORHER UND NACHHER

Das war's schon. Sie haben den Kontrast in Ihrem Bild deutlich verbessert, ohne die Farben zu verändern. Das Originalbild sehen Sie oben, das bessere, kontrastreichere Bild darunter. In diesem Beispiel war es kein Problem, den Kontrast zu verstärken. Manchmal kann dabei jedoch etwas Farbe aus dem Bild verschwinden, vor allem in Bereichen, die keine Hautfarben enthalten. Aber keine Panik, auch dafür gibt es einen Trick, wie Sie im nächsten Schritt sehen werden.

Vorher

Nachher

SCHRITT 9 ÖFFNEN SIE EIN NEUES FOTO UND DUPLIZIEREN SIE DIE HINTERGRUNDEBENE

Hier sehen Sie ein anderes Foto, das auch viele Hauttöne enthält. Wir wollen den Kontrast in den Hautbereichen verstärken, ohne die anderen Farben zu verändern. Beginnen Sie, indem Sie mit ⌘ + J (PC: Strg + J) die Hintergrundebene duplizieren.

SCHRITT 10 INDEM SIE HIER DEN GRÜNEN KANAL ANWENDEN, WIRD DER PULLOVER ZU DUNKEL

Das ist ein Porträt, wir können uns also ziemlich sicher auf den grünen Kanal verlassen, wenn wir den Hauttönen mehr Kontrast geben wollen. Wählen Sie also BILD/BILDBERECHNUNGEN. Wählen Sie in der Dialogbox den grünen Kanal, stellen Sie den Modus auf NORMAL und wählen Sie eine Deckkraft von 100%. Sie erhalten sofort eine Vorschau im Bildfenster und bereits jetzt können Sie erkennen, dass der rote Pullover sehr dunkel wird. Im Moment ist das noch in Ordnung. Klicken Sie einfach auf OK, um den Hautbereichen mehr Kontrast zu verleihen.

SCHRITT 11 SIE KÖNNTEN DIE DECKKRAFT ETWAS VERRINGERN, ABER DANN VERLIEREN SIE WIEDER DIE DETAILS

Ändern Sie die Füllmethode der Ebene in Luminanz. Jawohl, der Pullover ist jetzt ziemlich dunkel. Sie können ihn so lassen und sich über die zusätzlichen Details auf dem Pullover freuen, aber es ist nicht schwer, die Originalfarbe zurückzuholen und trotzdem die Details und den Kontrast auf der Haut zu erhalten. Also können Sie es auch gleich »richtig machen« (wie im nächsten Schritt zu sehen).

SCHRITT 12 BENUTZEN SIE DIE FARBBEREICHSREGLER, ZIEHEN SIE DEN OBEREN LINKEN NACH RECHTS

Um die ursprüngliche Farbe des Pullovers wiederherzustellen, wählen Sie FÜLLOPTIONEN aus dem Popup-Menü EBENENSTIL HINZUFÜGEN unten in der Ebenen-Palette. Im Abschnitt FARBBEREICH wählen Sie Grün (denn Sie haben ja vorhin mit dem grünen Kanal gearbeitet). Ziehen Sie nun den oberen linken Regler (für diese Ebene) so weit nach rechts, bis das ursprüngliche Rot des Pullovers wieder auftaucht. Wenn Sie fast am Ziel sind, halten Sie die [⌥]-Taste (PC: [Alt]) gedrückt. Dadurch teilen Sie den Regler und erreichen beim Ziehen einen weicheren Übergang, so dass die Ränder des Pullovers nicht ausfransen.

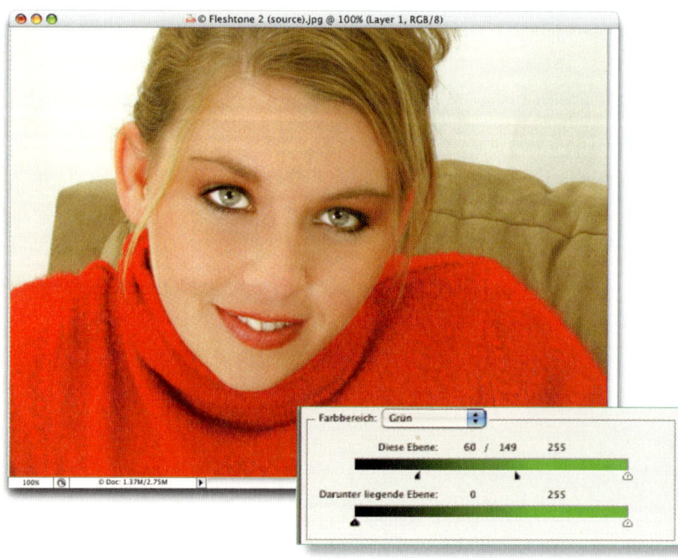

SCHRITT 13 VORHER UND NACHHER, DER PULLOVER IST IN ORDNUNG

Hier sehen Sie das Originalbild (oben) und unsere neue Version mit verbesserten Details und stärkerem Kontrast in den Hauttönen (unten).

Vorher

Nachher

SCHRITT 14 ES FUNKTIONIERT NICHT NUR BEI HAUTTÖNEN, DUPLIZIEREN SIE ZUERST DIE EBENE

Was machen Sie mit Bildern, die keine Hauttöne enthalten? Können Sie auch hier Kontrast und Details hinzufügen? Na klar! Sie entscheiden sich nur nicht automatisch für den grünen Kanal – Sie müssen sich in diesem Fall erst alle drei Kanäle ansehen und den mit dem stärksten Kontrast wählen (das tun wir im nächsten Schritt). Drücken Sie zuerst ⌘+J (PC: Strg+J), um die Hintergrundebene zu duplizieren.

©ISTOCKPHOTO/JIM PARKIN

SCHRITT 15 SUCHEN SIE DEN KANAL MIT DEM STÄRKSTEN KONTRAST

Wechseln Sie mithilfe der Tastenkombinationen zwischen dem roten, grünen und blauen Kanal, um den mit dem stärksten Kontrast herauszufinden. In diesem Bild scheint das der blaue Kanal zu sein. Merken Sie sich den kontrastreichsten Kanal und schalten Sie zurück zum RGB-Kanal.

SCHRITT 16 WÄHLEN SIE BILDBERECHNUNGEN UND VERWENDEN SIE DEN BLAUEN KANAL

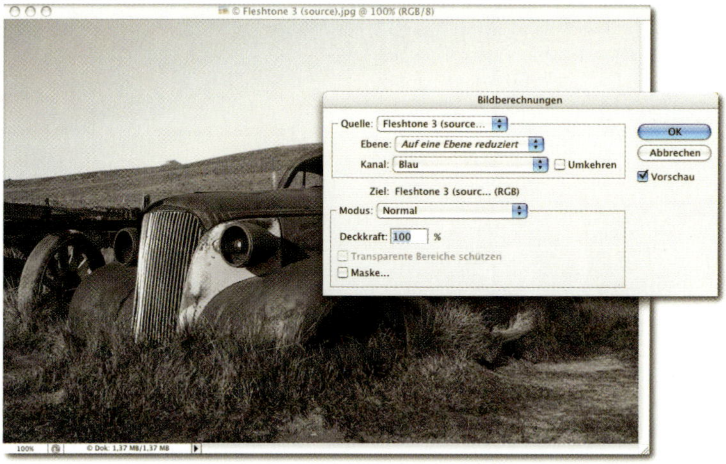

Wählen Sie BILD/BILDBERECHNUNGEN. Wählen Sie jetzt den blauen Kanal aus dem Popup-Menü und klicken Sie dann auf OK. (Sie sehen eine Vorschau, wie die duplizierte Ebene hinterher aussehen wird – ein schönes, kontrastreiches Schwarzweißbild.)

SCHRITT 17 ÄNDERN SIE DIE FÜLLMETHODE DER EBENE IN LUMINANZ

Ändern Sie in der Ebenen-Palette die Füllmethode der Duplikat-Ebene von NORMAL in LUMINANZ. Dadurch werden die beiden Ebenen zusammengemischt, Sie erhalten eine sehr kontraststarke Version Ihres Originalbilds. Weil der blaue Kanal so dunkel war, kann der Kontrast jetzt etwas zu stark sein (das entscheiden ganz allein Sie, schließlich ist es Ihr Foto).

SCHRITT 18 WENN ES ZU DUNKEL ODER DER KONTRAST ZU STARK IST, VERRINGERN SIE DIE DECKKRAFT

Wenn Ihnen der Effekt etwas zu intensiv erscheint (also der Kontrast jetzt zu hoch ist), verringern Sie einfach die Deckkraft der Ebene (wie hier zu sehen), bis Ihnen das Bild gefällt (wieder können Sie selbst entscheiden, was gut aussieht und was nicht).

SCHRITT 19 WENN SIE DEN ORIGINALHIMMEL ZURÜCKHABEN WOLLEN, BENUTZEN SIE DIE FARBBEREICHSREGLER

Bei dieser neuen Version des Bilds gefallen mir das Auto und der Boden gut, aber irgendwie vermisse ich den tiefblauen Himmel aus der Originalhintergrundebene. Wenn es Ihnen genauso geht (ist doch so, oder?), dann wissen Sie auch, wie sie ihn wieder zurückbekommen, stimmt's? Genauso wie den roten Pullover im vorhergehenden Projekt – mit den Farbbereichsreglern im Ebenenstil-Dialog FÜLLOPTIONEN. Wählen Sie den blauen Kanal als Farbbereich, denn diesen haben Sie verwendet, um den Kontrast zu erzeugen. Ziehen Sie den oberen Regler nach links, bis der Originalhimmel wieder ins Bild zurückkommt.

SCHRITT 20 **VORHER UND NACHHER, MIT MEHR DETAILS UND STÄRKEREM KONTRAST, ABER MIT ORIGINALHIMMEL**

Schieben Sie den Regler so lange nach links, bis der Himmel wieder zurückgekehrt ist. Teilen Sie dann den Regler, um den Übergang etwas sanfter zu gestalten. Hier sehen Sie oben das Original und unten die Version mit den verfeinerten Kanälen, wobei der Himmel intakt geblieben ist.

Vorher

Nachher

Leuchtende Farben erzeugen

SO FÜGEN SIE DETAILS HINZU UND ERZEUGEN MITHILFE DER LAB-KANÄLE A UND B LEBHAFTE FARBEN

Hier folgen zwei Techniken, mit denen Sie Details und leuchtende Farben in Ihre Bilder einfügen können. Die erste bewirkt bei Landschaftsaufnahmen Wunder, in denen viel Grün und/oder Blumen zu finden sind (obwohl Sie sie eigentlich für fast alles einsetzen können). Die zweite Technik ist eine der einfachsten und dennoch wirkungsvollsten, um die Farben förmlich aus dem Bild springen zu lassen. Dabei wenden Sie Gradationskurven auf die Lab-Kanäle a und b an. Die Technik ist jedoch so einfach und direkt, dass Sie hinterher mehr über Gradationskurven wissen wollen – auch wenn Sie sie vorher noch nie benutzt haben. Als ich das zum ersten Mal sah (Dan Margulis zeigte sie mir schon, bevor sein bahnbrechendes Werk über Lab-Farbe erschien), war ich überwältigt. Seitdem benutze ich sie ständig, um meine eigenen Fotos aufzubessern. Ich verwende sie sogar so oft, dass ich mittlerweile eine Aktion dafür eingerichtet habe, so dass ich dazu nur noch eine Taste drücken muss. Und diese Taste leiert bereits aus. Ehrlich.

SCHRITT 1 ÖFFNEN SIE DAS FOTO UND WANDELN SIE ES IN LAB-FARBE UM

Öffnen Sie ein Foto, in dem Sie die Details aufbessern und die Farben zum Leuchten bringen wollen (diese Technik funktioniert besonders bei Landschaftsaufnahmen ausgezeichnet). Wandeln Sie das Bild nun in Lab-Farbe um. Wählen Sie dazu Bild/Modus/Lab-Farbe (wie hier zu sehen).

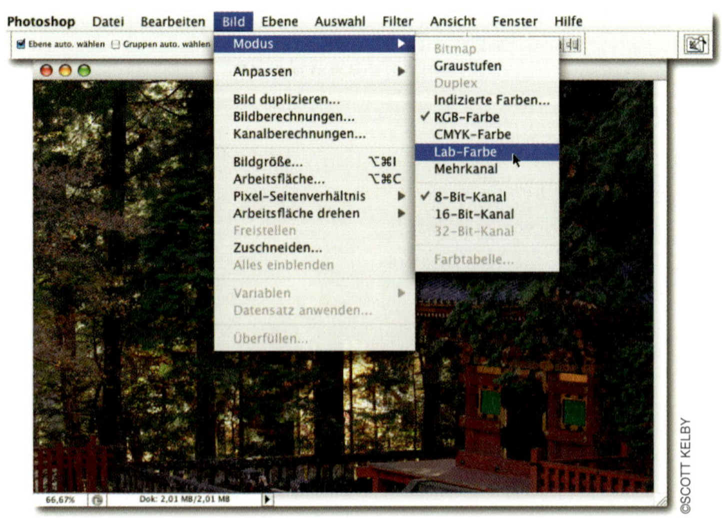

©SCOTT KELBY

SCHRITT 2 DUPLIZIEREN SIE DIE HINTERGRUNDEBENE

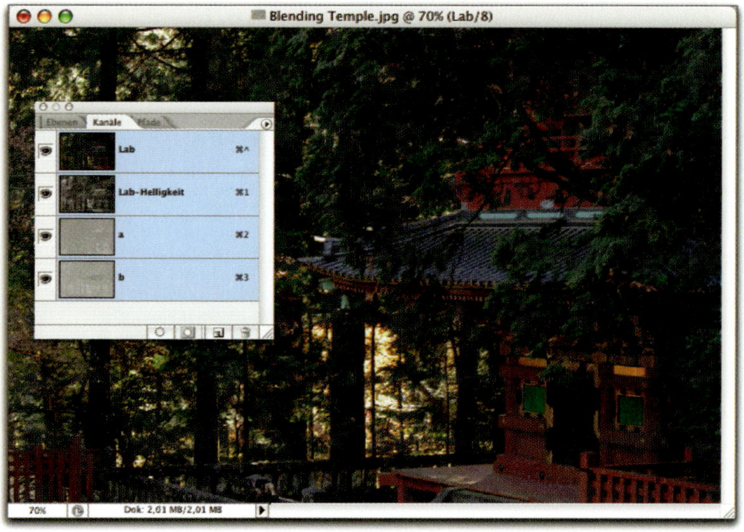

Ihr Bild besteht jetzt aus drei Kanälen: (1) Einem Helligkeitskanal, der die meisten Details enthält; (2) einem »a«-Kanal, der die Grün- und Magenta-Informationen beinhaltet und (3) einem »b«-Kanal für die blauen und gelben Informationen. Drücken Sie ⌘ + J (PC: Strg + J), um die Hintergrundebene zu duplizieren.

SCHRITT 3 AKTIVIEREN SIE NUR DEN HELLIGKEITSKANAL

Zuerst werden Sie mehr Konturen und Kontrast ins Bild bringen, indem Sie ⌘ + 1 (PC: Strg + 1) drücken. Dadurch wird nur der Helligkeitskanal angezeigt (wie hier zu sehen). Darin sind jede Menge Details enthalten.

SCHRITT 4 **BILDBERECHNUNGEN: WENDEN SIE DEN »A«-KANAL AUF DIE HELLIGKEIT AN; ÜBERLAGERN, 100%**

Der Helligkeitskanal ist aktiviert. Wählen Sie BILD/BILDBERECHNUNGEN, dann »a« als Kanal. Ändern Sie den Modus in ÜBERLAGERN. So wird der Helligkeitskanal intensiviert, Sie erhalten mehr Kontrast und Details. Klicken Sie auf OK, um die Änderungen in Kraft zu setzen.

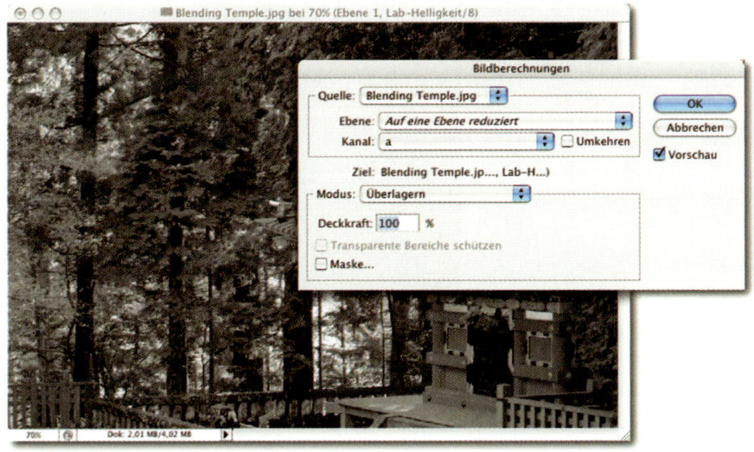

SCHRITT 5 **»A«-KANAL AKTIVIEREN, DANN BILDBERECHNUNGEN; QUELLE: »A«-KANAL, MODUS ÜBERLAGERN**

Drücken Sie jetzt ⌘+2 (PC: Strg+2), um den »a«-Kanal zu betrachten. Wie Sie sehen, bringt das für die Details nicht viel – aber darum geht es hier nicht. Die Farbdetails sollen verbessert werden und das passiert auch gleich. Wählen Sie BILD/BILDBERECHNUNGEN. Sie arbeiten auf dem »a«-Kanal, korrekt? Genau. Diesen verwenden Sie, um sozusagen sich selbst zu überlagern. Sie verdoppeln ihn, um einen leuchtenderen »a«-Kanal zu erzeugen. Wählen Sie als Kanal ebenso »a« und als Modus ÜBERLAGERN. Klicken Sie dann auf OK.

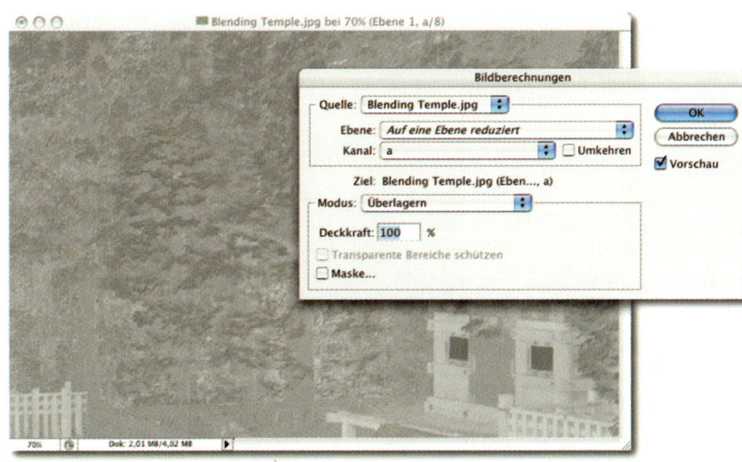

SCHRITT 6	»B«-KANAL AKTIVIEREN, WENDEN SIE IHN PER BILDBERECHNUNG MIT ÜBERLAGERN AUF SICH SELBST AN

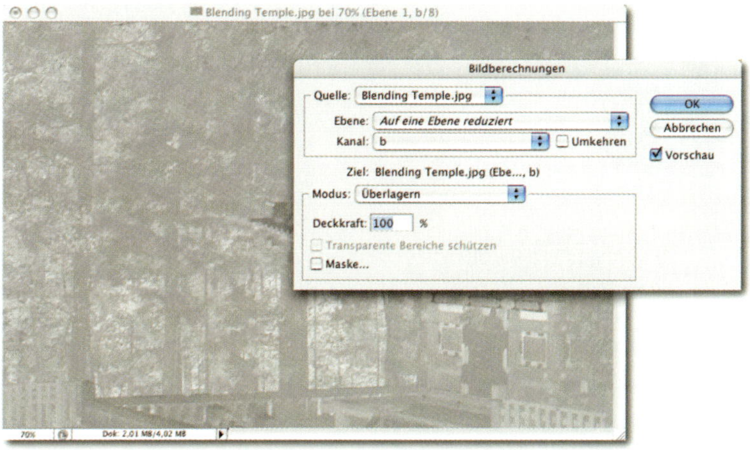

Drücken Sie jetzt ⌘+3 (PC: Strg+3), um den »b«-Kanal zu betrachten. Auch hier gibt es nicht viele Details, aber wir werden hier ebenso die Farbe nachbessern. Wählen Sie wieder Bildberechnungen (der »b«-Kanal wird automatisch ausgewählt sein). Die übrigen Einstellungen können Sie so lassen. Klicken Sie einfach auf OK, dann haben Sie die Farben im »b«-Kanal verdoppelt.

SCHRITT 7	JETZT SIND IM BILD VIEL MEHR DETAILS ZU FINDEN, ABER AUCH DIE FARBEN LEUCHTEN ZU SEHR

Drücken Sie ⌘+(^) (PC: Strg+^), um das Vollfarbbild zu sehen. Die Farben leuchten jetzt wirklich, auch Kontrast und Details sind stark verbessert. Die Farben sind vielleicht sogar etwas zu lebhaft (das hängt von Ihrem Geschmack ab), aber da wir die Einstellungen auf einer separaten Ebene vorgenommen haben, können Sie deren Stärke korrigieren, indem Sie einfach die Deckkraft der Ebene in der Ebenen-Palette verringern.

SCHRITT 8 DIE DECKKRAFT DER GESAMTEN EBENE LIESSE SICH VERRINGERN, ABER WIR WOLLEN NUR WENIGER BLAU

Wenn Sie die Deckkraft dieser Ebene verringern, hat das gesamte Bild weniger Biss, was Sie vielleicht nicht stören wird. In diesem Bild gefallen mir aber die Blätter und der Tempel, sie wirken sehr ausdrucksstark. Natürlich ist das mein persönlicher Geschmack und wenn Ihnen das Dach so blau gefällt, ist das nicht schlimm. Dann können Sie den nächsten Schritt einfach auslassen (ich werde versuchen, etwas vom Originalblau zurückzuholen, und zwar mit einem einfachen Farbbereichstrick im Lab-Farbmodus).

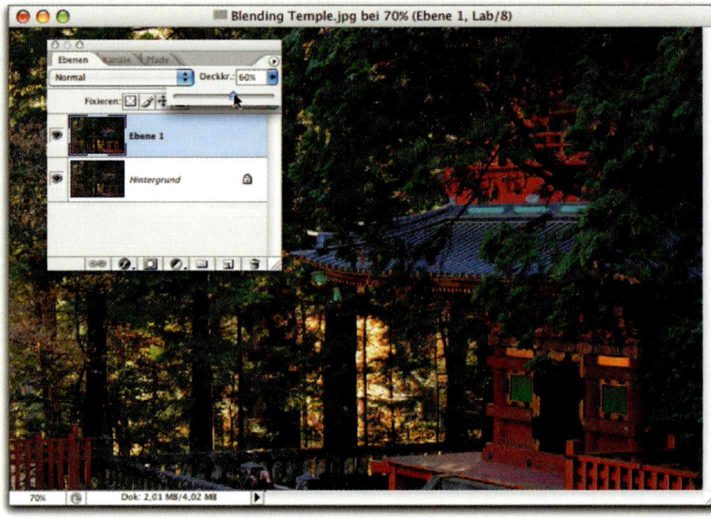

SCHRITT 9 FARBBEREICH: B, SCHIEBEREGLER OBEN LINKS ZUR MITTE, KURZ DAVOR TEILEN

Um das Blau im Dach abzuschwächen und die Originalfarbe wiederherzustellen, wählen Sie erneut EBENENSTIL HINZUFÜGEN/FÜLLOPTIONEN unten in der Ebenen-Palette. Wir arbeiten noch im Lab-Modus, Sie können unter Farbbereich also zwischen Helligkeit, »a« und »b« wählen. Da im Kanal b die Blau- und Gelbtöne enthalten sind, wählen Sie »b«. Ziehen Sie dann den oberen linken Regler nach rechts, dann sehen Sie, wie die Originalfarbe zurückkehrt. Kurz vor der Mitte der Leiste sollten Sie den Regler teilen, indem Sie die [⌥]-Taste (PC: [Alt]) drücken und dann die rechte Hälfte bis zur Mitte ziehen, um den Übergang weicher zu gestalten.

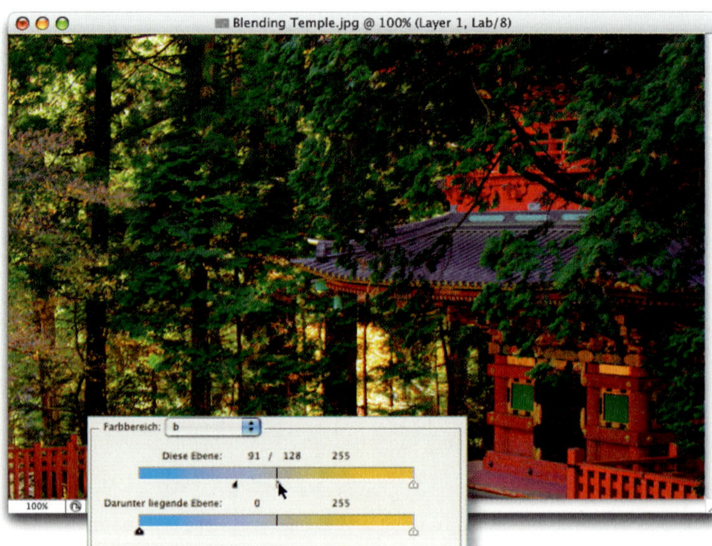

SCHRITT 10 VORHER UND NACHHER: DAS DACH IST NOCH ORIGINAL, ALLES ANDERE WURDE VERBESSERT

Hier sehen Sie das Originalbild (oben) mit seinen flauen Blättern und schwachen Rottönen. Darunter finden Sie die bearbeitete Version mit leuchtenderen Farben und besseren Details. Bei Lab-Bildern haben Sie eine weitere Möglichkeit, die Wunder bewirken kann. Dan zeigte mir diesen Trick Anfang dieses Jahres, seitdem benutzen wir ihn alle. Ich biete hier eine vereinfachte Version dessen an, was in seinem Buch zu finden ist. Wir verwenden als Beispiel jedoch ein anderes Bild, eines, das noch verwaschener aussieht als dieses hier.

Vorher

Nachher

SCHRITT 11 EINE WEITERE METHODE, UM MIT LAB TOLLE FARBEN ZU ERZEUGEN

Öffnen Sie ein Foto, bei dem die Farben flach und etwas leblos wirken. Wandeln Sie es in den Lab-Modus um (Bild/Modus/Lab-Farbe), wie in dieser Abbildung zu sehen.

©SCOTT KELBY

SCHRITT 12 ERSTELLEN SIE EINE GRADATIONSKURVEN-EINSTELLUNGSEBENE

Wählen Sie dann die Option Gradationskurven aus dem Popup-Menü Neue Füll- oder Einstellungsebene erstellen unten in der Ebenen-Palette.

SCHRITT 13 ⌥-KLICKEN SIE (PC: Alt-KLICK) AUF DAS RASTER, UM ES ZU VERFEINERN

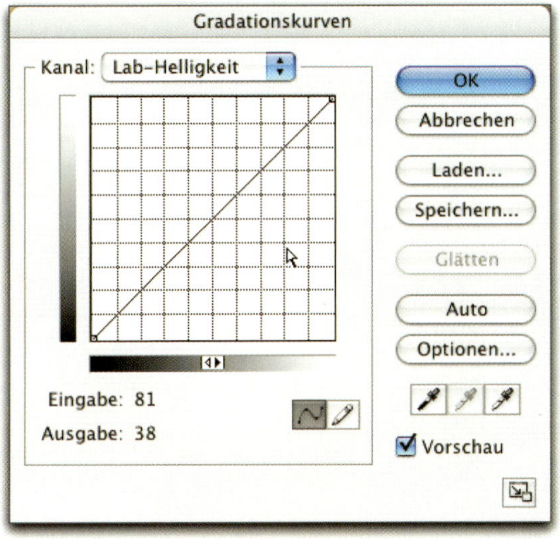

Auch wenn Sie noch nie mit Gradationskurven gearbeitet haben, können Sie diesen Schritt problemlos ausführen. Also nicht erst Panik kriegen, sondern einfach weitermachen! Sie sehen doch, dass das Raster hier in der Abbildung kleiner ist als das in Ihrem Dialog, oder? Ich habe nämlich eine Geheimversion, die sonst niemand hat. (Natürlich habe ich die nicht – aber das wäre doch cool, oder?) Für den Trick brauchen Sie das feinere Raster. Halten Sie einfach die ⌥-Taste (PC: Alt) gedrückt und klicken Sie in das Raster – schon wird es feiner.

SCHRITT 14 WECHSELN SIE ZUM »A«-KANAL, ZIEHEN SIE DEN PUNKT OBEN RECHTS ZWEI KÄSTCHEN NACH LINKS

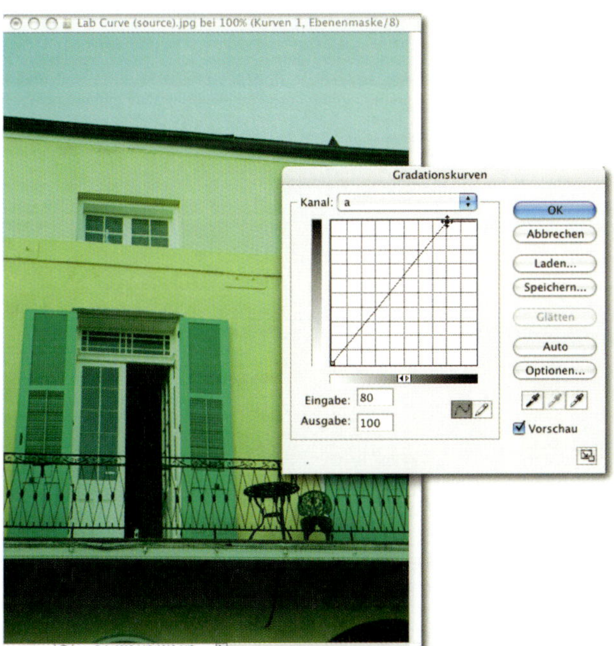

Wählen Sie den Kanal »a« aus dem Popup-Menü oben in der Dialogbox. Klicken Sie auf den Doppelpfeil im Verlaufsregler unter dem Raster, um den Schwarzpunkt nach oben rechts und den Weißpunkt nach unten links zu verschieben. Klicken Sie nun direkt auf den oberen rechten Eckpunkt und ziehen Sie ihn zwei Kästchen nach links. Dadurch sieht Ihr Foto sehr cyan aus, aber das muss Sie im Moment nicht stören. Es ist nur der erste Schritt. Klicken Sie noch nicht auf OK.

SCHRITT 15	SCHIEBEN SIE DEN PUNKT UNTEN LINKS ZWEI KÄSTCHEN NACH RECHTS

Klicken Sie nun direkt auf den Eckpunkt unten links und ziehen Sie ihn um zwei Kästchen nach rechts. Jaaaaaaaaa, das sieht doch schon viel besser aus. Die Farben leuchten schon mehr, aber noch sind wir ja nicht fertig. Klicken Sie noch nicht auf OK.

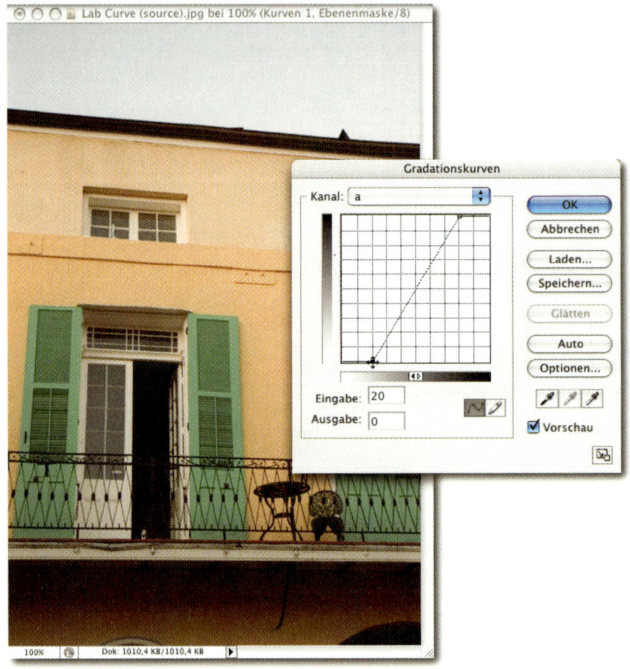

SCHRITT 16	»B«-KANAL: SCHIEBEN SIE DEN PUNKT OBEN RECHTS ZWEI KÄSTCHEN NACH LINKS

Wechseln Sie im Kanal-Popup-Menü zum »b«-Kanal und verschieben Sie die Eckpunkte ganz genauso. Ziehen Sie den rechten oberen Eckpunkt zwei Kästchen nach links. Ihr Bild sieht jetzt leicht violett aus.

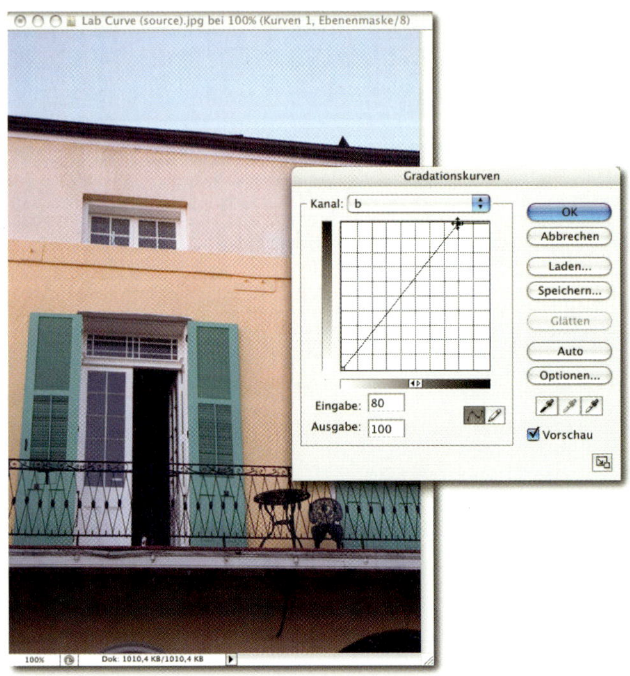

SCHRITT 17 SCHIEBEN SIE DEN PUNKT UNTEN LINKS ZWEI KÄSTCHEN NACH RECHTS – FERTIG

Nun geschieht das Wunder: Wenn Sie den linken unteren Eckpunkt um zwei Kästchen nach rechts ziehen, sind die Farben auf einmal wieder in Ordnung. Diese Methode lässt sie so stark leuchten, wie es kaum eine Methode vermag. Schauen Sie, wie die Farben förmlich aufblühen, der Himmel viel blauer wird, das gesamte Bild mehr Biss hat. Was aber, wenn Sie es noch leuchtender wollen? Das ist einfach. Verschieben Sie beim nächsten Mal die Eckpunkte einfach um drei statt um zwei Kästchen. Ein großes Dankeschön an Dan, dass er uns diese fantastische L-Methode verraten hat (die vollständige Version finden Sie in Dans Buch).

Vorher

Nachher

Kanäle mischen

DIE SCHNELLSTE, EINFACHSTE LÖSUNG, UM UNTERSCHIEDLICH BELICHTETE BILDER ZUM PERFEKTEN BILD ZU KOMBINIEREN

Angenommen, Sie wollen eine Bergkette bei Sonnenuntergang fotografieren. Sie haben zwei Möglichkeiten: (1) Sie wählen die Belichtung nach dem Himmel und der Boden ist zu dunkel. Oder (2) Sie belichten den Boden korrekt, dann ist der Himmel total ausgewaschen. Wenn Sie jedoch beide Aufnahmen machen – eine mit korrekt belichtetem Himmel, eine, in der der Boden gut aussieht (oder eine Aufnahme im Raw-Format wählen, aus der Sie zwei Varianten in Camera Raw erstellen können), dann können Sie beide Bilder so zusammensetzen, dass sowohl Himmel als auch Erde korrekt belichtet sind.

Klingt das wie ein Plan? Sicher!

Aber normalerweise muss man dafür viel mit Masken arbeiten … wenn man nicht den Trick kennt, wie man die Arbeit erledigen (lassen) kann, ohne einen einzigen Pinsel in die Hand nehmen zu müssen – und der Effekt ist nahtlos.

SCHRITT 1 ÖFFNEN SIE EIN RAW-BILD MIT EINEM KORREKT BELICHTETEN HIMMEL

Für diese Technik haben Sie zwei Möglichkeiten: (1) Sie nehmen mit Ihrer Kamera auf einem Stativ mehrere Bilder derselben Szene auf (z.B. ein Foto mit korrekt belichtetem Boden und eines mit korrektem Himmel). Oder (2) Sie fotografieren im Raw-Format und erzeugen die beiden Belichtungsvarianten im Camera-Raw-Plug-In in Photoshop. In unserem Beispiel öffnen wir ein Raw-Bild in Camera Raw, bei dem der Himmel gut belichtet ist (er sieht toll aus, aber unser Kollege, Matt Kloskowski, die Straße und die Felsen dahinter sind viel zu dunkel). Klicken Sie auf ÖFFNEN, um das Bild zu öffnen.

©SCOTT KELBY

SCHRITT 2 ÖFFNEN SIE DASSELBE RAW-BILD, ABER ERHÖHEN SIE DIE BELICHTUNG, BIS DER VORDERGRUND STIMMT

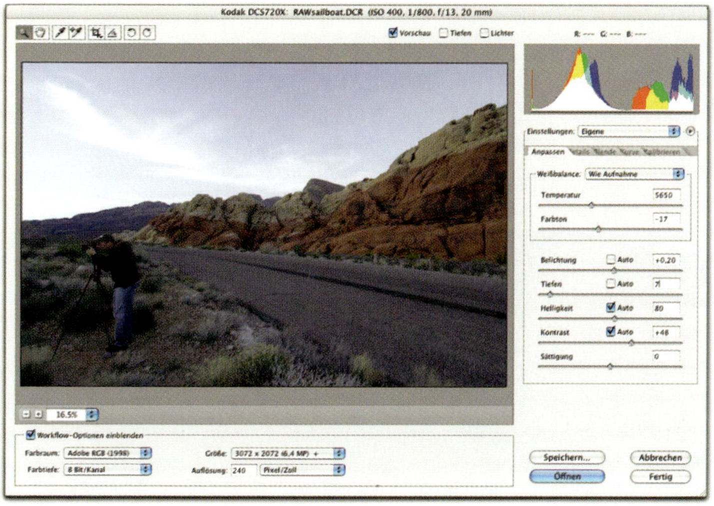

Kehren Sie nun zur Originaldatei auf Ihrem Computer zurück und öffnen Sie sie erneut. Ziehen Sie dieses Mal in Camera Raw jedoch den Belichtungsregler nach rechts, bis die Straße, die Felsen und … ja, und Matt richtig belichtet sind. Es kann sein, dass Sie auch den Tiefenregler korrigieren müssen. Damit hat der Himmel verloren – er wird viel zu hell. Aber keine Sorge, wir werden dieses Bild (korrekter Vordergrund) mit dem ersten (korrekter Himmel) mischen und eines erzeugen, das Ihre Kamera gar nicht aufnehmen könnte. Klicken Sie jetzt auf OK, um das hellere Foto zu öffnen.

SCHRITT 3 NUN HABEN SIE ZWEI BILDER: EINES MIT KORREKTEM HIMMEL UND EINES MIT GUTEM VORDERGRUND

Nun sollten Sie zwei Bilder geöffnet haben: eines mit idealem Himmel (links) und eines mit idealem Vordergrund (rechts). Jetzt gibt es jede Menge Tricks, mit denen Sie diese Bilder mischen könnten (wenn Sie genügend Zeit und Geduld mitbringen), aber keiner ist schneller und einfacher als der Kanäletrick, den Sie jetzt kennen lernen werden.

SCHRITT 4	HALTEN SIE DIE ⇧-TASTE GEDRÜCKT UND ZIEHEN SIE DAS VORDERGRUND- AUF DAS HIMMELBILD

Ziehen Sie zuerst die hellere Version des Bilds auf die dunklere (natürlich mit dem Verschieben-Werkzeug, V). Bevor Sie das Foto einfach per Drag&Drop bewegen, drücken und halten Sie jedoch die ⇧-Taste. Indem Sie die ⇧-Taste beim Ziehen gedrückt halten, werden die beiden Bilder perfekt ausgerichtet, jedes Pixel genau auf dem anderen. Die perfekte Ausrichtung ist bei diesem Trick entscheidend.

SCHRITT 5	SUCHEN SIE SICH DEN KANAL MIT DEM STÄRKSTEN KONTRAST, ZUERST BETRACHTEN SIE DEN ROTEN KANAL

Nun betrachten Sie die drei Kanäle einzeln und finden heraus, welcher den meisten Kontrast zwischen Himmel und Vordergrund aufweist. Drücken Sie zuerst ⌘+1 (PC: Strg+1), um den roten Kanal zu betrachten. Wie Sie sehen, ist der Kontrast zwischen Himmel und Felsen beträchtlich, aber überprüfen Sie, ob nicht einer der beiden anderen noch mehr Kontrast aufweist.

SCHRITT 6 PRÜFEN SIE ALS NÄCHSTES DEN GRÜNEN KANAL

Jetzt folgt der grüne Kanal (benutzen Sie das Tastenkürzel). Für mich sieht es so aus, als hätte dieser weniger Kontrast als der rote. (Der Himmel scheint hier etwas dunkler und die Felsen ein bisschen heller, was den Kontrast etwas verringert.)

SCHRITT 7 PRÜFEN SIE NOCH DEN BLAUEN KANAL, ES SCHEINT ALLES AUF DEN ROTEN KANAL HINAUSZULAUFEN

Betrachten Sie jetzt den blauen Kanal. In diesem Bild scheint es keinen Himmel zu geben, der ist fast völlig verwaschen. Von den drei Kanälen halte ich den roten für den besten. Merken Sie es sich, denn Sie müssen zwei weitere Schritte ausführen, bevor Sie diese Information benötigen. Kehren Sie mithilfe des Tastenkürzels wieder zum RGB-Bild zurück.

SCHRITT 8 WÄHLEN SIE FÜLLOPTIONEN AUS DEM EBENENSTILE-MENÜ UNTEN IN DER EBENEN-PALETTE

Wir werden die Fülloptionen aus der Ebenen-Palette benutzen (also eigentlich die Farbbereichsregler), um die beiden Bilder zu mischen. Wählen Sie also EBENENSTIL HINZUFÜGEN/ FÜLLOPTIONEN unten aus der Ebenen-Palette (wie in der Abbildung). Sie gelangen auch zu diesen Fülloptionen, indem Sie in der Ebenen-Palette auf die Ebene doppelklicken – also machen Sie das, wie Sie wollen.

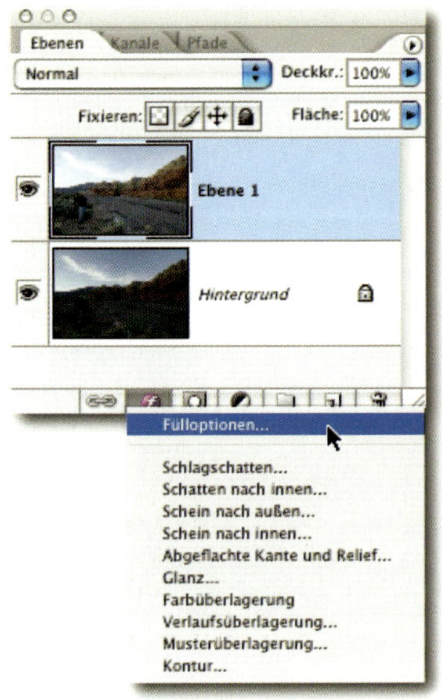

SCHRITT 9 ÄNDERN SIE IM ABSCHNITT FARBBEREICH DEN KANAL IN ROT

Wenn der Fülloptionen-Dialog erscheint (der sieht auf den ersten Blick aus wie der Ebenenstile-Dialog, aber Sie befinden sich im Abschnitt FÜLLOPTIONEN), sehen Sie im unteren Abschnitt die Farbbereichsregler. Dort wählen Sie Ihren Kontrastkanal. Sie wissen doch, dass Sie sich den roten merken sollten. Wählen Sie also den roten Kanal aus dem Popup-Menü aus.

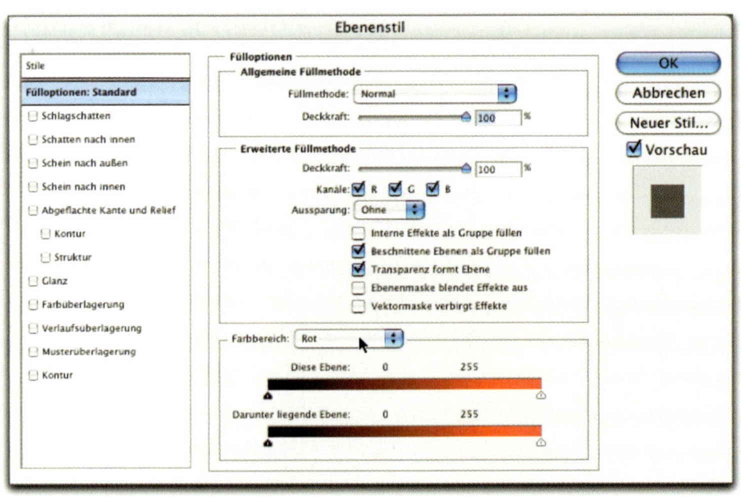

SCHRITT 10 ZIEHEN SIE DEN REGLER RECHTS OBEN NACH LINKS, UM DEN HIMMEL HERVORZUHOLEN

Um nun den schönen Himmel ins Foto einzublenden, ziehen Sie den oberen rechten Regler nach links (siehe Abbildung). Dabei dringt der Himmel aus der Ebene darunter ins Bild und scheint den verwaschenen Himmel zu verdrängen. Beim Ziehen nach links erscheint immer mehr Himmel in Ihrem Bild.

SCHRITT 11 ⌥-TASTE (PC: Alt) DRÜCKEN + REGLER TEILEN = SANFTERER ÜBERGANG

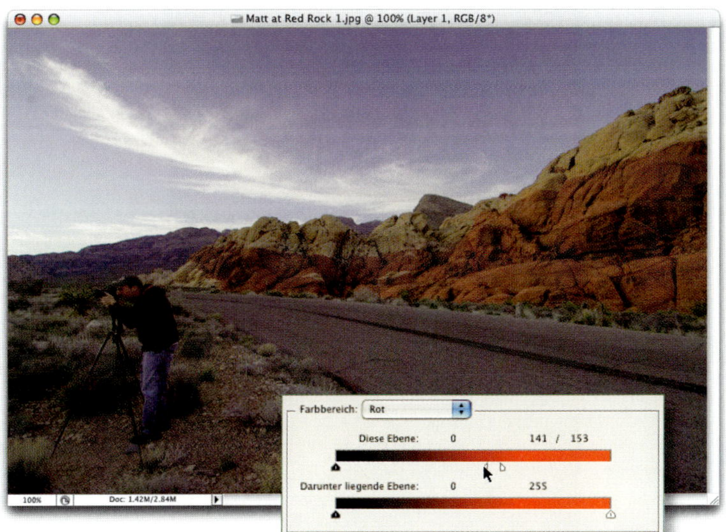

Wenn der gesamte Himmel schön blau ist, sollten Sie sicherstellen, dass die Mischung beider Bilder sanft vonstatten geht. Halten Sie die ⌥-Taste (PC: Alt) gedrückt, ziehen Sie dann etwas weiter nach links. Beim Drücken der Taste wird der Regler geteilt, was zu diesem sanften Übergang führt. Wenn Ihnen das Ergebnis gefällt, klicken Sie auf OK. Fertig. Sie haben die beiden Bilder mithilfe von Kanälen und Farbbereichsreglern miteinander vermischt und eine perfekte Bildversion erzeugt, ohne Maskieren und Malen, was sonst für ein solches Wunder nötig ist.

Lichter abschwächen

EINIGE SCHNELLE KANALBEARBEITUNGEN MACHEN IHRE BELEUCHTUNG GLEICHMÄSSIGER

Das ist eine eher subtile Technik, aber wenn Sie Ihre Lichter etwas abmildern wollen, ist sie sehr praktisch. Normalerweise würden Sie das Problem vermutlich mit Kopierstempel, Reparatur-Pinsel und einigen Füllmethoden lösen, aber das Ergebnis ist nicht immer optimal, wenn man nicht sehr geduldig ist. Mit der Kanälemethode sind Retuschen praktisch nicht erkennbar, es geht schneller und die Ergebnisse sind sanft, nahtlos und auf jeden Fall den Aufwand wert.

SCHRITT 1 ÖFFNEN SIE DAS FOTO MIT DEN ZU REDUZIERENDEN LICHTERN, DUPLIZIEREN SIE DIE HINTERGRUNDEBENE

Öffnen Sie das Foto, dessen Lichter Sie etwas abschwächen wollen. In diesem Foto sehen Sie die grellen Lichter links im Gesicht der Dame. Die Lichter sind nicht ausgewaschen, wir wollen sie nur ein wenig zurücknehmen. (Bei einem Vorher-Nachher-Bild werden Sie staunen, wie groß der Unterschied nach einer so minimalen Bearbeitung sein kann.) Drücken Sie zuerst ⌘+J (PC: Strg+J), um die Hintergrundebene zu duplizieren.

©ISTOCKPHOTO/SHARON DOMINICK

SCHRITT 2 **SUCHEN SIE DEN KONTRAST-KANAL**

Suchen Sie sich jetzt den Kanal, der den meisten Kontrast aufweist. In diesem Foto sieht es für mich so aus, als wäre das der blaue (siehe Abbildung).

SCHRITT 3 **KONTRAST-KANAL ALS AUSWAHL LADEN, AUSWAHL SPEICHERN, AUSWAHL AUFHEBEN**

Den blauen Kanal laden wir als Auswahl. Halten Sie also die ⌘-Taste (PC: Strg) gedrückt und klicken Sie in der Kanäle-Palette direkt auf den blauen Kanal. Dadurch wird der Kanal als Auswahl geladen (die geladene Auswahl sehen Sie in der Abbildung). Wir wollen diese Auswahl speichern (wodurch sie in einen Alpha-Kanal umgewandelt wird – einen zusätzlichen Kanal, mit dem wir arbeiten können, ohne einen der Farbkanäle zu verändern). Wählen Sie dazu AUSWAHL/AUSWAHL SPEICHERN. In der Dialogbox können Sie den neuen Alpha-Kanal benennen. Klicken Sie dann auf OK. Drücken Sie ⌘+D (PC: Strg+D), um die Auswahl aufzuheben.

SCHRITT 4 WENDEN SIE DEN GAUSSSCHEN WEICHZEICHNER AUF DEN ALPHA-KANAL AN

Drücken Sie ⌘+4 (PC: Strg+4), um den Alpha-Kanal einzublenden. (Natürlich können Sie auch einfach in der Kanäle-Palette darauf klicken, aber das ist so ... ich weiß auch nicht ... so manuell.) Jetzt werden wir den Kanal ein wenig weichzeichnen. Wählen Sie Filter/Weichzeichnungsfilter/Gaussscher Weichzeichner. Dies ist ein Bild mit geringer Auflösung von 72 ppi, ein Radius von 5 Pixel reicht also aus. Bei einem Bild mit 300 ppi probieren Sie stattdessen besser 12 Pixel. Klicken Sie auf OK, um den Weichzeichner auf den Alpha-Kanal anzuwenden.

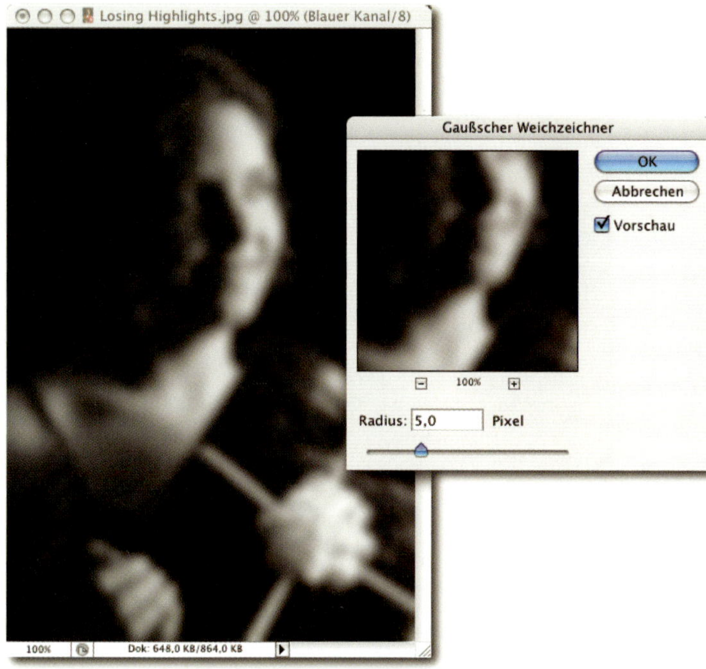

SCHRITT 5 DRÜCKEN SIE ⌘+I (PC: Strg+I), UM DEN KANAL UMZUKEHREN

Nun kehren wir den Alpha-Kanal um, drücken Sie dazu ⌘+I (PC: Strg+I). Klicken Sie auf das Augen-Icon neben dem RGB-Kanal, um den Alpha-Kanal mit dem gesamten Bild zu betrachten. Jetzt können wir Bildberechnungen anwenden, um die Lichter zu reduzieren.

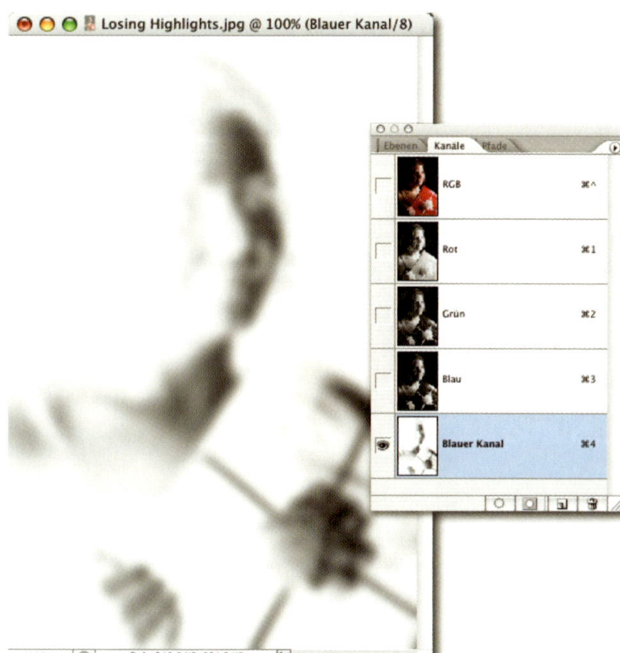

SCHRITT 6 BILDBERECHNUNGEN: KANAL: ALPHA-KANAL, MODUS: ÜBERLAGERN

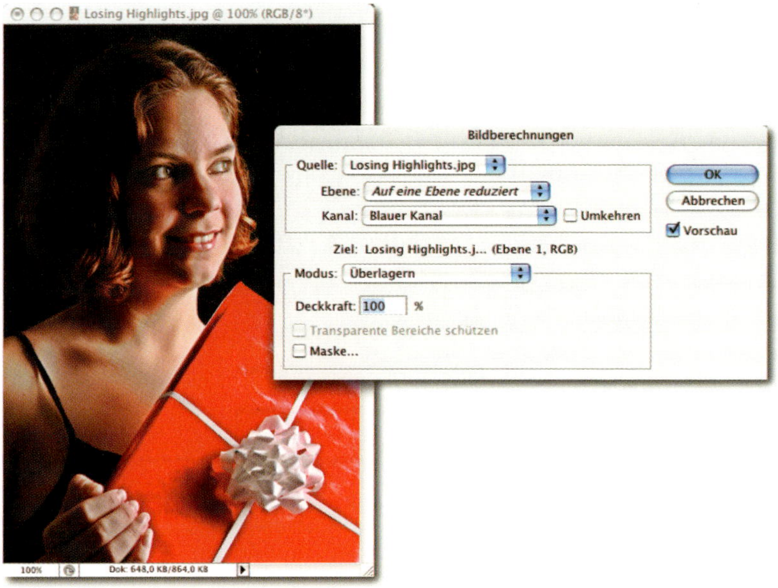

Wählen Sie BILD/BILDBERECHNUNGEN. Da Sie ja an einem Alpha-Kanal arbeiten, ist dieser bereits ausgewählt. Wählen Sie ÜBERLAGERN als Modus und klicken Sie auf OK, um diesen Kanal auf Ihre Ebene anzuwenden. Zu diesem Zeitpunkt sieht das Bild nicht gut aus – wirklich nicht. Aber stören Sie sich daran nicht. Wir sind ja noch nicht fertig.)

SCHRITT 7 DAMIT IHRE ÄNDERUNGEN INS BILD GEMISCHT WERDEN, WÄHLEN SIE DEN MODUS ABDUNKELN

Damit sich der Kanal gut mit dem Rest des Bilds vermischt, ändern Sie in der Ebenen-Palette die Füllmethode von NORMAL in ABDUNKELN (wie hier zu sehen).

SCHRITT 8 ZIEHEN SIE DEN LINKEN UNTEREN FARBBEREICHSREGLER FÜR DEN GRÜNEN KANAL NACH RECHTS

Jetzt scheinen ihr Gesicht und auch das Geschenk etwas zu rot zu sein, aber das ist leicht zu korrigieren. Wählen Sie FÜLLOPTIONEN (aus dem Popup-Menü EBENENEFFEKT HINZUFÜGEN oder durch Doppelklick auf die Ebene). Wählen Sie den grünen Kanal aus dem Menü FARBBEREICH, ziehen Sie dann den linken Regler für DARUNTER LIEGENDE EBENE nach rechts, bis das Geschenk wieder normal aussieht und auch das Gesicht nicht mehr zu rot ist.Vergessen Sie nicht, den Regler kurz vor Schluss zu teilen, indem Sie die [⌥]-Taste (PC: [Alt]) drücken.

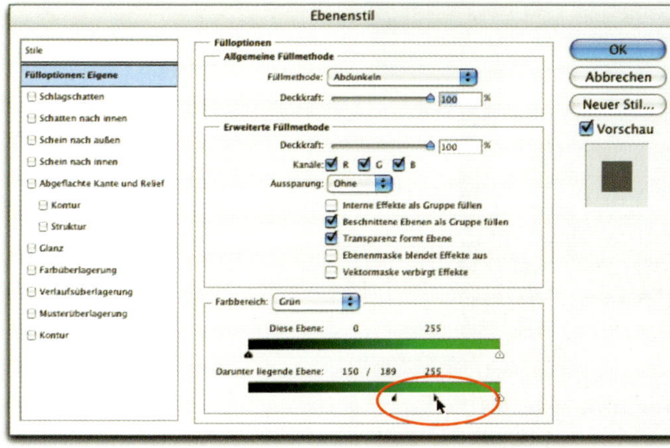

SCHRITT 9 ÜBERSCHÜSSIGES ROT ENTFERNEN: FARBTON/SÄTTIGUNG, SÄTTIGUNG FÜR ROTEN KANAL VERRINGERN

Für meinen Geschmack war noch immer zu viel Rot im Bild, aber das können Sie mit einem einfachen Trick lösen, indem Sie den Rotanteil in der Ebene verringern. Wählen Sie BILD/ANPASSEN/FARBTON/SÄTTIGUNG (oder drücken Sie [⌘]+[U] [PC: [Alt]+[U]]). Wählen Sie aus dem Popup-Menü in der Dialogbox die Option ROTTÖNE und verringern Sie die Sättigung, indem Sie den Regler nach links ziehen.

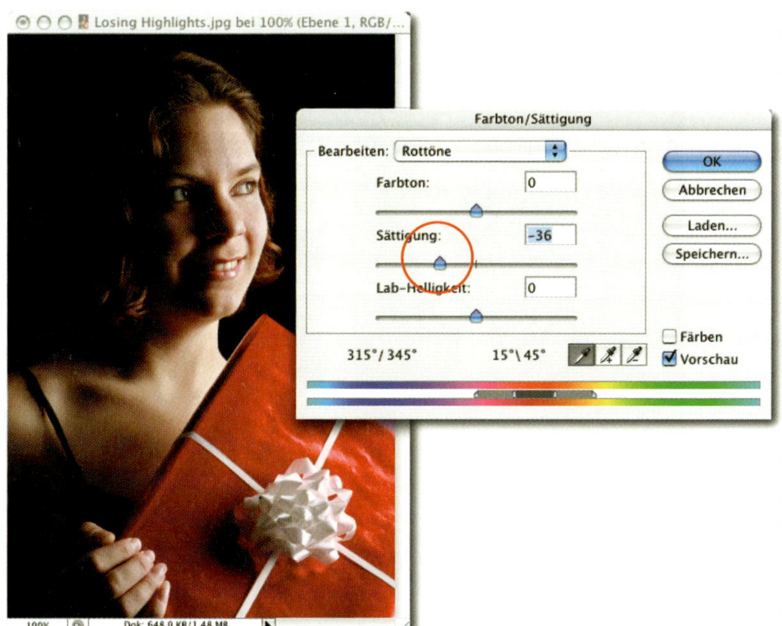

SCHRITT 10 **VORHER-NACHHER-BILD MIT ABGESCHWÄCHTEN LICHTERN**

Ziehen Sie so lange nach links, bis die Lichter zum Rest des Gesichts passen, klicken Sie dann auf OK, um die Bearbeitung zu benden. Links sehen Sie das Original, in dem das Gesicht auf der rechten Seite hell erleuchtet ist. Rechts sehen Sie die bearbeitete Version mit abgeschwächten Lichtern, wobei die Details in diesen Bereichen zurückgeholt wurden.

Vorher

Nachher

Rote Augen besser reparieren

DAS ROTE-AUGEN-WERKZEUG UND ALLE ANDEREN METHODEN WERDEN SIE NIE WIEDER VERWENDEN!

Ich bin kein großer Freund des Rote-Augen-Werkzeugs in Photoshop CS2, deshalb war ich auch so erpicht darauf, Dan Margulis' Trick zum Entfernen roter Augen mithilfe von Kanälen kennen zu lernen. Ich glaube, ich mag das Rote-Augen-Werkzeug nicht, weil es das rote Auge durch etwas ersetzt, das kaum besser ist – durch ein dunkelgraues Auge nämlich. Also müssen Sie immer noch ein wenig retuschieren, um das Problem vollständig zu beheben. Wenn Sie nicht wählerisch sind, ist das Werkzeug okay, aber bei einem einigermaßen scharfen Bild müssen Sie ohnehin nacharbeiten. Allerdings ist diese Kanälemethode fast genauso schnell, und ich finde, das Ergebnis sieht so natürlich aus, dass man die Retusche kaum erkennen kann.

SCHRITT 1 ÖFFNEN SIE EIN FOTO MIT ROTEN AUGEN

Öffnen Sie ein Foto, das mit den gefürchteten roten Augen geschlagen ist.

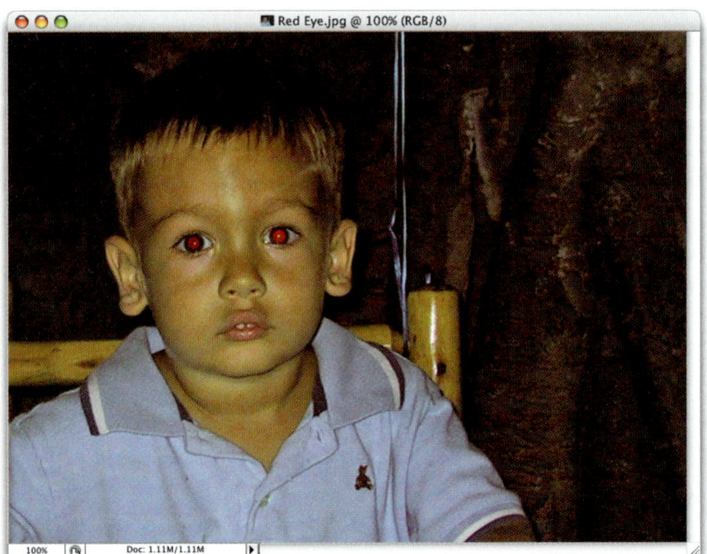

©MATT KLOSKOWSKI

SCHRITT 2 LEGEN SIE MIT DEM LASSO EINE LOSE AUSWAHL UM DIE AUGEN

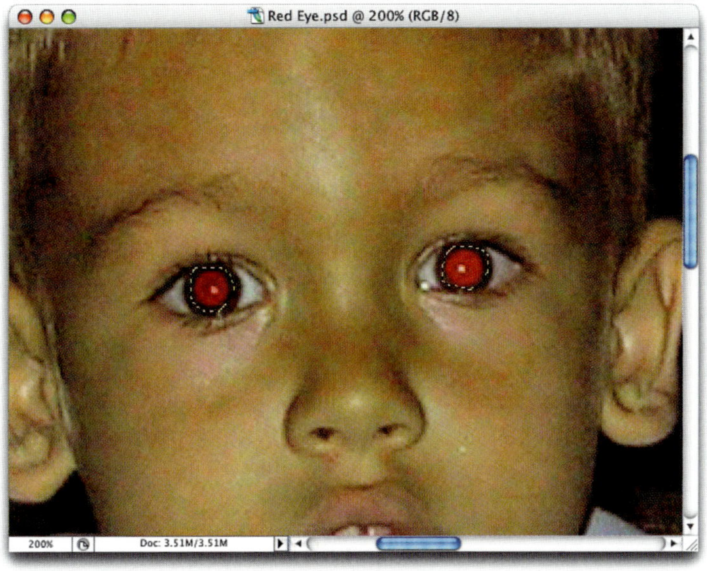

Vergrößern Sie die Augen mit dem Zoom-Werkzeug. Zeichnen Sie dann mit dem Lasso L eine lose Auswahl um den roten Bereich der Augen (wählen Sie ein Auge aus, halten Sie die ⇧-Taste gedrückt und wählen Sie das andere Auge aus). Wichtig ist hier das Wort »lose«. Verschwenden Sie Ihre Zeit nicht mit einer perfekten Auswahl, denn das ist nicht nötig.

SCHRITT 3 IM ROTEN KANAL ERKENNEN SIE, WO DER SCHADEN LIEGT

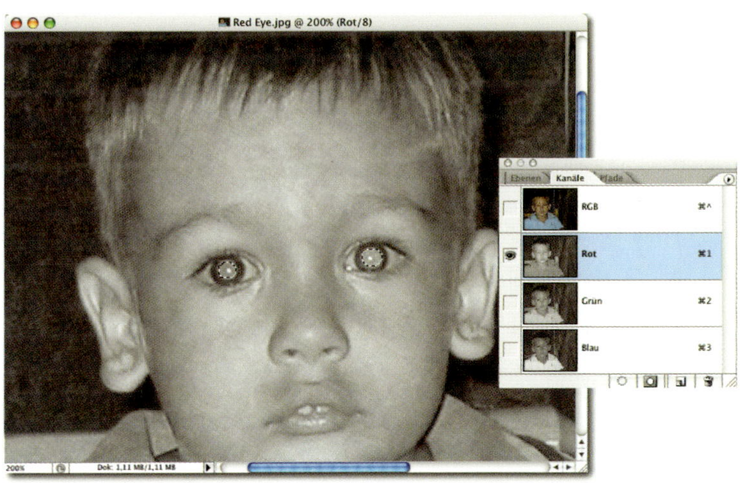

Dieser Schritt ist nicht unbedingt notwendig, aber hier können Sie etwas lernen. Und weil Sie ja dieses Buch gekauft haben, um zu lernen, können Sie auch den roten Kanal untersuchen, um zu sehen, wo der Hund begraben ist. Wieder ist es nicht notwendig, sich den Kanal anzuschauen, wenn Sie den Schritt machen, aber wo wir einmal da sind …

SCHRITT 4 BETRACHTEN SIE DEN GRÜNEN KANAL – HIER KOMMEN IHRE NEUEN AUGEN HER

Drücken Sie ⌘ + 2 (PC: Strg + 2), um nur den grünen Kanal zu betrachten. Sie werden feststellen, dass die Augen hier viel besser aussehen, und von hier werden wir sie auch »borgen«, wenn wir den defekten roten Kanal reparieren. Wieder ist es nicht nötig, den grünen Kanal zu betrachten. Sie können auch einfach annehmen, dass der rote defekt und der grüne die Rettung ist. Drücken Sie ⌘ + ^ (PC: Strg + ^), um zum RGB-Kanal zurückzukehren.

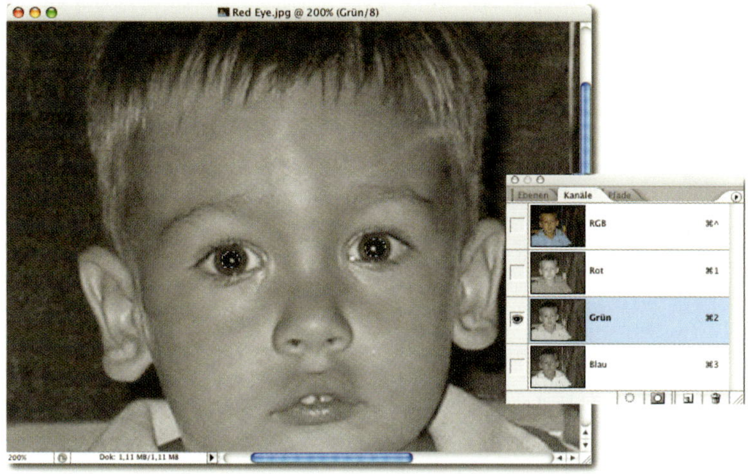

SCHRITT 5 BILDBERECHNUNGEN: GRÜNER KANAL, MODUS ABDUNKELN, DECKKRAFT 100%

Jetzt tauschen wir die Augen: Wählen Sie BILD/BILDBERECHNUNGEN. Wählen Sie den grünen Kanal, als Modus ABDUNKELN und stellen Sie die Deckkraft auf 100% ein. Klicken Sie dann auf OK.

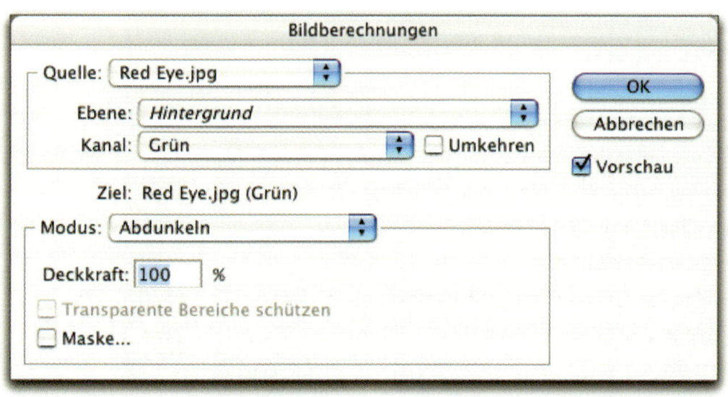

SCHRITT 6 **HEBEN SIE DIE AUSWAHL AUF – FERTIG**

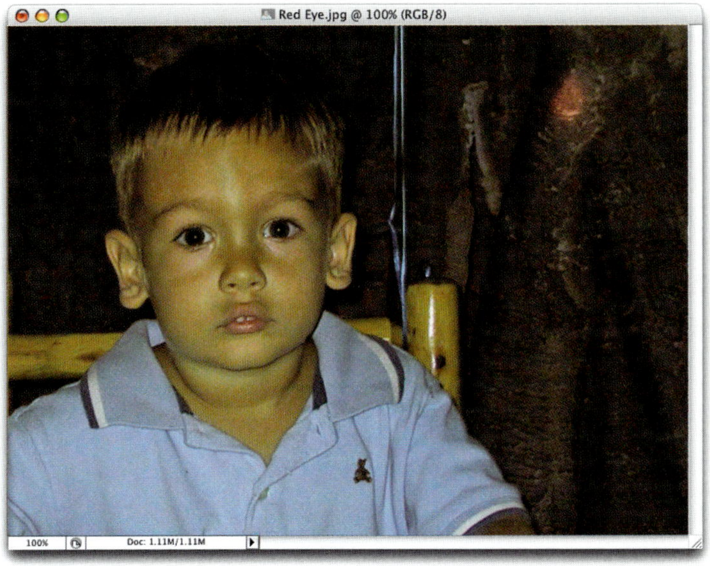

Ob Sie es glauben oder nicht – das war schon alles. Heben Sie die Auswahl auf (drücken Sie ⌘+D [PC: Strg+D]). Schauen Sie in die Augen. Prima, oder?

IHNEN GEFALLEN DIE LAB-TRICKS? SIE WOLLEN MEHR DARÜBER WISSEN?

Wenn Sie von den Lab-Tricks in diesem Kapitel genauso begeistert sind wie ich, dann sollten Sie sich das Buch von Dan Margulis besorgen: *Photoshop LAB Color* (Addison-Wesley, ISBN: 3-8273-2377-0). Ich glaube, es ist eines der wichtigsten Photoshop-Bücher, die jemals geschrieben wurden. Wenn die Lab-Aktionen in diesem Kapitel Ihr Interesse geweckt haben, öffnet Ihnen dieses fantastische Buch Tür und Tor und hebt Ihre Farbbearbeitung in Photoshop in eine neue Dimension.

Dan ist einer der wenigen Menschen, der in der digitalen Bildbearbeitung tatsächlich neue Wege geht, und was er mit Lab-Farbe anstellt, ist wirklich erstaunlich.

Ich hätte dieses Kapitel ohne Dans Hilfe nie schreiben können (die meisten der Techniken in diesem Kapitel habe ich direkt von ihm gelernt). Ich danke Dan dafür, dass er sich die Zeit genommen hat, diese tollen Techniken an mich weiterzugeben, und es mir wiederum gestattete, sie hier zu beschreiben.

Schadet der Wechsel zu Lab-Farbe meinem Bild?

Überhaupt nicht – Sie können von RGB zu Lab-Farbe und zurückwechseln, so oft Sie wollen, ohne dass Ihrem Bild etwas passiert.

Angeblich kann man mit Bildberechnungen zwei Bilder kombinieren oder in einer Collage zusammenfassen. Aber auch bei zwei geöffneten Bildern ist eines davon in der Dialogbox nicht zu sehen. Wieso?

Die beiden Bilder müssen exakt dieselbe Größe und Auflösung haben, dann sehen Sie das zweite Bild auch im Popup-Menü Quelle. Übrigens: Bildberechnungen ist ziemlich genau dasselbe, was mit den Füllmethoden in der Ebenen-Palette geschieht, nur dass Sie verschiedene Kanäle Ihres Quellbilds auswählen können.

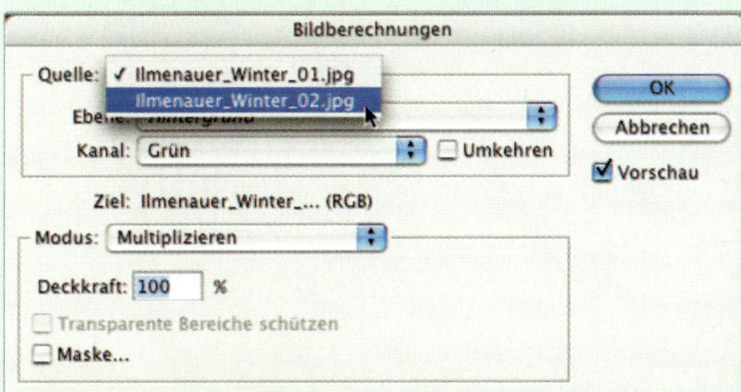

Wenn ich die Farbbereichsregler verwende, sieht mein Bild sehr ausgefranst aus. Ist da etwas verkehrt?

Mit Sicherheit. Sie haben vergessen, die »Regler zu teilen«. Drücken Sie dazu die ⌥-Taste (PC: Alt), bevor Sie auf den Regler klicken und ziehen.Wenn Sie ziehen, ohne diese Taste zu drücken, werden die Übergänge nicht sanft, sondern grob und ausgefranst.

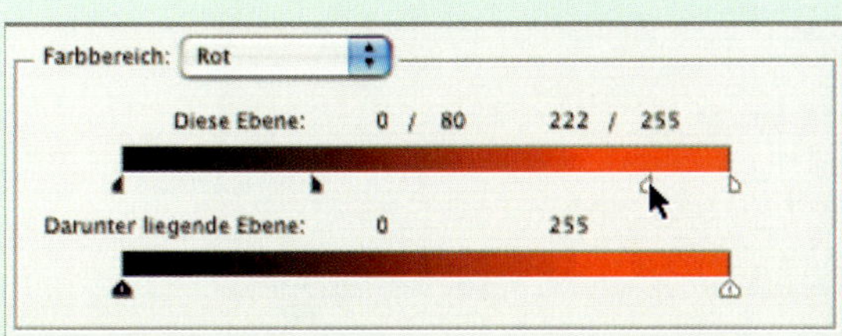

Gibt es eine Möglichkeit, nur bestimmte Kanäle miteinander zu vermischen, nicht alle?

Natürlich – wählen Sie einfach Fülloptionen aus dem Menü Ebeneneffekt hinzufügen unten in der Ebenen-Palette. Schalten Sie die Kanäle aus, die Sie nicht verwenden wollen (die Checkboxen sehen Sie in der Abbildung).

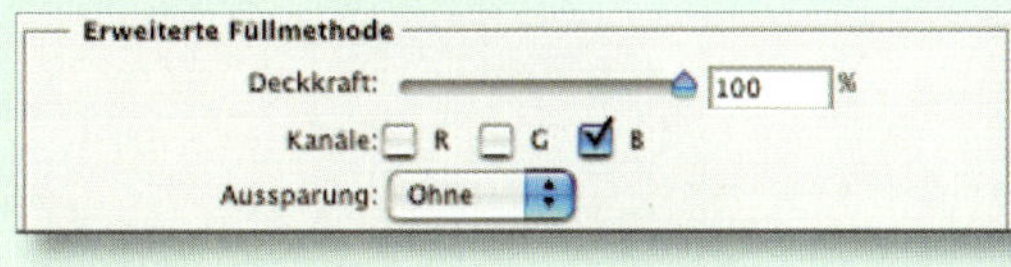

Gibt es eine Möglichkeit, die Kanäle als einzelne Dokumente zu speichern?

Jep. Wählen Sie einfach aus dem Palettenmenü der Ebenen-Palette den Befehl Kanäle teilen. Dadurch werden alle Ihre Kanäle (Farb- und Alpha-Kanäle) in separate Graustufendokumente unterteilt.

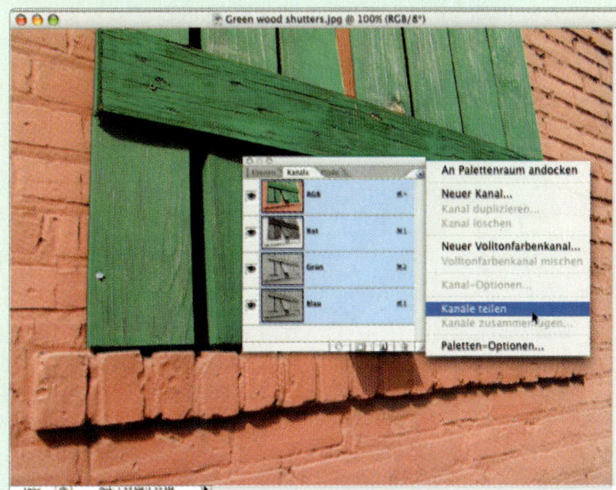

©ISTOCKPHOTO/JON STEPHENSON

Wird beim Speichern einer Auswahl mein aktueller Kanal gelöscht oder überschrieben?

Zum Glück nicht. Beim Speichern einer Auswahl entsteht jedes Mal ein neuer Kanal, Ihre vorhandenen Kanäle sind also sicher.

Wie spricht man das: »Lab« (wie in Labor) oder L-A-B?

LAB – genau wie RGB oder CMYK, man spricht die Buchstaben einzeln.

300
400
6
MHz 4-43
3
4
5
ACTUAL PIXELS
FIT SCREEN
PRINT SIZE
RED
GREEN
BLUE
CHANNELS
NEW CHANNEL
DUPLICATE CHANNEL
DELETE CHANNEL
MERGE CHANNELS
PALETTE OPTIONS

Scharfzeichnen mit Kanälen

Gut, zuerst muss ich einräumen, dass der Titel dieses Kapitels vielleicht etwas Falsches verspricht. »Kanäle zum Scharfzeichnen benutzen« wäre vermutlich besser, denn darum geht es eigentlich in diesem Kapitel. Warum ich das nicht geändert habe? Ich meine, es wäre ja nicht schwer gewesen, einfach den Text zu markieren und einen neuen einzutippen, oder? Wenn es nur so einfach wäre … ihr Leute mit euren langen Haaren, euren Freundschaftsringen und lauter Rock'n Roll-Musik – Ihr denkt auch, man muss nur einmal mit der Maus klicken und alles nimmt seinen Gang. Aber ich kann mich noch an Zeiten erinnern, als wir noch nicht mal Mäuse hatten und jede Textzeile mit Korrekturband ändern mussten. Damals war alles einfacher (außer, wenn das Band zu Ende war). Zu jener Zeit brauchten wir auch noch keine Kanäle. Wir waren mit Bitmap-Bildern zufrieden und speicherten unsere Dateien als PICTs. Aber euch reicht das heute ja nicht mehr. Ihr seid verwöhnt. Ihr wisst doch gar nicht mehr, wie man ohne Scharfzeichnen auskommt, wie das ist, mit unscharfen und verwaschenen Bildern leben zu müssen. Und mit diesen vielen verrückten Sachen wie LAB-Scharfzeichen, Scharfzeichnen in mehreren Durchgängen und Selektivem Scharfzeichnen werdet ihr das Hochgefühl nie kennen lernen, wenn man mit klebrigen Händen und dem Geruch von frischem Korrekturband in der Nase aufwacht.

Störungen vermeiden

SO VERMEIDEN SIE VERSTÄRKTE STÖRUNGEN, INDEM SIE DREI VERSCHIEDENE KANALTECHNIKEN EINSETZEN

Störungen nerven. Bei klassischen Filmkameras sprachen wir noch von Filmkörnung, jetzt, in der digitalen Bildbearbeitung, heißt das jedoch Störung (oder Bildrauschen). Im Grunde ist es dasselbe und auch unser Ziel bleibt gleich – Störungen zu vermeiden.

So ärgerlich Störungen allein schon sind, es gibt etwas, das alles noch schlimmer macht – wenn man sie scharfzeichnet. Im Ernst. Beim Scharfzeichnen wird alles scharfgezeichnet, auch die Störungen, und meist werden sichtbare Störungen dadurch noch schlimmer. Deshalb beginnen wir dieses Kapitel, indem ich Ihnen drei Techniken zeige, mit denen Sie Störungen minimieren können, während Sie so stark wie möglich scharfzeichnen. Und alles funktioniert mithilfe von Kanälen.

Jetzt wissen Sie also, worum es geht – um die Fähigkeit, Fotos so gut wie möglich scharfzuzeichnen, während Sie (so weit wie möglich) verhindern, dass die im Bild enthaltenen Störungen noch schlimmer werden. Zum Glück ist das einfacher, als Sie denken (dank Kanälen).

SCHRITT 1 ÖFFNEN SIE DAS FARBFOTO, DAS SIE SCHARFZEICHNEN WOLLEN

Öffnen Sie das Foto, das Sie scharfzeichnen wollen. Gleichzeitig wollen Sie die Störungen vermeiden, die in allen Kanälen auftreten können.

©SCOTT KELBY

SCHRITT 2 KLICKEN SIE AUF DEN ROTEN KANAL UND ANSCHLIESSEND ⇧-KLICKEN SIE AUF DEN GRÜNEN KANAL

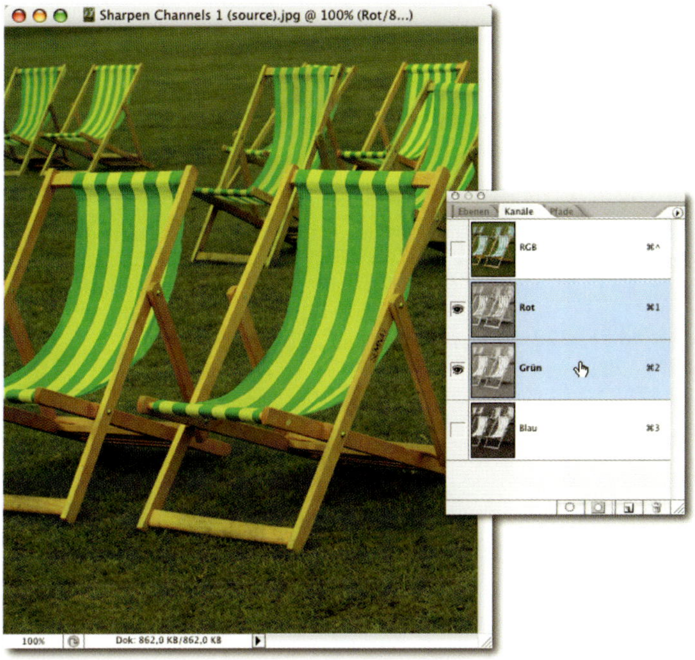

Der blaue Kanal ist meist der mit den meisten Störungen, deswegen werden wir in der ersten Technik den blauen Kanal gar nicht erst scharfzeichnen. Dadurch würden die Störungen nur offensichtlicher. Also wenden Sie die Scharfzeichnung nur auf den roten und den grünen Kanal an, das lässt sich auch gleichzeitig erledigen. Aktivieren Sie darum in der Kanäle-Palette den roten Kanal, ⇧-klicken Sie auf den grünen, so dass beide gleichzeitig ausgewählt sind. (Indem Sie die ⇧-Taste halten, können Sie weitere Kanäle zum aktiven hinzufügen.)

SCHRITT 3 WENDEN SIE DIE SCHARFZEICHNUNG AUF DIESE KANÄLE AN, DRÜCKEN SIE DIE ^-TASTE FÜR EINE VORSCHAU

Nun können Sie die Scharfzeichnung auf die beiden eben ausgewählten Kanäle anwenden (den roten und den grünen) und damit den blauen vollkommen auslassen. Dennoch ist es hilfreich, das gesamte Bild als Vorschau zu sehen, obwohl nur die beiden Kanäle aktiv sind. Drücken Sie darum die Taste ^. Wählen Sie FILTER/SCHARFZEICHNUNGSFILTER/UNSCHARF MASKIEREN, in Photoshop CS2 können Sie auch den Filter SELEKTIVER SCHARFZEICHNER anwenden. Hier sehen Sie einige Beispieleinstellungen (meine Lieblingswerte).

SCHRITT 4 VORHER-/NACHHER-VERSION DES BILDS: SCHARFZEICHNEN UNTER AUSLASSUNG DES BLAUEN KANALS

Links sehen Sie das Originalbild, rechts die scharfgezeichnete Version, wobei nur der rote und der grüne Kanal bearbeitet wurden. Nun lassen Sie uns eine weitere Technik betrachten, bei der Störungen vermieden werden.

Vorher

Nachher

SCHRITT 5 BEI DAMENPORTRÄTS BENUTZEN WIR EINE ANDERE SCHARFZEICHNUNGSMETHODE

Diese Technik ist gut zum Scharfzeichnen von Frauenporträts geeignet, denn dabei vermindern Sie nicht nur die Störungen im blauen Kanal, sondern Sie fügen auch keine Strukturen zur Haut hinzu. Denn das wollen wir ja bei Porträts vermeiden. Beginnen Sie also mit einem Frauenporträt. Öffnen Sie es.

SCHRITT 6 DER BLAUE KANAL ENTHÄLT NICHT NUR STÖRUNGEN, AUCH DIE HAUTSTRUKTUR SIEHT ÜBEL AUS

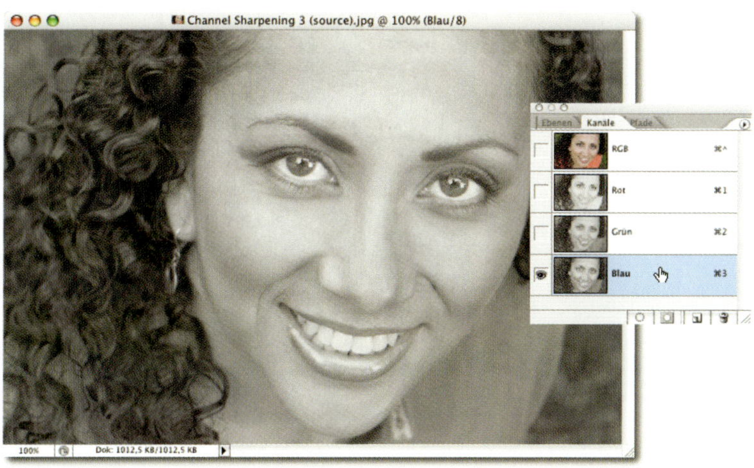

Damit Sie verstehen, warum wir uns die zusätzliche Arbeit machen und die anderen Kanäle auslassen, klicken Sie auf den blauen Kanal (siehe Abbildung). Sehen Sie all die Störungen und die Strukturen auf der Haut? Genau. Deshalb wollen wir diesen Kanal nicht verwenden.

SCHRITT 7 DER GRÜNE KANAL HAT WENIGER STÖRUNGEN, ABER IMMER NOCH STARKE STRUKTUREN

Wo wir schon mal da sind, betrachten Sie den grünen Kanal. Zwar sehen Sie hier weniger Störungen, aber dafür viele Strukturen auf der Haut, die nach dem Scharfzeichnen noch deutlicher zum Vorschein kommen. Also sollten wir auch diesen Kanal vermeiden.

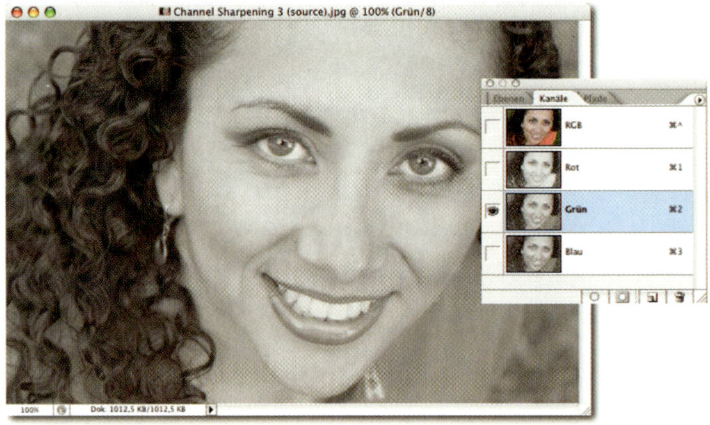

SCHRITT 8 DER ROTE KANAL ENTHÄLT NUR WENIGE STÖRUNGEN UND STRUKTUR, ALSO ZEICHNEN WIR IHN SCHARF

Klicken Sie also in Frauenporträts immer zuerst auf den roten Kanal, bevor Sie Ihre Scharfzeichnung anwenden. So vermeiden Sie, dass die Strukturen aus dem grünen und die Störungen aus dem blauen Kanal verstärkt werden.

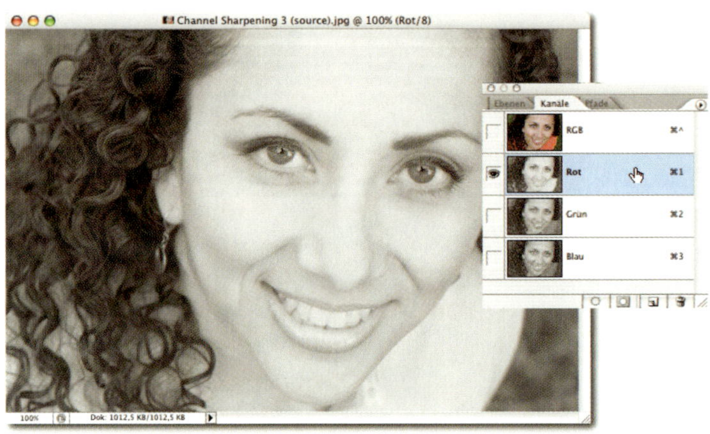

SCHRITT 9 DAS FERTIGE BILD, NACHDEM NUR DER ROTE KANAL SCHARFGEZEICHNET WURDE

Hier sehen Sie das Ergebnis, nachdem nur der rote Kanal scharfgezeichnet wurde. Sie sehen, dass die Scharfzeichnungen auf der Haut nur sehr sparsam zu erkennen sind, die Haare, Augenbrauen und Augen sind aber gut schärfer geworden. (Und das, obwohl ich den SELEKTIVEN SCHARFZEICHNER mit denselben Einstellungen wie im vorherigen Beispiel angewendet habe.)

SCHRITT 10 DAS WÄRE PASSIERT, HÄTTEN WIR DAS GESAMTE RGB-BILD SCHARFGEZEICHNET

Um Ihnen den Unterschied zu demonstrieren, habe ich denselben Filter einmal auf das gesamte Bild angewendet (nicht nur auf den roten Kanal). Sie sehen, dass die Struktur auf der Haut viel offensichtlicher ist (was bei Frauenporträts nicht gerade erwünscht ist). Ich meine, der Unterschied ist riesig, aber das Bild ist nur ein Bildschirmfoto und dabei noch recht klein – wenn Sie also wenig erkennen, muss das nicht viel bedeuten. Auf dem Bildschirm und im Ausdruck sind die Unterschiede deutlich, probieren Sie diese Technik selbst einmal aus.

SCHRITT 11 WENN SIE DIE DATEI DRUCKEN WOLLEN: ZUERST IN CMYK UMWANDELN

Auch mit dieser Methode können Sie Störungen reduzieren: Allerdings werden Sie diese Technik nur dann einsetzen, wenn Sie das Bild zur Ausgabe auf einer Druckmaschine separieren. Falls Sie das tun, warten Sie mit dem Scharfzeichnen, bis Sie das Bild in den CMYK-Modus umgewandelt, alle Farbkorrekturen und Bildbearbeitungen abgeschlossen haben und das Bild nur noch speichern müssen (das Scharfzeichnen ist immer das Allerletzte, was Sie mit einem Bild anstellen, bevor Sie die Datei speichern). Im CMYK-Modus sehen Sie in der Kanäle-Palette jetzt vier Kanäle: Cyan, Magenta, Gelb und Schwarz.

©SCOTT KELBY

SCHRITT 12 AKTIVIEREN SIE DEN SCHWARZEN KANAL UND ZEICHNEN SIE IHN SCHARF

Sobald die Zeit zum Scharfzeichnen gekommen ist, klicken Sie in der Kanäle-Palette auf den schwarzen Kanal (in dem die meiste Details enthalten sind) und wenden Sie hier Ihre Scharfzeichnung an.

SCHRITT 13 INDEM SIE DEN SCHWARZEN KANAL SCHARFZEICHNEN, BLEIBEN DIE FARBEN UNVERÄNDERT

Indem Sie den schwarzen Kanal scharfzeichnen, vermeiden Sie Halos, Störungen und andere unangenehme Nebenwirkungen, die beim Scharfzeichnen von Farbkanälen entstehen können. Hier sehen Sie das fertige CMYK-Bild nach dem Scharfzeichnen.

SCHRITT 14 DAS PASSIERT, WENN SIE DAS GESAMTE BILD SCHARFZEICHNEN

Hier habe ich denselben Filter SELEKTIVER SCHARFZEICHNER mit denselben Einstellungen angewendet, dieses Mal jedoch auf das gesamte CMYK-Bild. Achten Sie auf die Halos auf dem Nummernschild und den Metallteilen und die Störungen auf Gras und Schotter.

Lab-Scharfzeichnen mal zwei

MIT LAB-FARBKANÄLEN STÖRUNGEN UND HALOS VERMEIDEN UND DOPPELT SCHARFZEICHNEN

Auch diese Technik zeigte mir Dan Margulis (der King der Lab-Farben) und sie eignet sich ausgezeichnet, um die maximale Scharfzeichnung zu erreichen (durch zweifache Anwendung des Unscharf-Maskieren-Filters, allerdings mit völlig unterschiedlichen Einstellungen), und das ohne die Farben zu verändern oder Störungen zu verursachen.

Diese Technik funktioniert deshalb so gut, weil Sie beide Scharfzeichnungsstufen nur auf die Luminanz des Bilds anwenden (den Helligkeitskanal, in dem alle Details enthalten sind). Damit zeichnen Sie die Farben im Bild nicht scharf (die in den »a«- und »b«-Kanälen zu finden sind). Durch das Auslassen der Farbkanäle können Sie stärker scharfzeichnen als in einem RGB-Bild, ohne das Bild zu beschädigen.

SCHRITT 1 WANDELN SIE DAS BILD IN DEN LAB-MODUS UM

Öffnen Sie das Bild, das Sie in zwei Stufen scharfzeichnen wollen. Wählen Sie Bild/Modus/Lab-Farbe (wie hier zu sehen). Diese Aufnahme von meinem Kollegen bei *Photoshop TV*, Matt Kloskowski, habe ich in Nikko, Japan, fotografiert. (Natürlich hat das überhaupt nichts mit der Technik zu tun, aber ich dachte mir, dass Sie sich vielleicht fragen: »Hey, ist das nicht Matt?« oder »Woher hat der Typ die Adobe-Mütze?« … oder etwas in der Preislage.)

SCHRITT 2 DRÜCKEN SIE ⌘+⌥+1 (PC: Strg+Alt+1), UM DEN HELLIGKEITSKANAL ALS AUSWAHL ZU LADEN

Jetzt laden wir den Helligkeitskanal als Auswahl (denn wir arbeiten ja im Lab-Modus, also sind alle Details im Helligkeitskanal enthalten; außerdem gibt es noch die Kanäle »a« und »b«). Um den Helligkeitskanal als Auswahl zu laden, drücken Sie ⌘+⌥+1 (PC: Strg+Alt+1).

SCHRITT 3 KEHREN SIE NUN DIE AUSWAHL UM UND BLENDEN SIE DIE AUSWAHLKANTEN AUS

Wenn Sie die Auswahl getroffen haben, kehren Sie sie um. Wählen Sie dazu AUSWAHL/AUSWAHL UMKEHREN (oder drücken Sie einfach ⌘+⇧+I [PC: Strg+⇧+I]). Wir wollen die Auswahl zwar beibehalten, aber ausblenden (so können wir beurteilen, wie die Scharfzeichnung wirkt, ohne durch die Auswahlkante abgelenkt zu sein). Drücken Sie also ⌘+H (PC: Strg+H).

SCHRITT 4	**AKTIVIEREN SIE DEN HELLIGKEITSKANAL IN DER KANÄLE-PALETTE**

Jetzt, da Ihre Auswahl ausgeblendet ist, klicken Sie in der Kanäle-Palette auf den Helligkeitskanal. Die Scharfzeichnung werden wir nur auf diesen einen Kanal anwenden. Dadurch werden die Farbkanäle nicht scharfgezeichnet, was (wie Sie ja wissen) zu den meisten Problemen führt. Der große Vorteil dieser Scharfzeichnung ist, dass wir stärker scharfzeichnen können, ohne das Bild zu zerstören, weil wir von vornherein viele Problembereiche meiden.

SCHRITT 5	**JETZT SETZEN WIR DEN FILTER UNSCHARF MASKIEREN EIN**

Jetzt können wir den Filter Unscharf maskieren das erste Mal anwenden (zu finden unter Filter/Scharfzeichnungsfilter).

SCHRITT 6 ZEICHNEN SIE ZUM ERSTEN MAL SCHARF: STÄRKE: 500%, RADIUS: 1, SCHWELLENWERT: 2

Wählen Sie im Unscharf-maskieren-Dialog folgende Einstellungen: Stärke 500%, Radius 1 und Schwellenwert 2 Stufen. Klicken Sie auf OK. Damit wenden Sie auf den Helligkeitskanal eine gute, solide Scharfzeichnung an.

SCHRITT 7 ZWEITER DURCHGANG: STÄRKE: 500%, RADIUS ERHÖHEN, BIS DIE FORM WIEDER STIMMT

Für die zweite Scharfzeichnungsstufe öffnen Sie wieder den Filter UNSCHARF MASKIEREN. Lassen Sie die Stärke bei 500%, ziehen Sie aber dann den Radius-Regler ganz nach links. Erhöhen Sie den Radius langsam, bis die Form wieder ins Gesicht zurückkehrt. Diese zweistufige Scharfzeichnung eignet sich gut für hoch auflösende Bilder. Bei diesen wird der Wert für den Radius zwischen 15 und 30 Pixel liegen.

SCHRITT 8	VERRINGERN SIE DIE STÄRKE NUN AUF 50–60%, KLICKEN SIE AUF OK

Wenn die Schärfe in das Gesicht der Person zurückkehrt (bzw. in das Objekt, das fotografiert wurde), verringern Sie die Stärke auf einen Wert zwischen 50 und 60% (schauen Sie, welcher am besten zu Ihrem Bild passt). Klicken Sie dann auf OK.

SCHRITT 9	HEBEN SIE DIE AUSWAHL AUF UND KEHREN SIE ZUM LAB-KANAL ZURÜCK

Drücken Sie nun ⌘ + D (PC: Strg + D), um die Auswahl aufzuheben. Vergessen Sie das nicht – schließlich haben Sie die Scharfzeichnung auf eine vorher geladene Auswahl angewendet und diese besteht so lange, bis Sie sie aufheben. Klicken Sie in der Kanäle-Palette wieder auf den Lab-Kanal oder drücken Sie ⌘ + ^ (PC: Strg + ^), um zum vollfarbigen Bild zurückzukehren.

SCHRITT 10 HIER SEHEN SIE DAS BILD VOR UND NACH DER ZWEISTUFIGEN LAB-SCHARFZEICHNUNG

Hier sehen Sie das Bild, bevor und nachdem es mit der zweistufigen Lab-Technik scharfgezeichnet wurde – oben das Original vor der Scharfzeichnung, unten das in zwei Durchgängen scharfgezeichnete Foto.

Vorher

Nachher

Kantenmasken im Alpha-Kanal

GESTOCHEN SCHARFE BILDER ERZEUGEN SIE, INDEM SIE MITHILFE EINER MASKE NUR DIE KANTEN SCHARFZEICHNEN

Diese Technik basiert auf der Theorie, dass Sie Bereiche im Bild unberührt lassen und nur die sichtbaren Kanten scharfzeichnen.

Im Grunde bearbeiten Sie ein paar Kanäle, so dass die kontrastreichen Kanten deutlich werden. Wenn sie einmal so prominent sind, benutzen Sie sie als Maske und zeichnen diese scharf. Das ist einfacher, als es klingt, denn ein Photoshop-Filter erledigt die meiste Arbeit für Sie, indem er die deutlichsten Kanten findet und nachzeichnet. Ist das einmal erledigt, ist der Rest ein Kinderspiel.

SCHRITT 1 ÖFFNEN SIE EIN FARBFOTO MIT VIELEN KANTEN

Öffnen Sie zuerst das Foto, das stark scharfgezeichnet werden soll. (Ich verwende diese Technik immer dann, wenn ein Foto sehr stark scharfgezeichnet werden muss oder wenn es viele Kanten enthält, wie in diesem Beispiel, also wenn es eine starke Scharfzeichnung verkraftet. Ein Hundebaby würde ich mit dieser Technik nicht scharfzeichnen, wenn Sie verstehen, was ich meine.)

©SCOTT KELBY

SCHRITT 2 WÄHLEN SIE ALLES AUS UND KOPIEREN SIE DAS FOTO IN DEN ZWISCHENSPEICHER

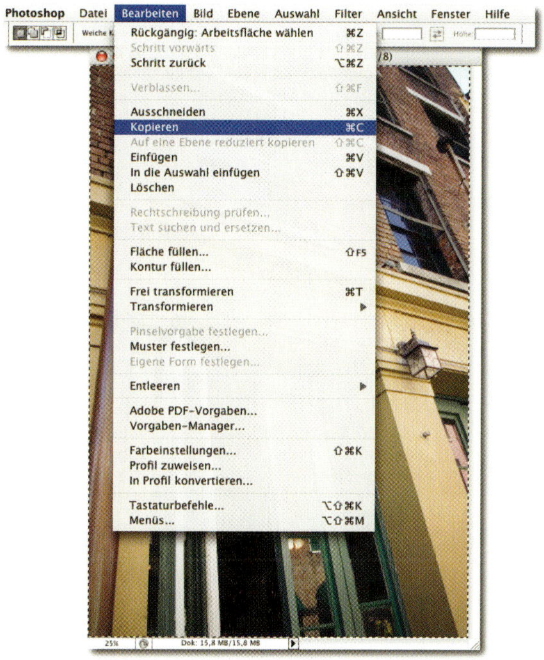

Drücken Sie ⌘ + A (PC: Strg + A), um das gesamte Bild auszuwählen. Kopieren Sie es dann mit ⌘ + C (PC: Strg + C) in den Zwischenspeicher.

SCHRITT 3 FÜGEN SIE EINEN NEUEN ALPHA-KANAL HINZU, FÜGEN SIE IHR BILD DORT EIN

Klicken Sie in der Kanäle-Palette auf das Icon NEUEN KANAL ERSTELLEN. Wenn der neue Kanal auftaucht, drücken Sie ⌘ + V (PC: Strg + V), um Ihr Foto in diesen neuen Kanal einzufügen. Jetzt können Sie die Auswahl mit ⌘ + D (PC: Strg + D) aufheben.

SCHRITT 4 WENDEN SIE DEN FILTER KONTUREN FINDEN AN (STILISIERUNGSFILTER)

Folgender Plan: Wir lassen einen Filter auf diesen Alpha-Kanal los, damit die Kanten hervortreten. Dann betonen wir in ein paar Schritten die Konturen noch deutlicher. Später laden wir die Kanten als Auswahl und zeichnen alles scharf, was aus dem Bild hervorsticht – diese Stärke der Scharfzeichnung bekommen Sie nur so. Klingt gut? Ist es auch. Beginnen Sie also, indem Sie Filter/Stilisierungsfilter/Konturen finden wählen (wie hier zu sehen). Das war schon alles, eine Dialogbox hat dieser Filter nicht.

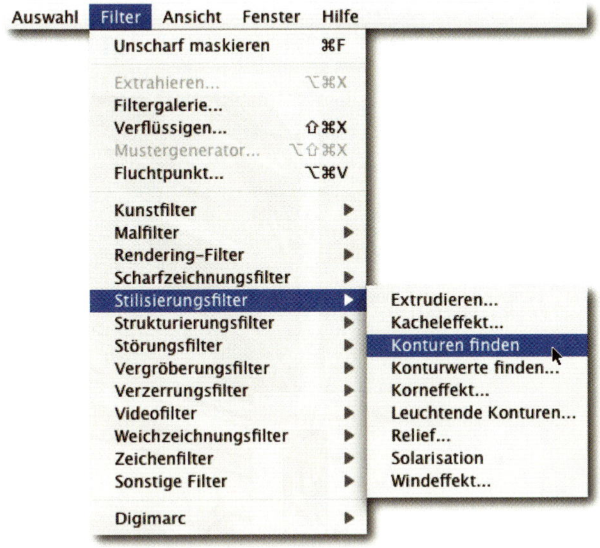

SCHRITT 5 HIER SEHEN SIE DAS ERGEBNIS, DER FILTER HAT DIE KONTUREN GEFUNDEN

Hier sehen Sie, was der Filter Konturen finden mit Ihrem Alpha-Kanal anstellt. Er hat wirklich alle Konturen gefunden (hab ich ja gleich gesagt ...). Wir wollen aber nicht jede kleine Kante im Bild scharfzeichnen, sonst hätten wir auch gleich 0-8-15 ein Unscharf maskieren über den Hintergrund legen können und fertig. Aber nein, wir wollen mehr. Wir wollen nur die dominanten Konturen, die mit dem höchsten Kontrast – sie sollen sichtbar bleiben und später messerscharf gezeichnet werden. Also los: Im nächsten Schritt überleben nur die schärfsten (Konturen).

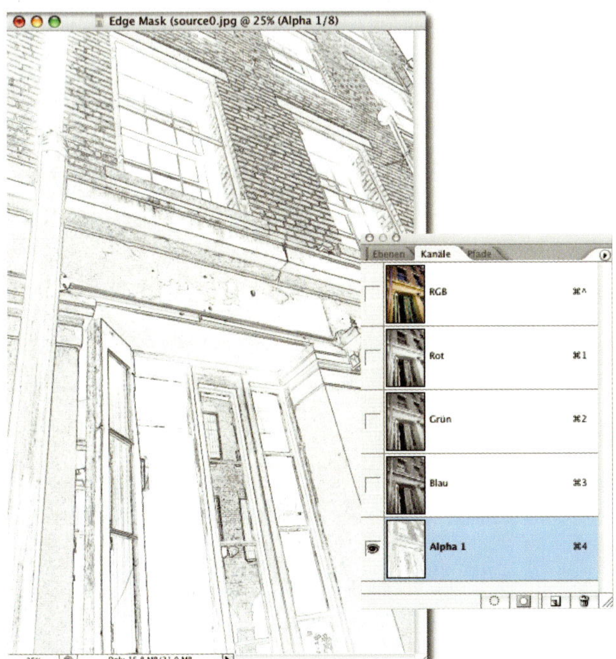

SCHRITT 6 ZU VIELE DUNKLE KONTUREN: HELLEN SIE SIE MIT TONWERTKORREKTUR AUF

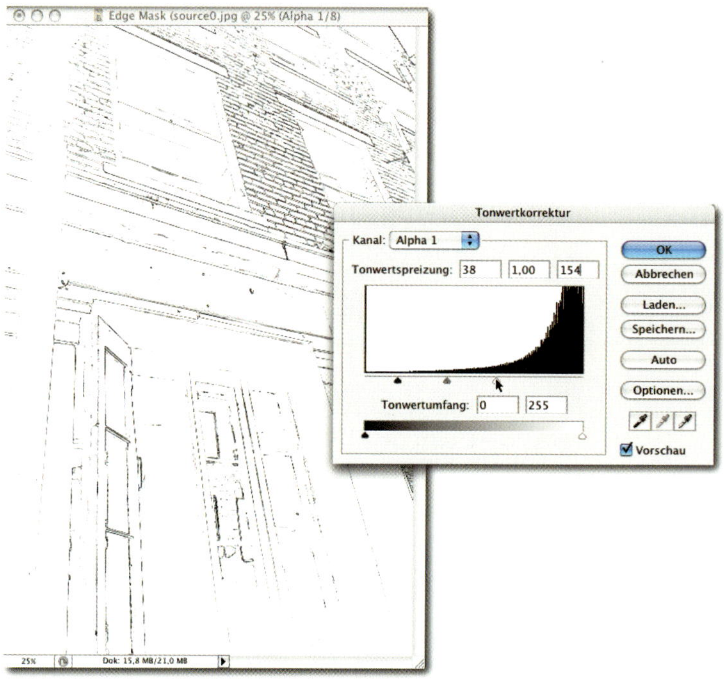

Um die weicheren Kanten loszuwerden, drücken Sie ⌘+L (PC: Strg+L) und öffnen Sie damit die Tonwertkorrektur-Dialogbox. Ziehen Sie den Schwarzpunktregler (links oben) und den Weißpunktregler (oben rechts) etwas zur Mitte. Dadurch verschwinden die schwächeren Kanten und die ohnehin stärkeren werden betont. Probieren Sie es aus, dann wissen Sie, was ich meine. Wenn es okay ist (also die Linien schärfer sind also vorher), klicken Sie auf OK.

SCHRITT 7 WÄHLEN SIE FILTER/WEICHZEICHNUNGSFILTER/GAUSSSCHER WEICHZEICHNER

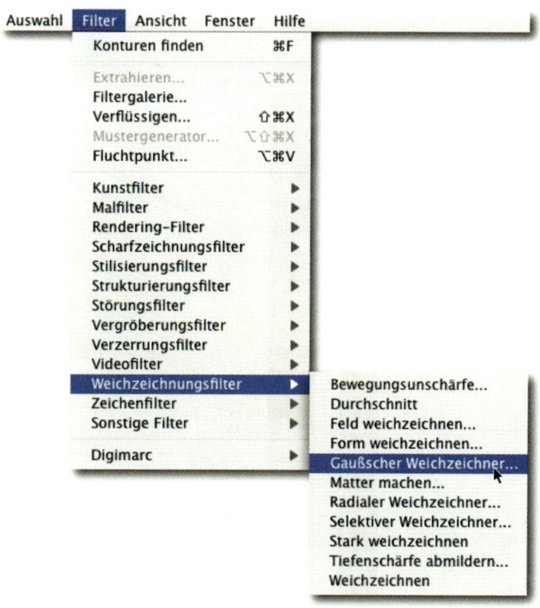

Ob Sie es glauben oder nicht: Um alles noch schärfer zu machen, werden wir den Alpha-Kanal zunächst weichzeichnen. Im nächsten Schritt entfernen wir die Weichzeichnung wieder, wodurch die offensichtlichen Linien noch schärfer werden. Wählen Sie also FILTER/WEICHZEICHNUNGSFILTER/GAUSSSCHER WEICHZEICHNER.

SCHRITT 8 ZEICHNEN SIE DEN ALPHA-KANAL ETWAS WEICH

Wenden Sie eine kleine Weichzeichnung an und klicken Sie auf OK. Bei dem hier gezeigten 240-ppi-Bild habe ich einen Radius von 2 Pixel verwendet. Die Weichzeichnung soll nur ganz leicht sein, übertreiben Sie es hier also nicht.

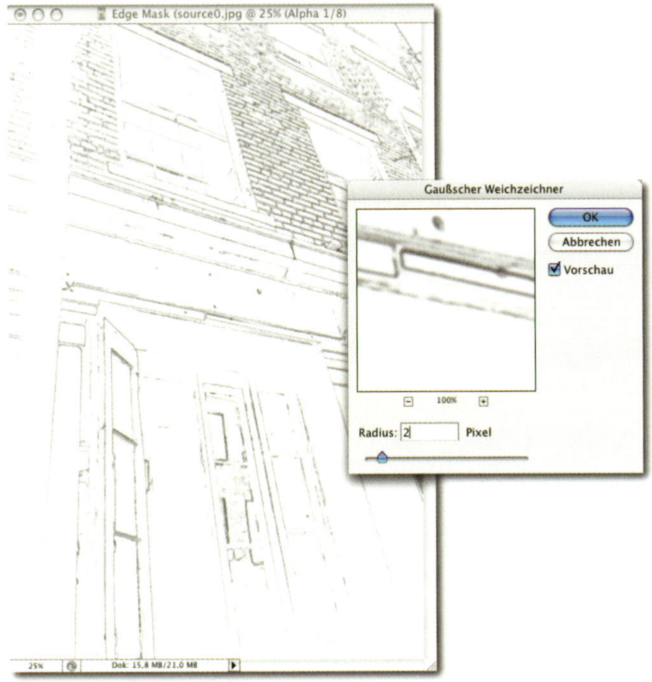

SCHRITT 9 TONWERTKORREKTUR: ZIEHEN SIE DIE REGLER ENGER ZUSAMMEN

Nun zurück zur Tonwertkorrektur. Ziehen Sie jetzt den Schwarz- und Weißpunktregler enger zusammen. Dabei verschwinden die hellsten Bereiche der Linien, nur die deutlichsten bleiben erhalten. Wenn das bei Ihnen so ähnlich wie in diesem Beispiel aussieht, klicken Sie auf OK.

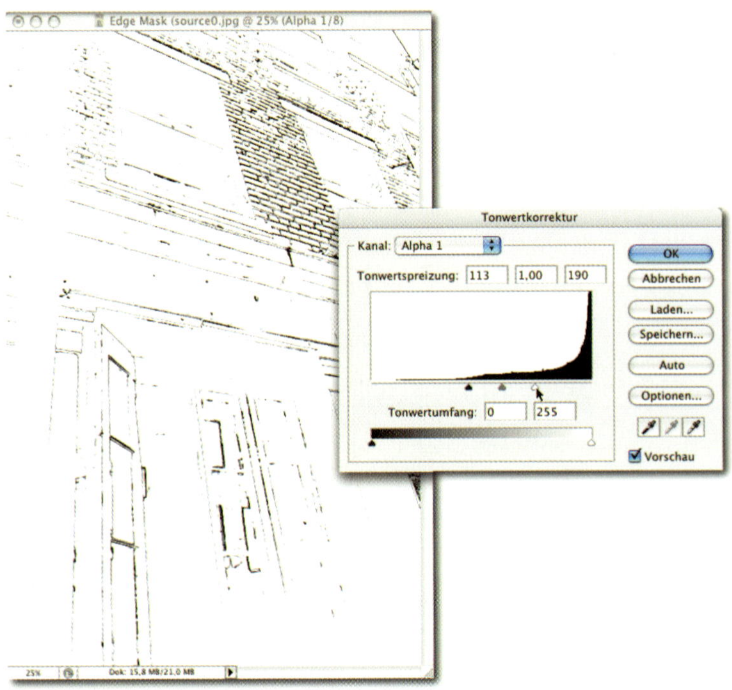

SCHRITT 10 KEHREN SIE NUN DEN ALPHA-KANAL UM

Ihr Alpha-Kanal ist nun bereit, als Konturenmaske eingesetzt zu werden (so nenne ich jetzt einfach den Alpha-Kanal, der nur aus den Kantenbereichen in Ihrem Bild besteht). Zuerst müssen wir jedoch die Maske umkehren. Wenn Sie sie nämlich so als Auswahl laden würden, würde alles außer den Kanten ausgewählt. Deshalb drücken Sie zuerst ⌘ + I (PC: Strg + I), um den Kanal umzukehren, so dass er weiß auf schwarz ist (wie in der Abbildung zu sehen).

SCHRITT 11 LADEN SIE DEN UMGEKEHRTEN KANAL ALS AUSWAHL

Laden Sie nun diese umgekehrte Konturenmaske als Auswahl. Klicken Sie dazu auf den Button Kanal als Auswahl laden unten in der Kanäle-Palette.

SCHRITT 12 KEHREN SIE ZUM RGB-KOMPOSIT ZURÜCK, BLENDEN SIE DIE AUSWAHL AUS

Nun, da Ihre Konturenmaske fertig ist, kehren Sie zum RGB-Kanal zurück. Jetzt sehen Sie, welche Bereiche durch die Maske scharfgezeichnet werden (wie hier zu sehen). Bevor Sie mit dem nächsten Schritt fortfahren, sollten Sie die Auswahlkanten ausblenden (die marschierenden Ameisen), denn die lenken auf dem Bildschirm zu sehr ab. Schließlich sollen Sie einschätzen, ob Sie stärker scharfzeichnen wollen oder nicht. Drücken Sie ⌘+H (PC: Strg+H), um die Kanten auszublenden.

SCHRITT 13 WENDEN SIE UNSCHARF MASKIEREN MIT GROSSER STÄRKE AUF DIE GEWÄHLTEN BEREICHE AN

Also, Ihre Konturenmaske sitzt an Ort und Stelle, die Auswahl haben Sie ausgeblendet – jetzt können wir scharfzeichnen, bis der Doktor kommt. Wählen Sie FILTER/SCHARFZEICHNUNGSFILTER/UNSCHARF MASKIEREN. Schieben Sie den Stärkeregler so weit nach rechts, bis er schreit (also bis Sie Strukturen und Formen sehen, die vorher noch nicht da waren. Sehen Sie die Struktur über der Tür und in den Steinen? Zum Weinen schön …) Wenn das Bild richtig schön scharf aussieht, klicken Sie auf OK, lehnen sich zurück und freuen sich.

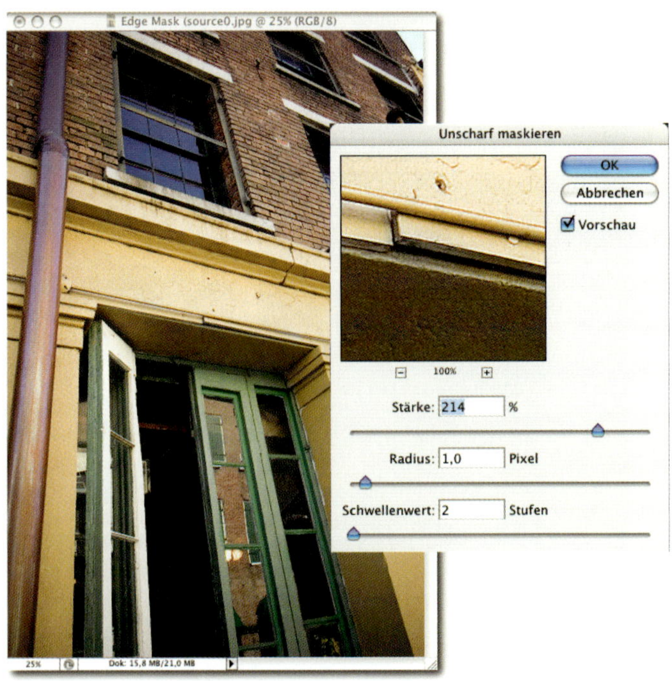

SCHRITT 14 **VORHER & NACHHER: LINKS DAS ORIGINAL, RECHTS MIT MASKE SCHARFGEZEICHNET**

Hier sehen Sie das Bild vorher und nachher, die unbearbeitete Version links, die mit Konturenmaske behandelte Version rechts.

Vorher

Nachher

Blau-Rauschen reduzieren

WIR KÖNNEN ES NICHT ENTFERNEN, SICHER ABER REDUZIEREN

Weiter vorn in diesem Kapitel besprachen wir Kanaltechniken, mit denen wir es vermeiden, Störungen beim Scharfzeichnen zu sehr zu betonen. Manchmal gibt es aber ein noch größeres Problem – die Störungen sind so sichtbar, dass wir sie aktiv reduzieren müssen, sonst lohnt sich das Scharfzeichnen nicht.

Und nun die schlechte Nachricht: Wir können die Störungen nicht entfernen. Die gute Nachricht ist, dass Photoshop gute Werkzeuge besitzt, die Störungen deutlich reduzieren können oder sie zumindest so bearbeiten, dass sie nicht mehr so sehr auffallen. Zwar können Störungen in jedem Farbkanal auftreten, aber meist ist der blaue Kanal am stärksten betroffen. Deswegen hat sich im Laufe der Zeit auch der Begriff »Blau-Rauschen« eingebürgert.

Oft nehmen Sie Fotos unter schlechten Lichtbedingungen auf oder benutzen hohe ISO-Werte, deshalb werden Sie schnell Störungen im blauen Kanal finden. Ein paar Tricks für den Kampf gegen Störungen kommen sicher gelegen.

SCHRITT 1 ÖFFNEN SIE EIN FOTO MIT SICHTBAREN STÖRUNGEN

Öffnen Sie ein Foto, in dem Sie Störungen reduzieren wollen. Zwar werden die Digitalkameras immer besser und sie produzieren nicht mehr so viele Störungen, dennoch werden Sie welche finden: (a) wenn Sie mit großer Belichtungszeit bei schlechten Lichtbedingungen arbeiten, (b) wenn Sie mit einer billigen Digitalkamera aufnehmen, (c) wenn Sie mit hohen ISO-Werten arbeiten. In diesem Beispiel habe ich eine preiswerte Kamera verwendet, deshalb weist der Himmel sichtbare Störungen auf. Vielleicht nicht unbedingt in dieser Größe, aber wir zoomen in Photoshop ins Bild, um die Störungen besser zu erkennen.

©KALEBRA KELBY

SCHRITT 2 ZOOMEN SIE INS BILD, UM DIE STÖRUNGEN ZU SEHEN

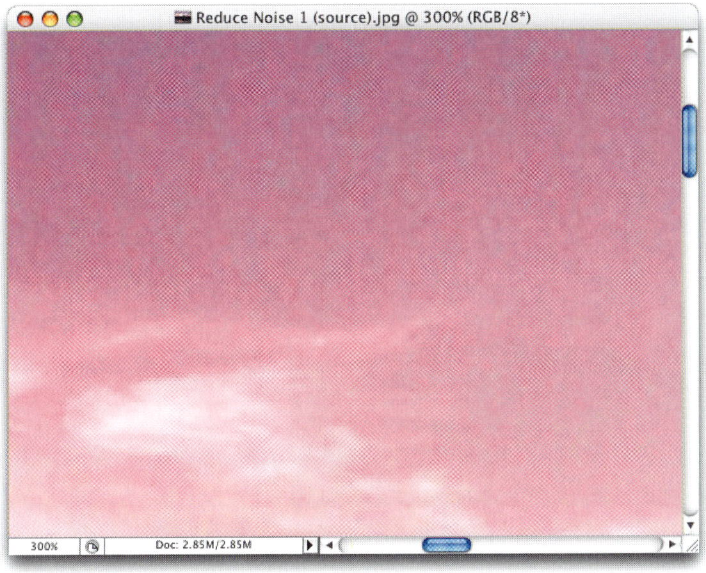

Hier, bei einer Zoomstufe von 300%, erkennen Sie sie deutlich. Ich hoffe, Sie können die Störungen auch in diesem kleinen Bildschirmfoto sehen (obwohl das selten so gut rüberkommt). Störungen sehen meist aus wie eine Reihe von roten, grünen und blauen Punkten in Ihrem Bild, und das an Stellen, die normalerweise glatt und rein aussehen sollten. Unser Ziel ist es also, die Störungen zu reduzieren, ohne auch alle Details im Foto zu beseitigen. Das ist nicht einfach, denn die meisten Techniken (und Filter) zeichnen das Bild weich.

SCHRITT 3 ÜBERPRÜFEN SIE JEDEN KANAL, UM DIE STÖRUNGEN ZU FINDEN (MEIST IM BLAUEN KANAL)

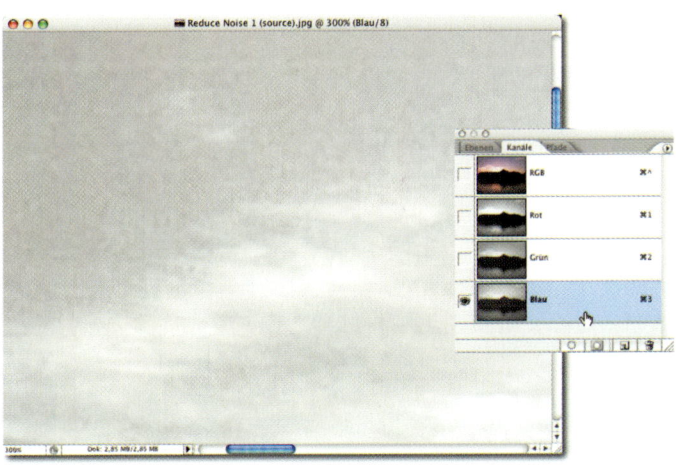

Bevor Sie einen Filter anwenden und dieses Problem in Angriff nehmen, untersuchen Sie zuerst alle drei Kanäle, um festzustellen, wo sich die Störungen befinden. Das ist besonders wichtig, denn meist liegen die Störungen in einem oder zwei Kanälen. Sie können also die meisten Details in Ihrem Bild behalten, indem Sie die Störungen nur kanalweise reduzieren, also nur den Kanal (oder die Kanäle) weichzeichnen, die Störungen enthalten. Fast sicher werden Sie die meisten Störungen im blauen Kanal finden.

SCHRITT 4 ÖFFNEN SIE DEN FILTER STÖRUNGEN REDUZIEREN (FILTER/STÖRUNGSFILTER)

Bei diesem Bild sind im roten Kanal wenige Störungen zu finden, im grünen sogar kaum welche. Wie erwartet weist der blaue Kanal die meisten Störungen auf. Zuerst werden wir die Störungen mit dem Filter Störungen reduzieren abmildern (wenn Sie nicht mit Photoshop CS2 arbeiten, müssen Sie gleich mit der zweiten Technik fortfahren, die auch mit früheren Photoshop-Versionen funktioniert). Klicken Sie also auf den RGB-Kanal und wählen Sie Filter/Störungsfilter/Störungen reduzieren. Im Standardmodus wird die Störungsreduktion auf das gesamte Bild angewendet. Das wollen wir jedoch nicht, denn die Störungen treten ja vor allem in einem Kanal auf.

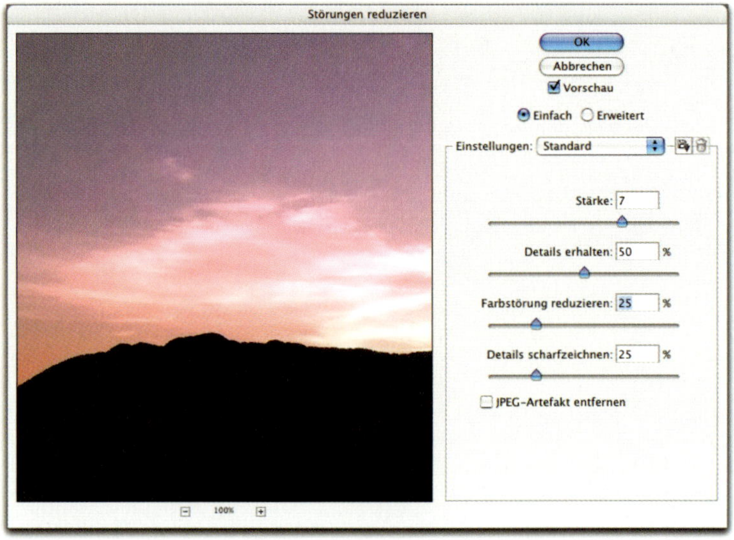

SCHRITT 5 WIR WOLLEN DIE REDUKTION NICHT AUF ALLE KANÄLE ANWENDEN, DESHALB STÄRKE: 0

Um so viele Details wie möglich zu erhalten, begrenzen wir die Bearbeitung auf die Kanäle, die Störungen enthalten. Dazu entfernen wir diese »generelle« Störungsreduktion, wir wählen also eine Stärke von 0 und stellen auch Farbstörungen reduzieren auf 0%. Jetzt reduzieren wir die Störungen nur da, wo sie auch auftreten.

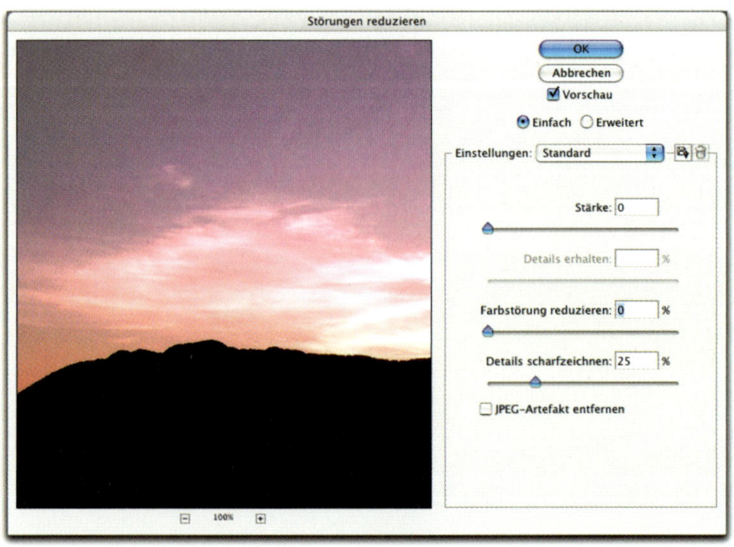

SCHRITT 6 KLICKEN SIE AUF DEN BUTTON ERWEITERT UND AUF PRO KANAL; WÄHLEN SIE NUN DEN BLAUEN

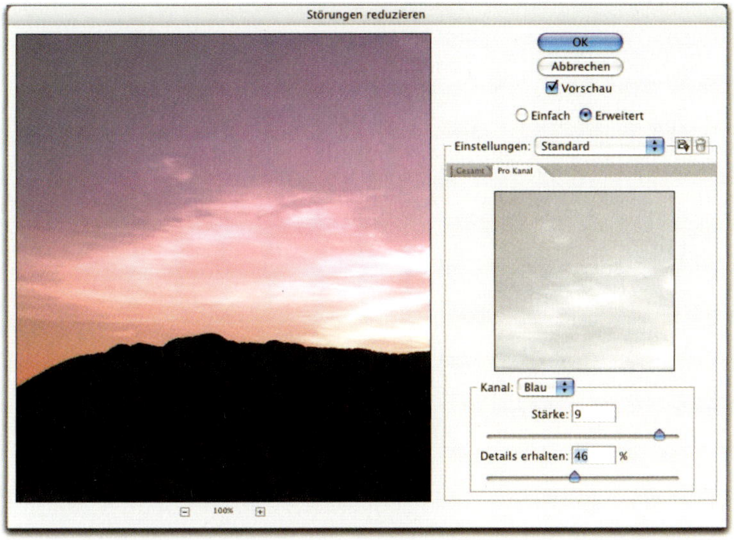

Klicken Sie auf den Radio-Button ERWEITERT (über das Popup-Menü Einstellungen). Es erscheint ein Reiter namens PRO KANAL. Klicken Sie darauf. Nun können Sie wählen, bei welchem Kanal Sie die Störungen reduzieren wollen. Wählen Sie BLAU aus dem Popup-Menü KANAL (wie hier zu sehen). Ziehen Sie jetzt den Stärke-Regler nach rechts. In der kleinen Vorschau sehen Sie nur den blauen Kanal; die große farbige Vorschau zeigt alle Kanäle gemeinsam. Der Schieberegler DETAILS ERHALTEN tut, was er sagt; Ihre Aufgabe ist es jetzt, die Stärke der Störungsreduktion im blauen Kanal so auszubalancieren, dass möglichst viele Details erhalten bleiben.

SCHRITT 7 PROBIEREN SIE DEN ROTEN KANAL, ERHÖHEN SIE DIE STÄRKE UND ERHALTEN SIE MÖGLICHST VIELE DETAILS

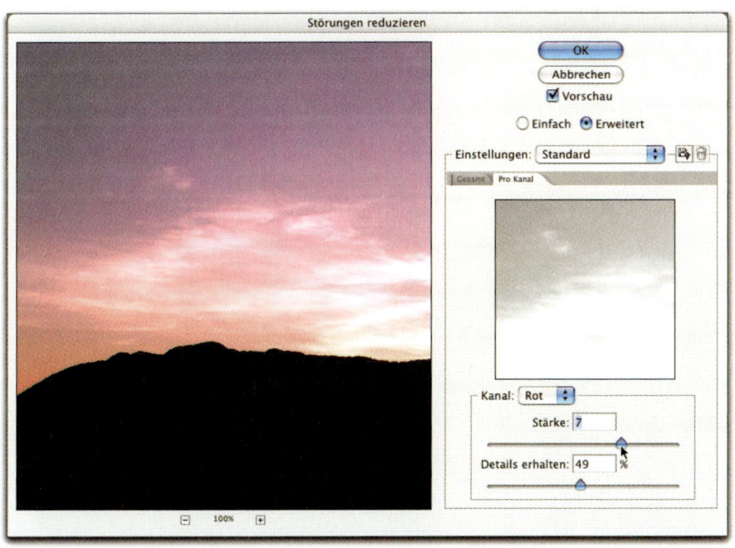

Auch im roten Kanal waren ein paar Störungen zu finden. Wenn Sie diese ebenfalls reduzieren wollen, wählen Sie ROT aus dem Kanal-Popup-Menü. Erhöhen Sie die STÄRKE, bis die Störungen weniger offensichtlich sind. Falls der rote Kanal zu unscharf wirkt, probieren Sie, den Wert für DETAILS ERHALTEN zu erhöhen, und reduzieren Sie die Stärke. Wieder liegt die Lösung irgendwo in der goldenen Mitte, so dass genug Störungen entfernt sind, aber möglichst viele Details erhalten bleiben. Das ist immer ein Kompromiss, denn eine gewisse Weichzeichnung ist unvermeidlich. Aber wenigstens haben Sie eine Chance.

SCHRITT 8 HIER SEHEN SIE DIE STÖRUNGSREDUKTION BEI ZWEI KANÄLEN BEI 300% VERGRÖSSERUNG

Wenn Sie auf OK klicken, werden die Störungen in einem oder zwei ausgewählten Kanälen reduziert (ob Sie den roten Kanal auch bearbeiten, bleibt Ihnen überlassen). Hier sehen Sie den Himmel, nachdem die Störungen reduziert wurden. Ich hoffe, das ist in der Abbildung zu erkennen, denn in voller Größe ist die Reduzierung offensichtlich.

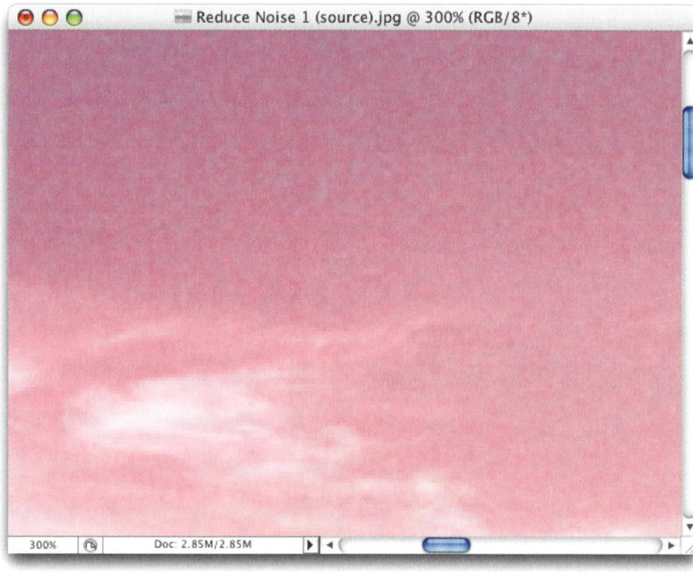

SCHRITT 9 FERTIGES BILD MIT REDUZIERTEN STÖRUNGEN

Hier sehen Sie das gesamte Bild. Wenn Sie sich die Datei herunterladen und die Technik selbst ausprobieren, wird die Störungsreduzierung auf dem Bildschirm deutlich zu erkennen sein. In dieser kleinen Abbildung hingegen ist sie kaum zu erkennen. Wenngleich der Filter eine recht gute Lösung bietet, gibt es mithilfe der Lab-Kanäle eine zweite Technik, die ein noch professionelleres Ergebnis liefert und noch dazu nicht aufwändiger ist als die eben gezeigte.

SCHRITT 10 DIE LAB-FARBEN-METHODE LIEFERT MEIST BESSERE ERGEBNISSE

© KALEBRA KELBY

Hier sehen Sie ein weiteres Foto mit Störungen im Himmel (wieder mit einer einfachen Digitalkamera aufgenommen). Sie schauen sich die verschiedenen Kanäle an, um herauszufinden, wo die Störungen auftreten. In diesem Fall nehmen wir jedoch die Bearbeitung auf den Lab-Farbkanälen (a, b) vor, also bringt das Betrachten der einzelnen Farbkanäle zu diesem Zeitpunkt wenig.

SCHRITT 11 WANDELN SIE DAS FOTO IN DEN LAB-MODUS UM

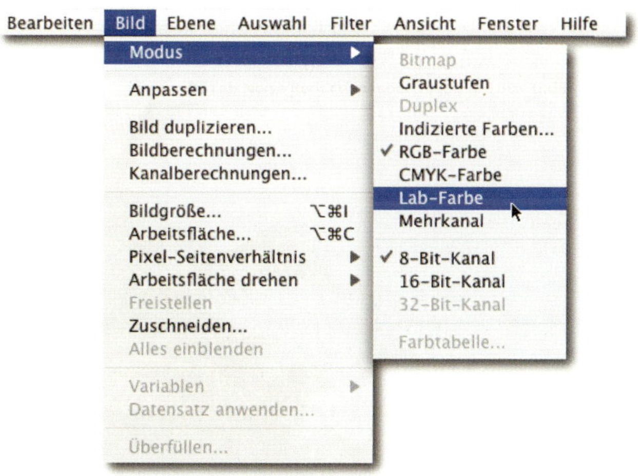

Wandeln Sie das Bild in den Lab-Modus um. Wählen Sie dazu BILD/MODUS/LAB-FARBE.

SCHRITT 12 KLICKEN SIE AUF DEN »A«-KANAL UND ZOOMEN SIE EIN

Klicken Sie in der Kanäle-Palete auf den »a«-Kanal (wie in der Abbildung). Die »a«- und »b«-Kanäle können wir problemlos weichzeichnen, denn die Details für das Bild sind vor allem im Helligkeitskanal enthalten. Ich habe auf fast 500% eingezoomt, so dass Sie (hoffentlich) die Störungen in diesem Kanal erkennen.

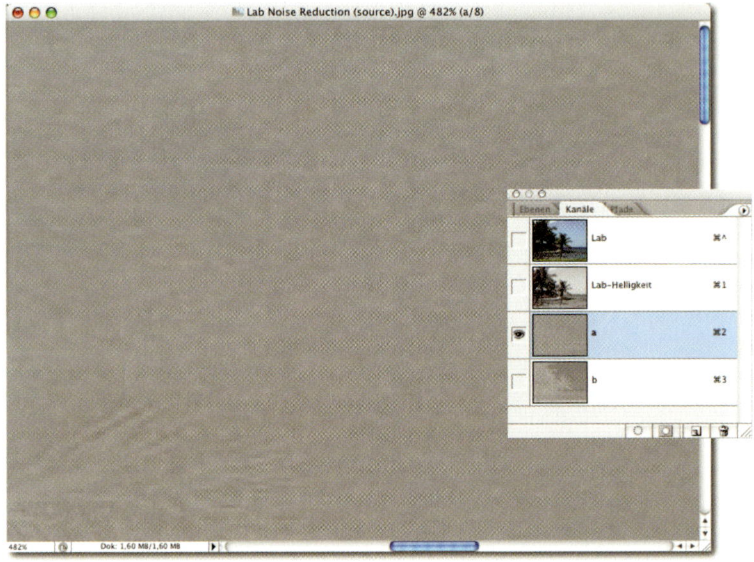

SCHRITT 13 WENDEN SIE EINEN GAUSSSCHEN WEICHZEICHNER AN, BIS DIE STÖRUNGEN WEG SIND

Wenn Sie auf den »a«-Kanal geklickt haben, wenden Sie den GAUSSSCHEN WEICHZEICHNER an (FILTER/WEICHZEICHNUNGSFILTER). Ziehen Sie den Radiusregler ganz nach links, dann wieder langsam nach rechts, bis die sichtbaren Störungen verschwunden sind. (Sie können die Störungen in diesem Bildschirmfoto nicht erkennen, denn der Dialog ist bereits geöffnet.) Klicken Sie jetzt auf den »b«-Kanal und wenden Sie dieselbe Weichzeichnung an.

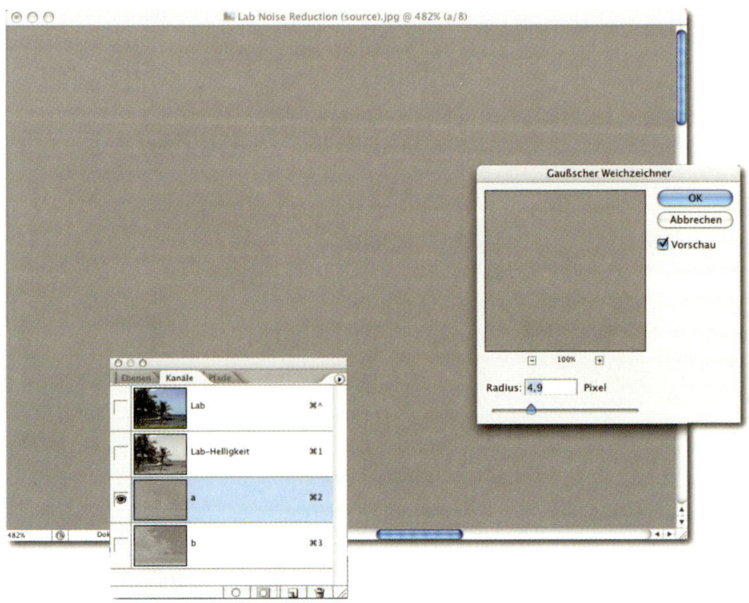

SCHRITT 14 KLICKEN SIE AUF DEN LAB-KANAL, UM DAS FERTIGE BILD ZU SEHEN

Das war alles – die Störungen sind erledigt. Sie können jetzt auf den Lab-Gesamtkanal klicken (oder ⌘ + ^ [PC: Strg + ^] drücken), um das vollfarbige Bild mit deutlich reduzierten Störungen zu betrachten. Die Details sind so gut wie unversehrt.

SCHRITT 15 METHODE 3: SIE KÖNNEN AUCH ALLES AUSSER DES HIMMELS MASKIEREN, BEVOR SIE WEICHZEICHNEN

Wenn Sie feststellen, dass die Störungen in Ihrem Bild nur in einem Bereich auftreten (in diesem Foto nur im Himmel), können Sie diesen Bereich auch vorher auswählen. Wenn Sie dann weichzeichnen (nur die Kanäle »a« und »b«), werden ausschließlich Bereiche mit Störungen bearbeitet, alles andere bleibt unberührt. In diesem Beispiel müssen Sie nur den Himmel mit dem Zauberstab W auswählen (ein Klick ins Blaue). Wählen Sie dann AUSWAHL/ÄHNLICHES AUSWÄHLEN, um alle blauen Bereiche auszuwählen. Jetzt zeichnen Sie die Kanäle »a« und »b« wie in Schritt 13 weich.

Sie verwenden sowohl Selektiver Scharfzeichner als auch Unscharf maskieren. Welcher Filter gefällt Ihnen besser?

Das ist eine Geschmacksfrage, ich mag den Selektiven Scharfzeichner. Mir gefallen der Tiefenschärfe-abmildern-Algorithmus, die große Vorschau und die Favoriteneinstellungen. Die Standardeinstellungen sind für meinen Geschmack etwas zu stark, aber sonst finde ich ihn gut. Wenn ich es etwas feiner möchte, verwende ich Unscharf maskieren.

Enthält der »a«- oder der »b«-Kanal mehr Störungen?

Meistens »b«, der die Blau/Gelb-Komponente enthält. Untersuchen Sie aber trotzdem unbedingt auch den »a«-Kanal auf Störungen.

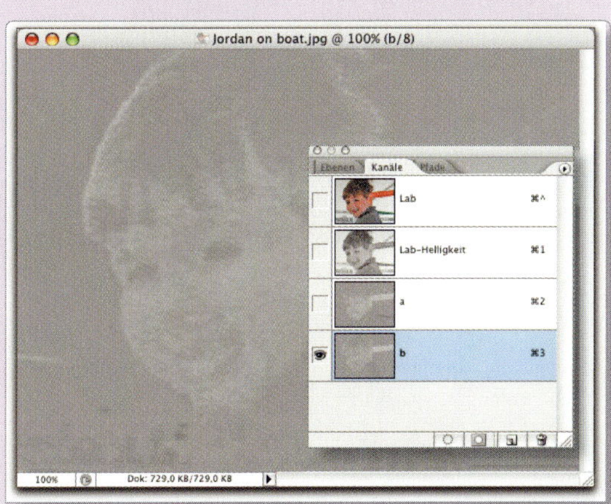

©SCOTT KELBY

Tauchen Störungen nur im blauen Kanal auf?

Dort sind sie zwar meist am stärksten (die im roten sind am wenigsten sichtbar), dennoch können Störungen in allen drei Kanälen auftreten.

Ich arbeite mit hoch auflösenden Dateien, die entsprechend groß sind. Unscharf maskieren dauert immer ewig. Gibt es eine Lösung?

Je nachdem. Wenn die meisten Scharfzeichnungen in einem bestimmten Bereich gebraucht werden, wählen Sie nur diesen Bereich aus. Stellen Sie ihn auf eine eigene Ebene, duplizieren Sie diese in ein eigenes Dokument (Ebene duplizieren im Palettenmenü der Ebenen-Palette). Wenden Sie Unscharf maskieren nur auf den kleinen Bereich an (das geht schneller). Halten Sie dann die [⇧]-Taste gedrückt und ziehen Sie den Ausschnitt zurück auf das Originalbild. Es springt an seine Ausgangsposition zurück, ist jedoch scharfgezeichnet.

Wenn der Gaußsche Weichzeichner bei Farbkanälen nicht funktioniert, was soll ich tun?

Den Gaußschen Weichzeichner rückgängig machen und Staub und Kratzer auf den »b«-Kanal anwenden, wenn nötig auch auf den »a«-Kanal.

Was passiert beim Weichzeichnen der Kanäle »a« und »b«, denn ich kann die Störungen noch sehen?

Störungen können wir nicht total entfernen, deshalb soll die Farbe daraus entfernt werden, auf die das Auge am empfindlichsten reagiert. Durch Weichzeichnen der Kanäle »a« und »b« wird die Farbe in den Störungen abgeschwächt und weniger sichtbar.

Wie vermeide ich Störungen in meinen Fotos?

Eine bessere Kamera kaufen (Sie haben gefragt …). Je besser die Kamera, desto geringer sind die Störungen. Vor allem sollten Sie aber nicht mit einem hohen ISO-Wert aufnehmen. Zwar können moderne Kameras auch bei hohem ISO die Störungen in Grenzen halten, dennoch sind Störungen bei kleinerem ISO auch geringer.

Wenn ich Unscharf maskieren einmal anwende, zeichnet er das Foto nicht scharf genug. Soll ich die Einstellungen ändern oder den Filter erneut anwenden?

Wenden Sie den Filter erneut an. Das Ergebnis ist immer besser, wenn Sie den Filter zweimal laufen lassen und nicht die Einstellungen ändern. Falls die zweite Anwendung des Filters wiederum zu stark zu sein scheint, wählen Sie Bearbeiten/Verblassen und veringern Sie die Deckkraft (was nur auf die zweite Filteranwendung wirkt).

12:48:01:07
7
21:32:65:12
ACTUAL PIXELS
FIT SCREEN
PRINT SIZE
RED
GREEN
BLUE
CHANNELS
NEW CHANNEL
DUPLICATE CHANNEL
DELETE CHANNEL
MERGE CHANNELS
PALETTE OPTIONS

Kanäle & Web-optimierung

Sollte es ein spannenderes Thema geben als die Verwendung von Alpha-Kanälen, um damit Kompressionsraten von Webgrafiken zu kontrollieren und zu verändern, wüsste ich das gern, denn für mich ist das das pure Vergnügen. Wenn Sie mithilfe von Alpha-Kanälen die Komprimierung Ihrer Bilder steuern, werden Sie kaum Ärger haben. Deswegen hören Sie immer wieder, welche Promis in den Clubs von SoHo oder dem Village unterwegs waren. Was meinen Sie, was die da tun? Trinken, tanzen, … ? Das sollen Sie denken. Im Grunde ist es aber nur ein Teil der PR-Maschinerie, die von seelenlosen Agenten der großen Studios betrieben wird, die, wie wir alle wissen, insgeheim den Ölmultis und der US-Regierung gehören, um die Medien zu kontrollieren. So können Sie Steuern hinterziehen, Kredite an ihre Parteifreunde vertuschen und die Börsenkurse in die Höhe treiben, so dass verdorbene Politiker ihren Wahlkampf mit den Spenden der Wall-Street-Riesen finanzieren können. Nein, in den Clubs wird nicht getanzt. Die treffen sich da, um Webgrafiken zu komprimieren. Sagt man jedenfalls.

Gewichtete Optimierung

WIE SIE MIT EINEM ALPHA-KANAL MÖGLICHST KLEINE DATEIEN ERZIELEN UND WICHTIGES TROTZDEM SCHARF LASSEN

In den meisten Fotos gibt es einen wichtigen Bildbereich (z.B. eine Person) und andere, die weniger wichtig sind (z.B. ein leicht unscharfer Hintergrund oder ein Wald oder ein Meer hinter einer Person). Mithilfe eines Alpha-Kanals teilen Sie Photoshop mit, welche Bildbereiche scharf bleiben sollen und welche weniger wichtigen Bereiche weichgezeichnet werden können, um die Dateigröße zu verringern.

Diese Technik wird als gewichtete Optimierung bezeichnet, weil die wichtigen Bereiche des Fotos stärker betont werden. Das ist eine fortgeschrittenere Technik zur Weboptimierung. Bevor Sie sich jedoch daran wagen, sollten Sie mit der Dialogbox Für Web speichern und der einfachen Optimierung mit Web-GIF- und JPEG-Bildern vertraut sein, da ich auf diese Grundlagen nicht noch einmal eingehe. Mit den hier vorgestellten Techniken betreten Sie die nächste Stufe in Sachen Weboptimierung.

SCHRITT 1 DIESES FOTO WÜRDE NORMALERWEISE ALS JPEG GESPEICHERT, HIER ERSTELLEN WIR JEDOCH EIN GIF

Bevor wir anfangen, noch zwei Dinge: (1) Ein Foto dieser Größe und mit diesen Details würden Sie normalerweise als JPEG und nicht als GIF speichern. Ich verwende es hier trotzdem, weil wir ein großes Bild brauchen. Und (2) Sie müssen eine präzise Maske erstellen – schließlich beschäftigt sich das Buch mit Kanälen und das hier ist eine gute Übung. Sie erzielen in der Regel aber auch ganz gute Ergebnisse, wenn Sie eine lose Auswahl mit dem Lasso erstellen. Betrachten Sie das Erstellen der Maske jedoch als Übung und Teil des Kanäletrainings.

SCHRITT 2 WIR BRAUCHEN KEINE PRÄZISE MASKE, DUPLIZIEREN ABER DEN BLAUEN KANAL

In diesem Foto ist es sehr deutlich, welcher Bildbereich wichtig ist – natürlich die Frau. Normalerweise könnten Sie einfach das Lasso aktivieren und eine lose Auswahl um die Frau erstellen. Aber wir wollen ja ein bisschen üben. Machen Sie deshalb den Kanal mit dem stärksten Kontrast ausfindig (damit Sie nicht lange suchen müssen – es ist der blaue Kanal, aber vielleicht haben Sie das bereits beim Öffnen des Bilds erkannt). Duplizieren Sie über das Menü der Kanäle-Palette den blauen Kanal, damit wir damit arbeiten können.

SCHRITT 3 DUNKELN SIE DIE KANTENBEREICHE MIT DEM SCHWARZPUNKTREGLER DER TONWERTKORREKTUR AB

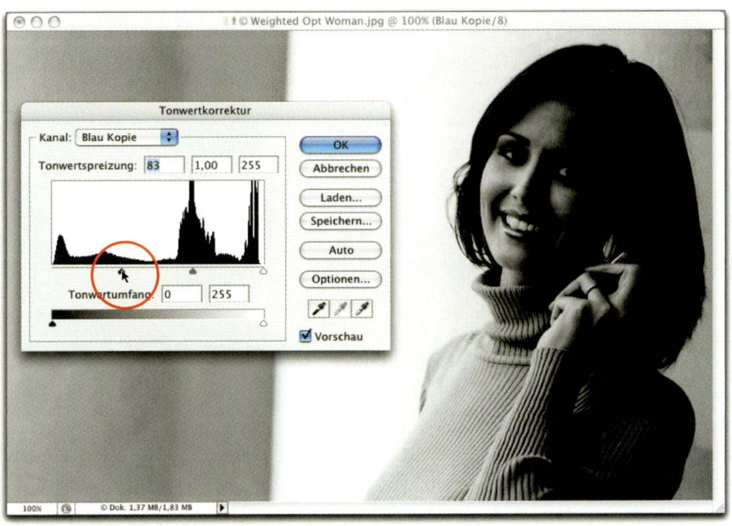

Drücken Sie ⌘ + L (PC: Strg + L), um die Tonwertkorrektur-Dialogbox zu öffnen. Ziehen Sie den Schwarzpunktregler nach rechts, um die Haare abzudunkeln (wie in der Abbildung zu sehen). Klicken Sie anschließend auf OK.

SCHRITT 4 MALEN SIE MIT DEM PINSEL ÜBER DAS GESICHT

Diese Maske ist ganz einfach. Ich hätte dieses Bild als erstes Beispiel im ersten Kapitel verwenden sollen. Aber hey, einfach ist immer gut, oder? Nach der Tonwertkorrektur müssen Sie nur noch mit Schwarz über die Frau malen, richtig? Die Haarspitzen sind bereits schwarz genug. Also ran an die Arbeit. Drücken Sie die Taste » D «, um Schwarz als Vordergrundfarbe einzustellen, und aktivieren Sie den Pinsel (Taste » B «). Malen Sie über den Kopf und die Schultern.

SCHRITT 5 ERSTELLEN SIE EINE AUSWAHL VOM PULLOVER UND FÜLLEN SIE DIESE MIT SCHWARZ

Auch das Einfärben des Pullovers ist ein Kinderspiel. Ich erstelle mit dem Zeichenstift eine Auswahl vom Pullover und fülle diese mit Schwarz. Sie können ihn mit einer beliebigen Methode schwarz färben, also auch das magnetische Lasso oder das einfache Lasso verwenden, um eine Auswahl zu erstellen, die Sie anschließend mit Schwarz füllen.

SCHRITT 6	ENTFERNEN SIE DEN HINTERGRUND, VERWENDEN SIE AN DEN KANTEN DEN MODUS ÜBERLAGERN

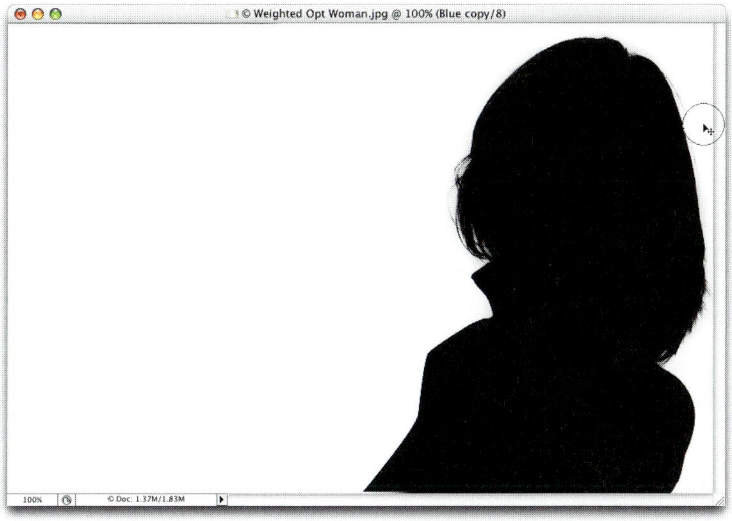

Der Hintergrund soll vollständig weiß sein. Entfernen Sie die Bereiche links im Bild – ich erstelle eine rechteckige Auswahl, die ich mit Weiß fülle. Drücken Sie die Taste »X«, um Weiß als Vordergrundfarbe einzustellen und dann mit dem Pinsel die restlichen grauen Bereiche zu entfernen. Wählen Sie für den Pinsel den Modus ÜBERLAGERN, malen Sie entlang der Haare besonders vorsichtig – sollten ein paar Haare verloren gehen, ist das aber kein Problem. Wir benötigen die Maske schließlich nur zur Weboptimierung.

SCHRITT 7	KEHREN SIE DEN KANAL UM

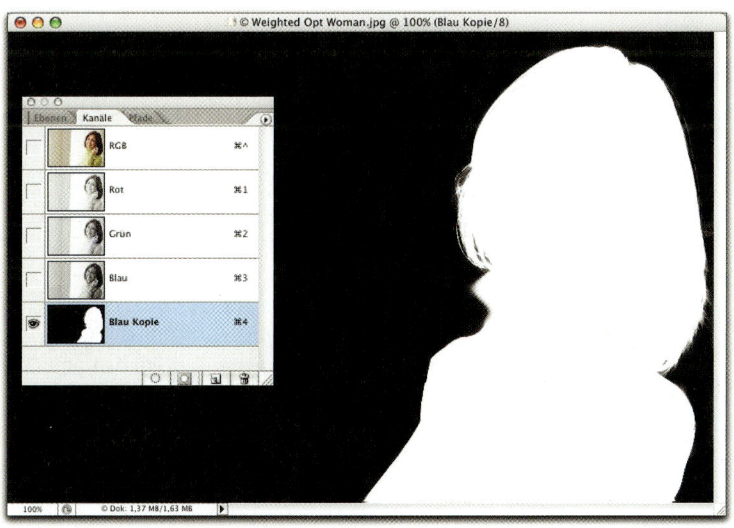

Sobald der Hintergrund komplett weiß ist, drücken Sie ⌘+I (PC: Strg+I), um die Auswahl umzukehren – Sie haben jetzt eine weiße Silhouette auf schwarzem Grund. Falls innerhalb der weißen Silhouette schwarze Bereiche zu sehen sein sollten, malen Sie einfach mit Weiß darüber. Die Maske ist fertig, wir können mit der Optimierung beginnen.

Hinweis: Ich möchte noch einmal darauf hinweisen, dass das Erstellen so präziser Masken für die Weboptimierung nicht unbedingt notwendig ist. Eine lose Auswahl funktioniert ebenso. Aber Sie müssen zugeben, es war keine schlechte Übung, oder?

SCHRITT 8 ÖFFNEN SIE DIE DIALOGBOX FÜR WEB SPEICHERN; ERSTELLEN SIE EIN GIF

Wählen Sie Datei/Für Web speichern. Es öffnet sich eine ziemlich große Dialogbox. Wählen Sie oben rechts in den Einstellungen als Dateiformat GIF (wie in der Abbildung zu sehen). Der Befehl versucht, das Bild mit allen 256 Farben zu rendern. Mit den Standardeinstellungen würde die Datei etwa 231 Kbyte groß werden. Bei einer Modem-Verbindungsgeschwindigkeit werden deshalb 43 Sekunden zum Laden des Bilds benötigt. Es muss jedoch noch schneller geladen werden, ohne das viele Details verloren gehen. (Unten links in der Dialogbox werden die Dateigröße und die Download-Geschwindigkeit angezeigt.)

SCHRITT 9 ERHÖHEN SIE DEN LOSSY-WERT, BIS DAS GESAMTE BILD STÖRUNGEN AUFWEIST

Wenn wir einfach die Anzahl der Farben im Bild verringern, sieht die Frau nicht mehr natürlich aus. Deshalb müssen wir versuchen, den Lossy-Wert zu erhöhen (siehe Abbildung). Die Datei wird kleiner und kann schneller geladen werden, weil einige Bilddaten entfernt werden. Die gute Nachricht: Die Datei ist jetzt nur noch rund 67 Kbyte groß und wird in ca. 13 Sekunden geladen. Die schlechte Nachricht: Das Bild weist einige deutlich sichtbare Störungen auf. Mit Störungen im Hintergrund könnten wir leben, aber die Frau darf keine Störungen zeigen – das Foto wird dadurch ruiniert. Jetzt kommt der Alpha-Kanal ins Spiel.

SCHRITT 10 KLICKEN SIE AUF DAS MASKEN-ICON RECHTS NEBEN DEM LOSSY-REGLER

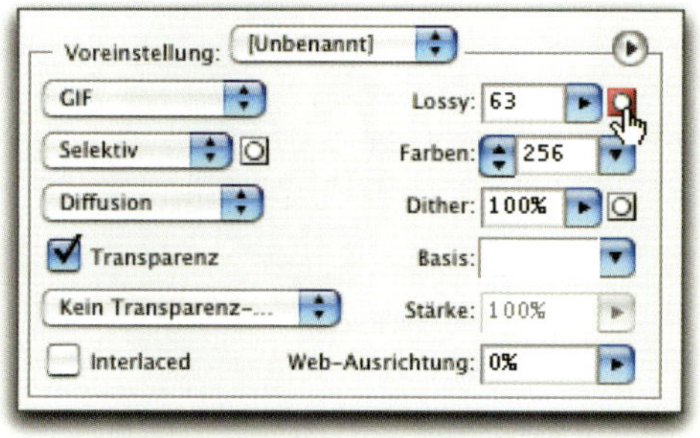

Das sind die Einstellungen, die Sie oben rechts in der Dialogbox finden. Sehen Sie das Feld Lossy oben rechts? Direkt rechts daneben finden Sie einen Button, der aussieht wie das Maskierungs-Icon. Klicken Sie auf dieses Icon, um weitere Optionen einzublenden.

SCHRITT 11 WÄHLEN SIE IN DER DIALOGBOX DEN GESPEICHERTEN ALPHA-KANAL AUS (BLAU KOPIE)

Die Dialogbox Lossy-Einstellungen verändern wird geöffnet. Hier können Sie die Einstellungen weiterbearbeiten. Wichtig ist, dass Sie den Alpha-Kanal auswählen – das ist die Kopie des blauen Kanals, die Sie zu Beginn erstellt haben. Klicken Sie noch nicht auf OK.

SCHRITT 12 ZIEHEN SIE DEN WEISSEN REGLER GANZ NACH LINKS, UM STÖRUNGEN ZU ENTFERNEN

Nachdem Sie den blauen Kanal ausgewählt haben, erscheint ein Schieberegler (wie in der Abbildung zu sehen). Mit dem weißen Regler kontrollieren Sie die Störungen in den weißen Bereichen des Kanals. Ziehen Sie diesen auf das Minimum: 0, weil auf der Frau keine Störungen zu sehen sein sollen. Jetzt sind die Störungen nur noch im Hintergrund zu erkennen. Das war unser Ziel – die wichtigen Bildbereiche (die Frau) zu schützen. Die gute Qualität ist dort, wo wir sie brauchen, weniger wichtige Bereiche haben eine etwas schlechtere Qualität. Wir können jedoch noch ein paar weitere Korrekturen vornehmen.

SCHRITT 13 ZIEHEN SIE DEN SCHWARZEN REGLER NACH LINKS, UM STÖRUNGEN IM HINTERGRUND ZU REDUZIEREN

Ziehen Sie nun den schwarzen Regler nach links (damit kontrollieren Sie die Stärke der Störungen in allen anderen Bereichen außerhalb der Frau). Durch das Verschieben des Reglers nach links verringern Sie die Störungen im Hintergrund. Ziehen Sie so lange, bis der Hintergrund akzeptabel aussieht. Achten Sie auf die Dateigröße. Sie haben Dateigröße und Ladezeit in etwa halbiert, das Bild sieht aber immer noch bestens aus! Mit genau dieser Technik können Sie auch das Dithering kontrollieren, allerdings funktioniert sie in diesem Fall genau umgekehrt: Die weißen Bereiche werden gedithert, die schwarzen nicht.

SCHRITT 14 EIN TRICK FÜR JPEGS: ERHALTEN SIE DETAILS IN KRITISCHEN BEREICHEN

©ISTOCKPHOTO/JESSE KOSKA

Okay, so weit zu diesem Trick, wie wäre es mit einem anderen? Prima. Dieser ist für JPEG-Bilder (das Dateiformat für Fotos im Web). Wenn Sie eine Datei als JPEG speichern, wird die Qualitätseinstellung auf das gesamte Bild angewendet, richtig? Mithilfe von Kanälen behalten Sie für die wichtigsten Bildbereiche die beste Qualität, die weniger wichtigen Bereiche werden stärker komprimiert. So erhalten Sie kleinere Dateigrößen. Lassen Sie es uns ausprobieren, dann wissen Sie, was ich meine. Öffnen Sie ein Foto und erstellen Sie eine Auswahl, wie in der Abbildung zu sehen.

SCHRITT 15 NUR ZUR VERANSCHAULICHUNG: SPEICHERN SIE DIE RECHTECKIGE AUSWAHL ALS KANAL

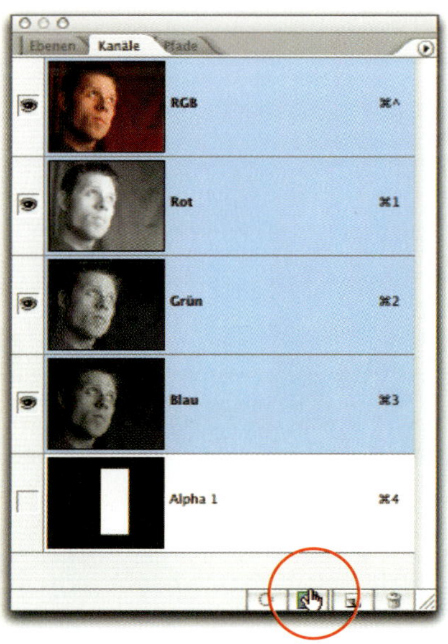

Klicken Sie in der Kanäle-Palette anschließend auf den Button Auswahl als Kanal speichern, um die Auswahl in einen Alphakanal umzuwandeln. Und so funktioniert es – der weiße Bereich (innerhalb des Rechtecks) behält die höchste Qualität. Im schwarzen Bereich des Alpha-Kanals wird die Qualität etwas verringert.

SCHRITT 16 ÖFFNEN SIE FÜR WEB SPEICHERN. ERSTELLEN SIE EIN JPEG UND KLICKEN SIE AUF DAS MASKEN-ICON

Wählen Sie DATEI/FÜR WEB SPEICHERN. Wählen Sie in den Einstellungen oben rechts in der Dialogbox JPEG als Dateiformat und eine Qualität von 60. Klicken Sie anschließend auf das Icon rechts neben der Qualitätseinstellung (wie in der Abbildung zu sehen).

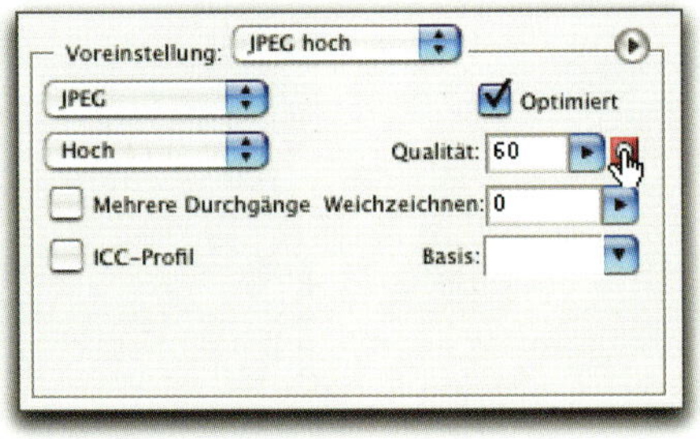

SCHRITT 17 WÄHLEN SIE DEN KANAL; MIT DEM WEISSEN REGLER KONTROLLIEREN SIE DIE QUALITÄT DES RECHTECKS

Die Dialogbox QUALITÄTSEINSTELLUNGEN VERÄNDERN wird geöffnet (sie ähnelt der, die Sie vorhin bereits gesehen haben). Aktivieren Sie den Alpha-Kanal, er erscheint auch in der Vorschau. Sehen Sie, wie pixelig die linke Hälfte des Gesichts aussieht? Der Bereich rechts daneben – der weiße Bereich des Kanals – sieht wesentlich besser aus. Sehen Sie den weißen Regler in der Dialogbox? Damit kontrollieren Sie die Qualität innerhalb des weißen Bereichs. Mit dem schwarzen Regler (links) kontrollieren Sie die Qualität außerhalb des weißen Rechtecks. Jetzt haben Sie es verstanden, oder?

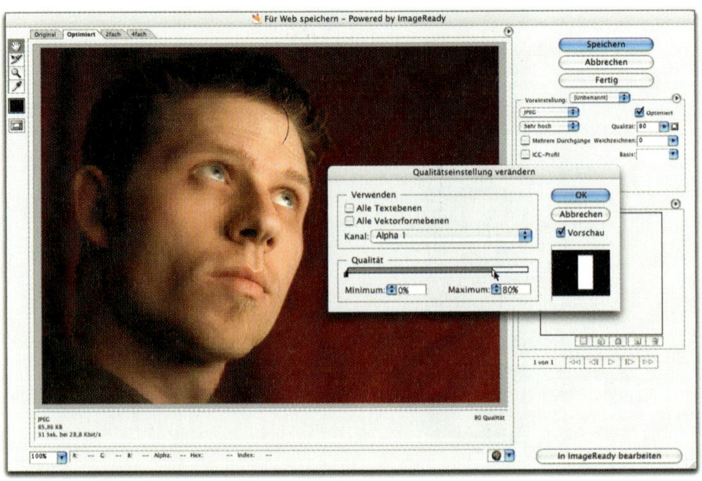

SCHRITT 18 MIT DEM SCHWARZEN REGLER KONTROLLIEREN SIE DIE QUALITÄT DES RESTLICHEN BILDS

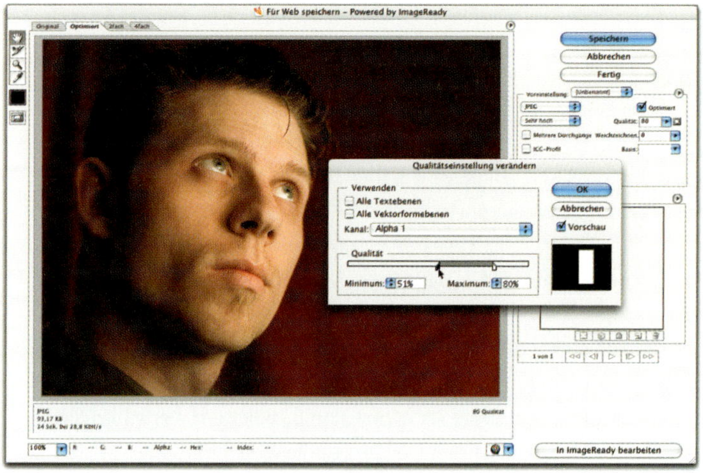

Ziehen Sie den schwarzen Regler einfach nach rechts. Sie sehen, dass die schwarzen Bereiche weniger pixelig aussehen. Kein Wunder, schließlich haben Sie die Qualität erhöht. Ihr Ziel ist es, die Qualität im weißen Bereich so gut wie möglich zu erhalten. Wenn Sie die Qualität des schwarzen Bereichs ebenfalls erhöhen müssen, versuchen Sie trotzdem, mit so wenig Qualität wie möglich auszukommen, denn hier sparen Sie Dateigröße ein. Ohne den Trick mit dem Alphakanal ist das JPEG (mit einer Qualität von 60) etwa 46 Kbyte groß (und wird in 9 Sekunden geladen). Mit dem Trick ist es nur noch 25 Kbyte groß und kann in 6 Sekunden geladen werden.

SCHRITT 19 KLICKEN SIE AUF OK, DANN AUF ABBRECHEN; ERSTELLEN SIE EINE LOSE AUSWAHL MIT DEM LASSO

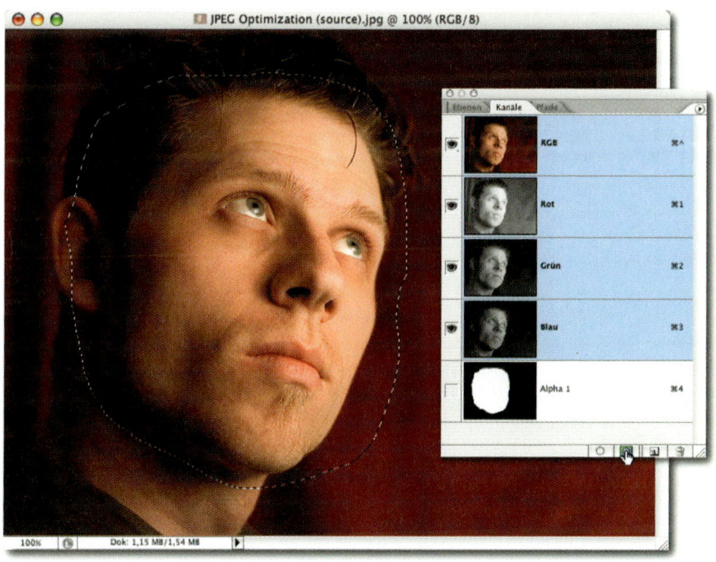

Klicken Sie auf OK und anschließend auf ABBRECHEN (denn das war nur ein Test). Versuchen Sie es jetzt richtig, ohne Rechteck. Aktivieren Sie das Lasso (Taste »L«) und erstellen Sie eine lose Auswahl von den Detailbereichen im Bild (hier vom Gesicht und von Teilen der Haare). Es ist wichtig, für diese Technik *keine* detaillierte Maske zu erstellen, damit die Bereiche unterschiedlicher Qualität sanft ineinander übergehen. Wiederholen Sie die vorhergehenden Schritte (ohne Rechteck), um ein optimiertes JPEG zu erstellen.

Die Farbtabelle beeinflussen

WIE SIE MIT EINEM ALPHA-KANAL SICHERSTELLEN, DASS DIE WICHTIGSTEN FARBEN IM BILD ERHALTEN BLEIBEN

Diese Technik ähnelt der, die Sie in diesem Kapitel bereits kennen gelernt haben. Dieses Mal verwenden Sie den Alpha-Kanal jedoch, um mit Photoshop bessere Farben zu erzeugen, während Sie so wenige Farben wie möglich verwenden.

Wenn Sie ein GIF-Bild von 16,7 Millionen möglichen Farben auf … sagen wir … 16 Farben reduzieren, verwendet Photoshop einen eingebauten Algorithmus, um das Bild mit nur 16 Farben so gut wie möglich darzustellen. Es gibt allerdings keine Garantie, dass Photoshop nicht einige der für Sie wichtigsten Farben entfernt. Ich meine, Photoshop ist gut, kann aber nicht Ihre Gedanken lesen (auch in Version CS2 nicht). Wenn Sie vorher eine Auswahl der Bereiche mit den kritischsten Farben erstellen und diese als Alpha-Kanal speichern, verleihen Sie den 16 Farben von Photoshop eine persönliche Note. Am Ende können Sie weniger Farben verwenden (wodurch die Datei noch kleiner wird), denn das Bild sieht besser aus, wie wenn Sie Photoshop die Wahl der Farben allein überlassen.

SCHRITT 1 ERSTELLEN SIE VON BEREICHEN MIT KRITISCHEN FARBEN EINE RECHTECKIGE AUSWAHL

Öffnen Sie das Bild, das Sie auf 16 Farben reduzieren wollen. Um die wichtigsten Farben bei der Reduzierung von RGB auf 16 Farben zu erhalten, erstellen Sie Auswahlen von diesen Bereichen. In diesem Beispiel erstellte ich mit dem Auswahlrechteck drei Auswahlen (dabei hielt ich die ⇧-Taste gedrückt, um nach der ersten Auswahl die beiden weiteren hinzuzufügen). Klicken Sie in der Kanäle-Palette anschließend auf den Button Auswahl als Kanal speichern (wie in der Abbildung zu sehen).

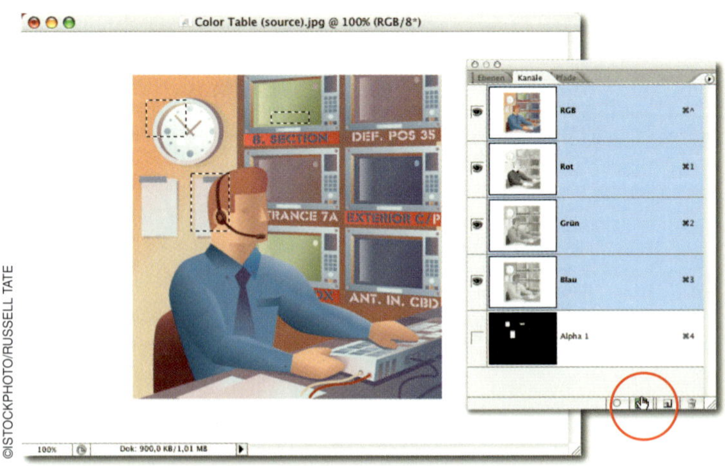

©ISTOCKPHOTO/RUSSELL TATE

SCHRITT 2 WÄHLEN SIE FÜR WEB SPEICHERN UND KLICKEN SIE AUF DAS KANÄLE-ICON

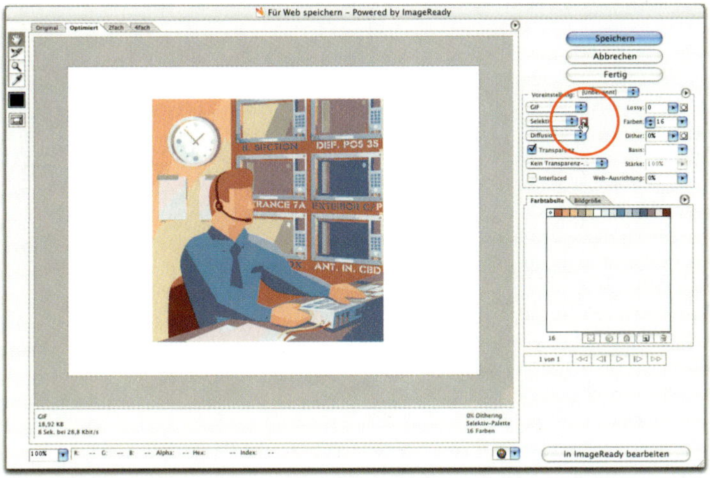

Wählen Sie Datei/Für Web speichern. Aktivieren Sie oben rechts in den Einstellungen das Dateiformat GIF und verringern Sie die Anzahl der Farben auf 16. Wie Sie in der Abbildung sehen, gehen die leuchtenden Farben (die wichtigsten des Bilds) verloren. In der Farbtabelle unten rechts in der Dialogbox sehen Sie die Farben, aus denen das GIF besteht. Klicken Sie rechts neben dem Popup-Menü mit dem Algorithmus zur Farbreduktion (es ist aktuell wahrscheinlich auf Selektiv eingestellt) auf das Kanäle-Icon.

SCHRITT 3 WÄHLEN SIE DEN KANAL, DIE FARBTABELLE WIRD NEU BERECHNET

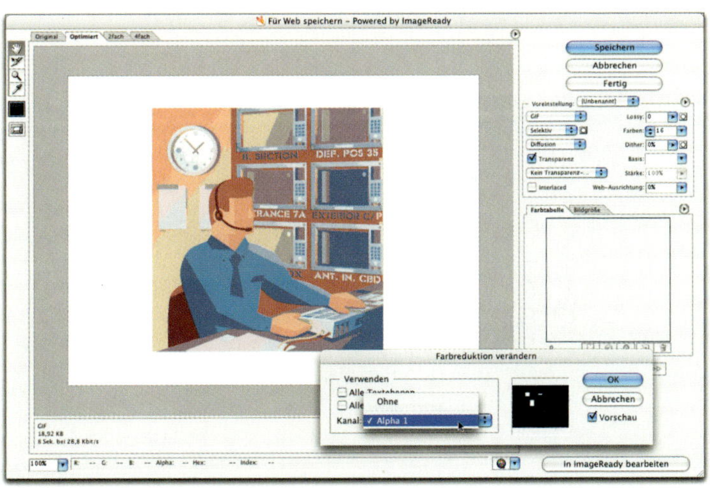

Wählen Sie in der Dialogbox Farbreduktion verändern den Alpha-Kanal aus (wie hier zu sehen). Die Farbtabelle wird neu berechnet, es werden die Farben berücksichtigt, die innerhalb der weißen Bereiche des Alpha-Kanals liegen. Die Farben in den schwarzen Bereichen werden weniger beachtet. In diesem Beispiel bleiben die Farben im Bild dadurch leuchtender – besonders im Gesicht des Manns. Auch das Dithering ist weniger stark.

Frage & Antwort

Warum ist es so wichtig, einen Alpha-Kanal zu verwenden, wenn man den Lossy-Befehl in der Dialogbox Für Web speichern verwendet?

Das ist so wichtig, weil dadurch kleinere Dateigrößen erzielt werden können. So werden nur Bildbereiche stärker komprimiert, die weniger wichtig sind und weniger Details enthalten. Der Alpha-Kanal hilft uns dabei.

Ich möchte mit der Lossy-Komprimierung arbeiten. Worauf muss ich achten, wenn ich einen Alpha-Kanal erstelle?

Die Komprimierung ist in helleren Bildbereichen am deutlichsten sichtbar, in den dunklen Bereichen weniger. Laden Sie die Tiefen des Bilds als Auswahl, indem Sie Auswahl/Farbbereich auswählen wählen. Aktivieren Sie in der Dialogbox die Tiefen (wie in der Abbildung zu sehen). Wenn Sie auf OK klicken, werden die Tiefen ausgewählt. Sie können diese als Alpha-Kanal speichern und für die Komprimierung verwenden.

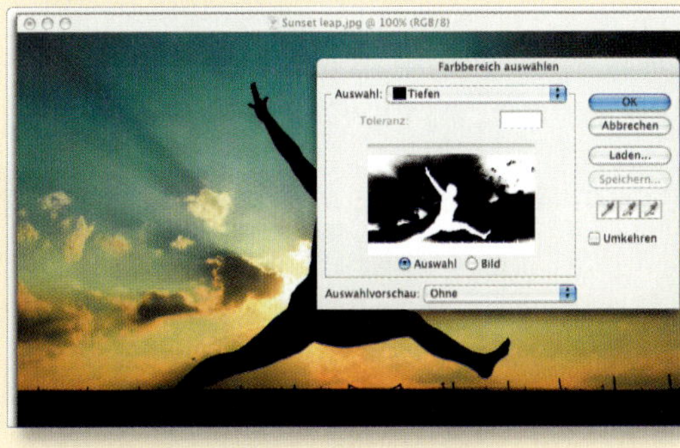

Kann ich außerhalb der Dialogbox Für Web speichern Alpha-Kanäle zur Optimierung verwenden?

Leider nein. Sie müssen den Befehl also auch verwenden, wenn Sie eine Datei als JPEG speichern wollen.

8
ACTUAL PIXELS
FIT SCREEN
PRINT SIZE
RED
GREEN
BLUE
CHANNELS
NEW CHANNEL
DUPLICATE CHANNEL
DELETE CHANNEL
MERGE CHANNELS

Spezialeffekte mit Kanälen

Das Beste habe ich mir natürlich für den Schluss aufgehoben. Okay, es ist vielleicht nicht unbedingt das Beste, aber es ist definitiv das Letzte. Wenn Sie Spezialeffekte lieben, wird Ihnen auch dieses Kapitel gefallen. Ihre Pulsfrequenz wird sich erhöhen, wenn Sie sehen, was ich Ihnen zu bieten habe. Sie haben sicherlich schon lange auf diesen ganz besonderen Moment gewartet, an dem Sie das Unmögliche möglich machen, oder? Das war doch der eigentliche Grund, warum Sie sich Photoshop überhaupt zugelegt haben. Es geht nicht um die Feinabstimmung von Farben oder das Erstellen von Haarmasken. Das sind nicht Sie. Sie sind ein Rebell. Ja, Sie sind ein Rebellen-Pilot der Allianz, stationiert auf dem Planeten Hoth. Genau, das sind Sie. Und nicht nur ein Pilot. Sie sind ein Rot-Führer und waren bei der Schlacht um Endor dabei und obwohl das ein imperialer Hinterhalt war, sind Sie nicht darauf hereingefallen. Warum? Keine Ahnung. Vielleicht weil alle anderen ihre Farben mit Kanälen verbesserten, während Sie sich diese Episode auf DVD angesehen haben. Gemeinsam mit Ihrer Katze.

Einen Lichtstrahl erzeugen

MITHILFE VON KANÄLEN EINEN SONNENSTRAHL IN EIN ANSONSTEN EHER DUNKLES FOTO EINFÜGEN

Diese Technik verwende ich schon seit Jahren. Mit dem richtigen Foto (also einem Foto, in dem es realistisch ist, dass Licht durch ein Fenster in die Szene fällt) können Sie damit kleine Wunder vollbringen.

Sie erstellen den Lichtstrahl mit dem Polygonlasso. Diese Auswahl wird anschließend in einen Alpha-Kanal umgewandelt und weichgezeichnet, um schöne weiche Kanten zu erhalten. Anschließend dunkeln Sie das Foto ab und hellen den Lichtstrahl auf. Am Ende müssen Sie sich entscheiden, ob der Lichtstrahl auf das Objekt oder die Person (das sieht meist sehr realistisch aus) oder dahinter fallen soll. Das Tolle ist – Sie ganz allein können diese Entscheidung treffen.

SCHRITT 1 ÖFFNEN SIE EIN FOTO UND DUPLIZIEREN SIE DIE HINTERGRUNDEBENE

Öffnen Sie das Foto, dem Sie diesen Effekt hinzufügen wollen (hier ist es eine Braut, die sich gegen eine Wand lehnt). Drücken Sie ⌘ + J (PC: Strg + J), um die Ebene zu duplizieren (wie in der Abbildung zu sehen).

©ISTOCKPHOTO/BONNIE SCHUPP

SCHRITT 2 AKTIVIEREN SIE DAS POLYGONLASSO UND ERSTELLEN SIE EINEN LICHTSTRAHL

Drücken Sie [⇧]+[L], bis das Polygonlasso aktiviert ist (mit dem Sie gerade Linien zeichnen können). Erstellen Sie einen Lichtstrahl, ähnlich dem in der Abbildung. Achten Sie darauf, direkt bis an die Bildkanten zu gehen, um keine Lücken entstehen zu lassen.

SCHRITT 3 SPEICHERN SIE DIE AUSWAHL ALS ALPHA-KANAL

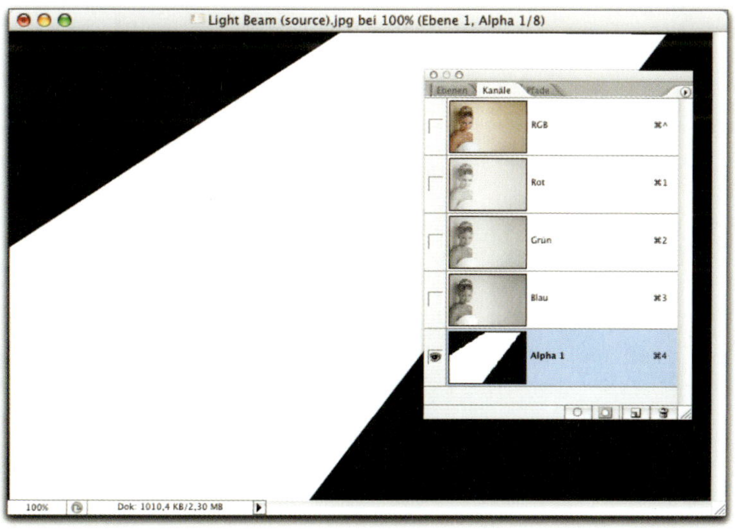

Sobald Sie die Auswahl erstellt haben, klicken Sie in der Kanäle-Palette auf den Button AUSWAHL ALS KANAL SPEICHERN. Klicken Sie auf den Kanal ALPHA 1 (siehe Abbildung) und drücken Sie [⌘]+[D] (PC: [Strg]+[D]), um die Auswahl aufzuheben.

SCHRITT 4 WENDEN SIE DEN GAUSSSCHEN WEICHZEICHNER AN, UM DIE KANTEN ZU GLÄTTEN

Um möglichst weiche Kanten zu erzeugen, wählen Sie FILTER/WEICHZEICHNUNGSFILTER/GAUSSSCHER WEICHZEICHNER. Geben Sie bei Bildern mit geringer Auflösung (wie hier) einen Wert von 14 Pixel ein, bei hochauflösenden Bildern verwenden Sie 30 Pixel. Jetzt laden Sie den Alphakanal als Auswahl. Klicken Sie deshalb unten in der Kanäle-Palette auf den Button KANAL ALS AUSWAHL LADEN. Drücken Sie anschließend ⌘+^ (PC: Strg+^), um den RGB-Kanal einzublenden.

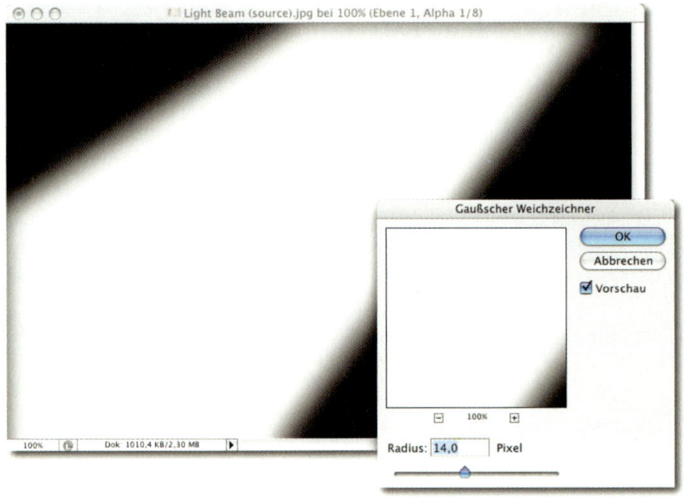

SCHRITT 5 KEHREN SIE DIE AUSWAHL UM UND WENDEN SIE EINE TONWERTKORREKTUR AN

Bei aktiver Auswahl werden Sie nun zwei Dinge tun: (1) die Bereiche außerhalb des Lichtstrahls abdunkeln und (2) den Lichtstrahl selbst aufhellen. Beginnen wir mit den äußeren Bereichen: Kehren Sie die Auswahl um, indem Sie ⌘+⇧+I (PC: Strg+⇧+I) drücken. Öffnen Sie anschließend mit ⌘+L (PC: Strg+L) die Tonwertkorrektur-Dialogbox, ziehen Sie den rechten Regler für den Tonwertumfang nach links (wie in der Abbildung zu sehen). Ziehen Sie ruhig etwas weiter als nötig, Sie können die Einstellung später noch anpassen. Klicken Sie auf OK, um die Bereiche abzudunkeln.

SCHRITT 6 KEHREN SIE DIE AUSWAHL NOCH EINMAL UM UND HELLEN SIE DEN LICHTSTRAHL AUF

So, jetzt zum Strahl selbst: Kehren Sie die Auswahl erneut um, indem Sie ⌘+⇧+I (PC: Strg+⇧+I) drücken. Wir haben die anderen Bereiche eben nur abgedunkelt, um den Effekt jetzt besser zu sehen. Öffnen Sie noch einmal die Tonwertkorrektur-Dialogbox und ziehen Sie den linken Regler für den Tonwertumfang nach rechts. Ziehen Sie auch hier ruhig etwas weiter als notwendig und klicken Sie auf OK. Heben Sie die Auswahl mit ⌘+D (PC: Strg+D) auf.

SCHRITT 7 FÜGEN SIE EINE EBENENMASKE HINZU

Wenn Sie wollen, können Sie an diesem Punkt aufhören – der Lichtstrahl fällt jetzt direkt auf die Person. Soll der Strahl jedoch nur auf die Wand dahinter fallen, müssen Sie jetzt mit der Ebenenkopie arbeiten. Klicken Sie unten in der Ebenen-Palette auf den Button EBENENMASKE HINZUFÜGEN (wie in der Abbildung zu sehen). Die Maske ist weiß, die Ebene verändert sich nicht, richtig? (Ich weiß, dass Sie es wissen.)

SCHRITT 8 STELLEN SIE SCHWARZ ALS VORDERGRUNDFARBE EIN UND AKTIVIEREN SIE EINEN WEICHEN PINSEL

Drücken Sie die Taste »D«, um Schwarz als Vordergrundfarbe einzustellen. Aktivieren Sie anschließend den Pinsel mit einer kleinen weichen Pinselspitze. Malen Sie damit über die Person (hier die Braut) – jedoch nur über die Bereiche, die sich im Licht befinden.

SCHRITT 9 MALEN SIE ÜBER DIE BEREICHE DER BRAUT, DIE INNERHALB DES LICHTS ERSCHEINEN

Malen Sie über alle Bereiche der Braut, die sich im Lichtstrahl befinden (wie in der Abbildung zu sehen). Da Sie mit Schwarz malen, werden diese Bereiche der darunter liegenden Ebene wieder eingeblendet.

SCHRITT 10 VERRINGERN SIE DIE DECKKRAFT

Erinnern Sie sich noch, dass ich Ihnen gesagt habe, dass Sie die Regler für den Tonwertumfang weiter ziehen können als eigentlich nötig? Der Grund dafür ist, dass Sie den Effekt, weil Sie ihn auf eine Ebenenkopie angewendet haben, jederzeit beeinflussen können. Um den Effekt abzuschwächen, brauchen Sie einfach nur die Ebenendeckkraft zu verringern (siehe Abbildung), um so die richtige Menge Licht hindurchzulassen.

SCHRITT 11 DAS FINALE BILD

Hier sehen Sie das finale Bild mit einer Deckkraft von 37% für einen etwas feineren Effekt.

Infraroteffekt

DANK DES KANALMIXERS KÖNNEN SIE DIESE EFFEKTE DIREKT IN PHOTOSHOP ERZEUGEN

Infrarotfotografie gibt es schon seit vielen Jahren. Im Zuge der Digitalfotografie und mithilfe von Photoshop steht das digitale Erstellen dieses Effekts auf der Wunschliste der Fotoeffekte ganz oben. Es gibt verschiedene Plug-Ins von Drittanbietern, mit denen Sie ebenfalls Infraroteffekte erstellen können, aber diese müssen Sie sich nicht kaufen. Denn mithilfe des Kanalmixers in Photoshop können Sie einige erstaunliche Infraroteffekte erstellen – sowohl in Schwarzweiß als auch in Farbe (wie Sie gleich sehen werden).

Vor dem digitalen Zeitalter waren spezielle Infrarotfilme notwendig (Kodak war ein bekannter Hersteller), die besonders intensiv auf rote Farben reagierten (die der traditionelle Film oder das Auge nicht sehen konnten). Bei diesen Filmen sieht blauer Himmel immer nahezu schwarz aus, die Wolken bleiben weiß. Auch grüne Bäume und das Gras sehen fast weiß aus, in Porträts nehmen die Hauttöne (Augen und Zähne) ebenfalls ein deutlich anderes Aussehen an.

Ich zeige Ihnen hier zwei unterschiedliche Möglichkeiten, um Infraroteffekte in Photoshop zu erzeugen (von denen Leuten behaupten würden, dass sie mit Infrarotfilm erstellt wurden). Übrigens werden von einigen klassischen Filmherstellern immer noch Infrarotfilme hergestellt, beispielsweise von Ilford.

SCHRITT 1 ÖFFNEN SIE EIN FOTO UND FÜGEN SIE EINE KANALMIXER-EINSTELLUNGSEBENE HINZU

Öffnen Sie das Foto, das Sie in ein Infrarotbild umwandeln wollen. Der Effekt wird oft in der Landschaftsfotografie verwendet (manchmal aber auch bei Porträts). Wir arbeiten hier mit einem Landschaftsbild, in dem viel grünes Gras und einige Wolken am Himmel zu sehen sind. Sie erzeugen den Effekt mithilfe des Kanalmixers. Erstellen Sie also eine neue Kanalmixer-Einstellungsebene – die Kanalmixer-Dialogbox sehen Sie im nächsten Schritt.

©ISTOCKPHOTO/FALK KIENAS

SCHRITT 2 LASSEN SIE ROT BEI +100%, ERHÖHEN SIE GRÜN AUF +200%, VERRINGERN SIE BLAU AUF -200%

In Landschaftsfotos (wie diesem) wird in der Regel versucht, die grüne Farbe im Bild maximal zu verstärken – erhöhen Sie also den Wert für Grün. Um die Werte insgesamt auf etwa 100% auszubalancieren, wählen wir für Rot +100% und für Blau -200%. (*Hinweis:* Bei den Schwarzweißumwandlungen mussten wir nicht so sehr darauf achten, die 100% einzuhalten, aber bei der Infrarottechnik dürfen Sie diese Grenze nicht überschreiten, weil sonst Farbstiche entstehen.) Klicken Sie noch nicht auf OK.

SCHRITT 3 AKTIVIEREN SIE DIE CHECKBOX MONOCHROM; VERRINGERN SIE DIE KONSTANTE

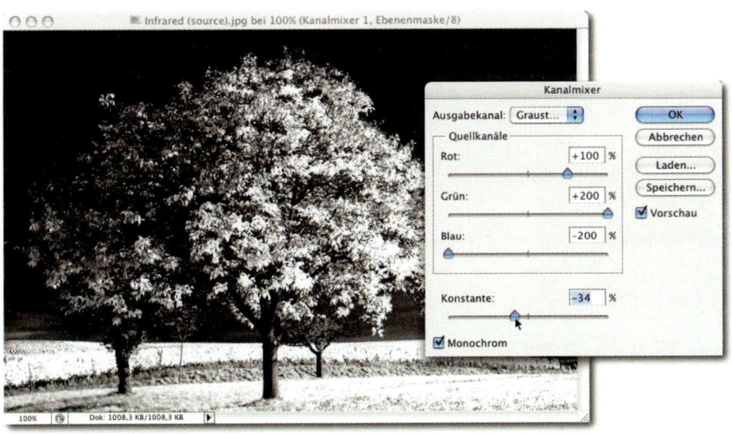

Aktivieren Sie nun unten links in der Dialogbox die Checkbox MONOCHROM (wie in der Abbildung zu sehen), um das Foto in Schwarzweiß umzuwandeln. Falls die weißen Bereiche zu sehr ausgewaschen werden (wie es in diesem Bild der Fall ist), verringern Sie die Konstante (ich wählte einen Wert von -34%). Wenn Sie wollen, klicken Sie jetzt auf OK. Sie können an dieser Stelle aufhören oder den Infraroteffekt noch etwas einfärben. In diesem Fall blättern Sie einfach um und folgen dem nächsten Schritt.

SCHRITT 4 ÄNDERN SIE DIE FÜLLMETHODE DER EINSTELLUNGSEBENE IN AUFHELLEN

Um das schwarzweiße Infrarotbild einzufärben, müssen Sie die Füllmethode der Kanalmixer-Einstellungsebene einfach in AUFHELLEN (wie hier zu sehen) oder UMGEKEHRT MULTIPLIZIEREN ändern (im letzteren Fall müssen Sie zusätzlich die Deckkraft anpassen). Als zusätzlichen Schritt können Sie weißen Glanz hinzufügen, indem Sie die Taste » X « drücken, um Weiß als Vordergrundfarbe einzustellen, das Bild auf eine Ebene reduzieren und FILTER/VERZERRUNGSFILTER/WEICHES LICHT wählen. Probieren Sie es mit diesen Einstellungen: KÖRNUNG: 3, LICHTMENGE: 15, und ziehen Sie den Kontrastregler nach rechts, um einen leichten Glanz zu erzeugen. Okay, dann jetzt zur alternativen Methode.

SCHRITT 5 ÖFFNEN SIE EIN ANDERES BILD

Diese Methode funktioniert besonders gut bei einem schönen blauen Himmel mit vielen Wolken (wie in diesem Foto). Hier werden wir mit verschiedenen Masken arbeiten, um den Infraroteffekt zu erzielen – der Himmel wird nahezu schwarz, die Wolken stechen schön weiß hervor, ebenso wie die Blätter des Baums. Es klingt vielleicht nicht so toll, sieht am Ende aber schön aus, wenn Sie alles richtig machen.

SCHRITT 6 NUTZEN SIE DEN KANALMIXER MIT DENSELBEN EINSTELLUNGEN, DIE LICHTER BLEICHEN ZU STARK AUS

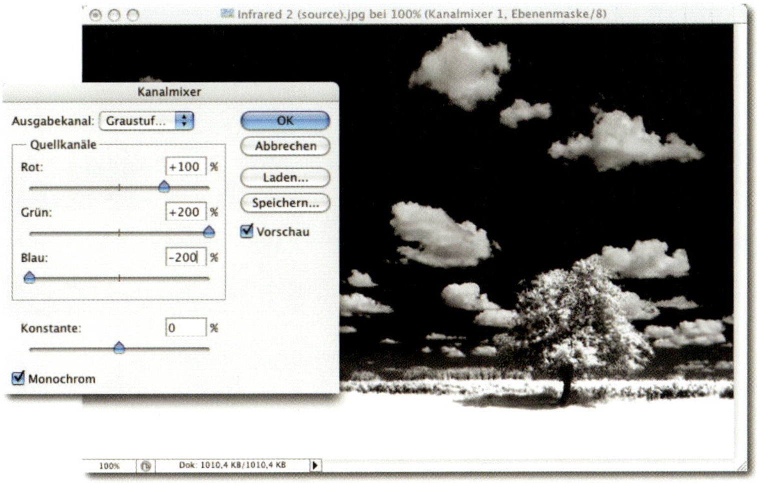

Erstellen Sie auch hier eine Kanalmixer-Einstellungsebene und aktivieren Sie die Checkbox MONOCHROM. Geben Sie folgende Werte ein: Rot +100, Grün +200 und Blau -200, um einen schwarzen Himmel, einen weißen Baum, weiße Wolken und einen weißen Grund zu erhalten. Klicken Sie noch nicht auf OK. Da der Grund komplett ausgewaschen ist und keine Details mehr zu erkennen sind, müssen wir nun mit einer Ebenenmaske arbeiten, um einen perfekten Effekt zu erzeugen. Das Foto eignet sich bestens dafür, denn Sie werden es immer wieder mit Bildern zu tun haben, in denen Sie den Himmel von der Erde trennen müssen, um in beiden Bereichen die Details zu erhalten.

SCHRITT 7 VERRINGERN SIE DIE KONSTANTE, BIS WIEDER DETAILS ZU ERKENNEN SIND

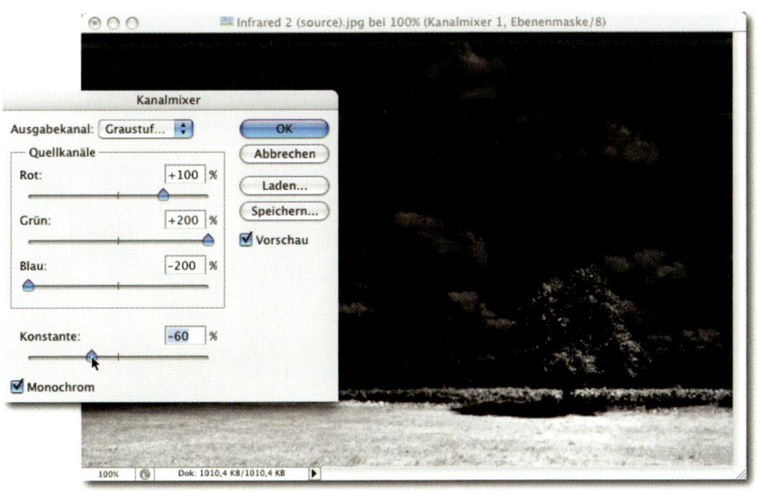

Wir werden den Himmel vorübergehend verändern, um die Details im Boden wieder einzublenden. Ziehen Sie den Konstanteregler nach links, bis Details zu erkennen sind (ich wählte einen Wert von -60%). Klicken Sie anschließend auf OK.

SCHRITT 8 MALEN SIE MIT SCHWARZ ALS VORDERGRUNDFARBE ÜBER DEN HIMMEL

Drücken Sie die Taste »D«, um Schwarz als Vordergrundfarbe einzustellen. Aktivieren Sie anschließend den Pinsel mit einer großen weichen Pinselspitze und malen Sie über den Himmel (keine Angst, Sie malen auf der Maske, nicht auf dem Foto). Durch das Malen mit Schwarz blenden Sie die Infrarotbereiche aus, das darunter liegende Bild kommt wieder zum Vorschein – der Effekt ist jetzt nur noch auf der Erde zu sehen. Die Maskenminiatur in der Ebenen-Palette sieht aus wie in der Abbildung – der obere Bildbereich ist schwarz, der untere weiß.

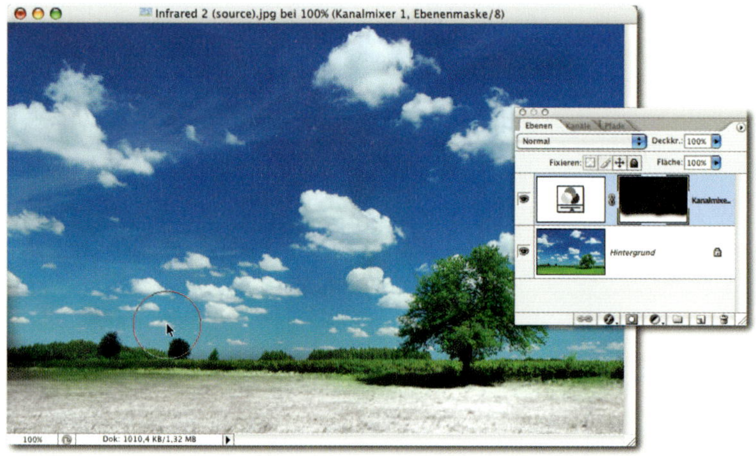

SCHRITT 9 DUPLIZIEREN SIE DIE EINSTELLUNGSEBENE, KEHREN SIE DIE MASKE MIT ⌘+I (PC: Strg+I) UM

Duplizieren Sie die Kanalmixer-Einstellungsebene (drücken Sie einfach ⌘+J [PC: Strg+J]). Kehren Sie mit ⌘+I (PC: Strg+I) die Maske um, so dass sich der schwarze Teil unten befindet und der weiße oben. Momentan sieht es so aus, als würden wir den dunklen Himmel einfach wieder einblenden, aber das werden wir gleich wieder ändern.

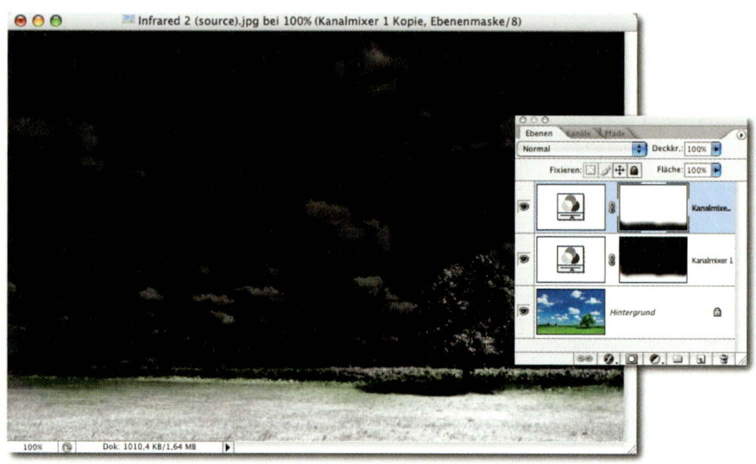

SCHRITT 10 ÖFFNEN SIE DEN KANALMIXER ERNEUT UND WÄHLEN SIE FÜR DIE KONSTANTE 0%

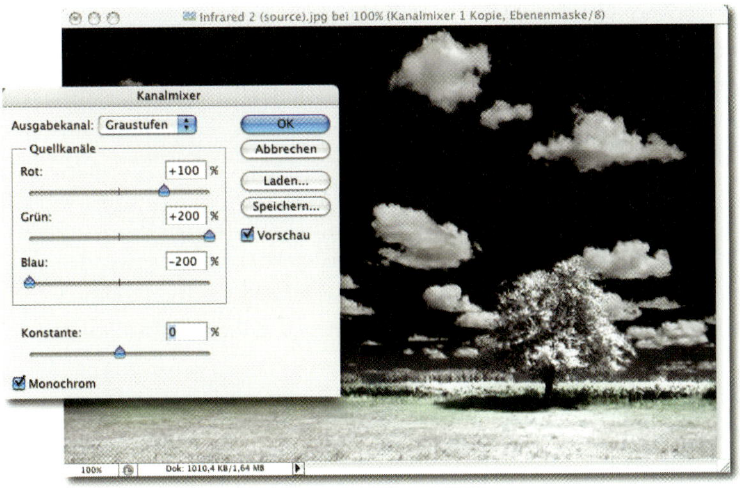

Klicken Sie in der Ebenen-Palette doppelt auf die Miniatur der Kanalmixer-Einstellungsebene, um die Kanalmixer-Dialogbox erneut zu öffnen. Der Konstanteregler befindet sich bei -60%. Verschieben Sie ihn auf 0%, um den schönen Himmel wieder einzublenden. Wir haben hier mit zwei verschiedenen Masken gearbeitet: (1) eine Maske, um den Boden zu bearbeiten und den Himmel auszublenden, und (2) eine Maske, um den Boden aus- und den schönen Himmel einzublenden. Wenn Sie in dem Bereich, in dem sich die beiden Masken treffen, grüne Flecken sehen (wie in der Abbildung), drücken Sie die Taste »X«, um Weiß als Vordergrundfarbe einzustellen und malen Sie darüber.

SCHRITT 11 MALEN SIE MIT WEISS ÜBER FARBIGE BEREICHE, UM DEN EFFEKT ZU VERVOLLSTÄNDIGEN

Hier sehen Sie das finale Bild, ohne grüne Flecken. Hier wird der gute Himmel mit dem guten Boden kombiniert – es ist ein sehr realistischer Infrarot-Schwarzweißeffekt entstanden.

Ein Bild in ein anderes einsetzen

DAS IST DER TRICK, MIT DEM WERBEAGENTUREN BILDER MONTIEREN UND DABEI KONTUREN ERHALTEN

Hier ist ein weiterer dieser beliebten Effekte, die Sie nur mithilfe von Kanälen erstellen können. Sie verwenden dabei den Versetzen-Filter von Photoshop und für diesen benötigen Sie eine Verschiebungsmatrix, die Sie aus einem Kanal erstellen. Mit dieser Technik können Sie Bilder hervorragend montieren und die Detailstrukturen des Originalbilds erhalten.

Dieser Trick wird häufig in Werbeanzeigen verwendet, beispielsweise um einer Person die Flagge eines Lands auf die Wange zu tätowieren. Wir werden hier einfache, flache Bilder auf Gesichtern von Personen platzieren und dabei die Gesichtskonturen ganz genau beibehalten.

SCHRITT 1 ÖFFNEN SIE EIN PORTRÄT, ERSTELLEN SIE EINE AUSWAHL VOM GESICHT UND SPEICHERN SIE DIESE

Öffnen Sie das Foto, in dem Sie ein weiteres platzieren wollen (hier ist es das Porträt einer Frau und wir werden zwei verschiedene Bilder wie ein Tattoo auf ihrem Gesicht platzieren). Erstellen Sie eine Auswahl des Gesichts (ich verwende dazu den Zeichenstift [Taste »P«] und wandle den Pfad über die Pfade-Palette in eine Auswahl um – Sie können aber auch das Lasso oder ein anderes Auswahlwerkzeug verwenden). Wählen Sie anschließend Auswahl/Auswahl speichern und klicken Sie in der Dialogbox einfach auf OK. Sie können die Auswahl dann mit ⌘+D (PC: Strg+D) aufheben.

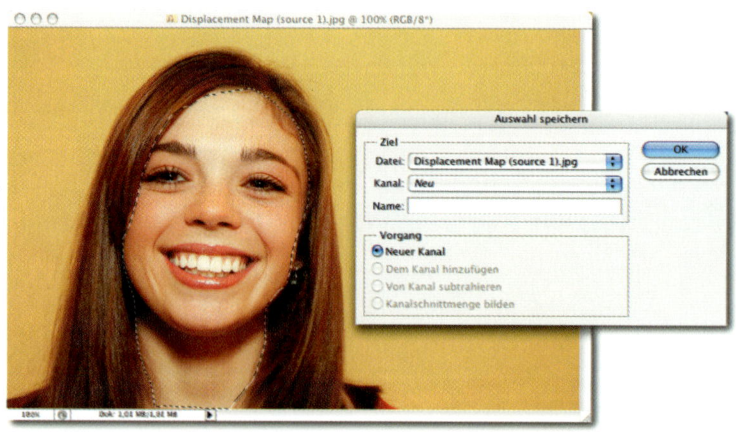

©ISTOCKPHOTO/JORDAN CHESBROUGH

SCHRITT 2 FINDEN SIE DEN KANAL MIT DEM BESTEN KONTRAST (HIER IST ES DER GRÜNE KANAL)

Um eine gute Matrix zu erstellen, benötigen wir den Kanal mit dem besten Kontrast. Halten Sie also in der Kanäle-Palette nach dem kontrastreichsten Kanal Ausschau. Hier ist es der grüne Kanal, klicken Sie also auf diesen in der Kanäle-Palette (wie in der Abbildung zu sehen).

SCHRITT 3 DUPLIZIEREN SIE DEN KANAL IN EIN EIGENES DOKUMENT

Wählen Sie aus dem Menü der Kanäle-Palette den Befehl KANAL DUPLIZIEREN. Wählen Sie im Abschnitt ZIEL aus dem Popup-Menü DATEI die Option NEU und klicken Sie auf OK. So wird kein neuer Alpha-Kanal erstellt, sondern ein vollständig neues Dokument mit einer Kopie des grünen Kanals. Mit diesem Dokument legen wir die Matrix für die Gesichtskonturen fest. Sie werden gleich verstehen, was ich meine.

SCHRITT 4	WENDEN SIE EINEN LEICHTEN GAUSSSCHEN WEICHZEICHNER AN, SPEICHERN SIE DAS FOTO ALS PSD

Wechseln Sie in dieses neue Dokument (das soeben erstellte mit der Kopie des grünen Kanals) und wenden Sie einen leichten Gaußschen Weichzeichner an (FILTER/WEICHZEICHNUNGSFILTER/GAUSSCHER WEICHZEICHNER). Ich verwende hier einen Wert von 1 Pixel, bei Bildern mit 300 ppi sollten Sie es mit 3 oder 4 Pixel versuchen. Klicken Sie anschließend auf OK. Nach dem Weichzeichnen müssen Sie die Datei speichern (DATEI/SPEICHERN UNTER). Geben Sie dem Dokument den Namen »Map« und speichern Sie es als PSD-Datei. Sie können die Datei jetzt schließen.

SCHRITT 5	BLENDEN SIE DEN RGB-KANAL EIN, ÖFFNEN SIE DIE STRUKTUR UND ZIEHEN SIE SIE IN DAS DOKUMENT

Wechseln Sie wieder in das Originalfoto und drücken Sie ⌘+^ (PC: Strg+^), um den RGB-Kanal einzublenden. Öffnen Sie die Struktur, die Sie im Gesicht platzieren wollen. Hier ist es eine Schlangenhaut. Ziehen Sie die Schlangenhaut mit dem Verschieben-Werkzeug (Taste »V«) über das Porträt, positionieren Sie sie direkt über dem Gesicht (wie in der Abbildung zu sehen).

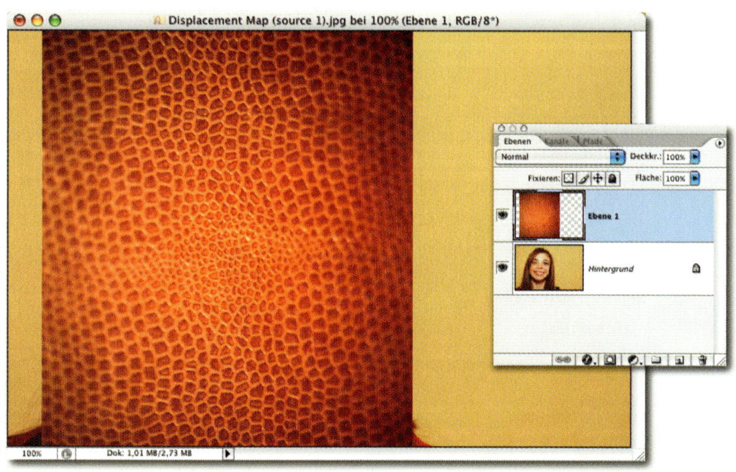

©ISTOCKPHOTO/ANDY WHITELOCK

SCHRITT 6 ÖFFNEN SIE DEN FILTER VERSETZEN UND KLICKEN SIE EINFACH AUF OK

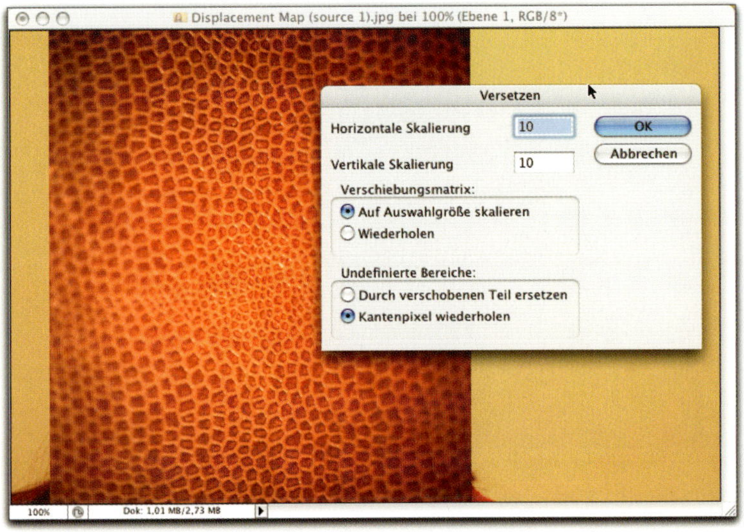

Wählen Sie Filter/Verzerrungsfilter/Versetzen. Sie können die Standardeinstellungen in der Dialogbox so stehen lassen (beide Skalierungen bei 10). Aktivieren Sie außerdem die Optionen Auf Auswahlgrösse skalieren und Kantenpixel wiederholen und klicken Sie auf OK.

SCHRITT 7 SUCHEN SIE DIE VORHIN GESPEICHERTE PSD-DATEI UND ÖFFNEN SIE SIE

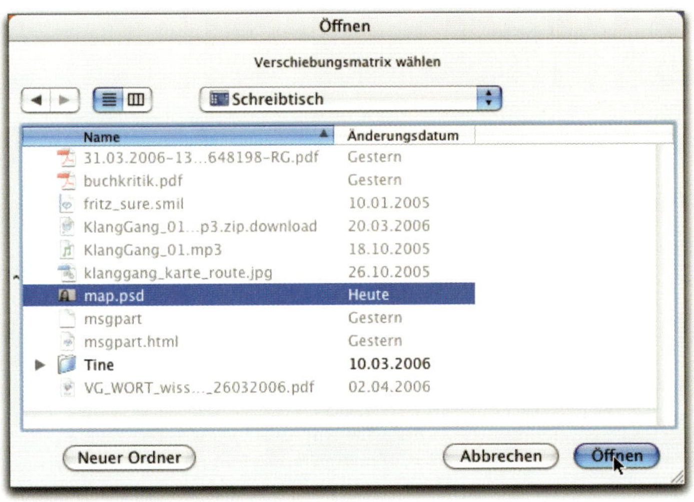

Es erscheint die Öffnen-Dialogbox, in der Sie die Verschiebungsmatrix wählen müssen. Suchen Sie die vorhin erstellte Datei »Map.psd« (ich habe sie auf dem Schreibtisch gespeichert, um sie so schneller finden zu können) und klicken Sie auf Öffnen (wie hier zu sehen).

SCHRITT 8 DIE MATRIX WIRD AUF DIE TEXTUREBENE ANGEWENDET

Sobald Sie auf OK klicken, erscheint die Schlangenhaut verzerrt oder verkrümmt. Das liegt daran, dass eine Matrix des Gesichts auf die Mitte der Schlangenhaut angewendet wurde. An dieser Stelle kann man noch nicht viel mehr erkennen, aber Sie werden gleich sehen, welchen Effekt wir damit erzielen.

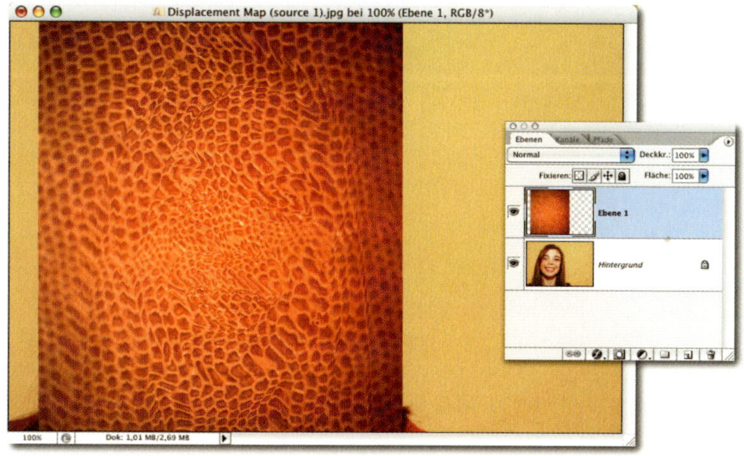

SCHRITT 9 LADEN SIE DIE GESPEICHERTE AUSWAHL

Erinnern Sie sich noch daran, dass Sie im ersten Schritt eine Auswahl gespeichert haben? Den Alpha-Kanal des Gesichts? Diesen müssen Sie jetzt wieder laden, wählen Sie also Auswahl/Auswahl laden. Wählen Sie im Popup-Menü Kanal der Dialogbox die Option Alpha 1 und klicken Sie auf OK, um den Kanal als Auswahl zu laden.

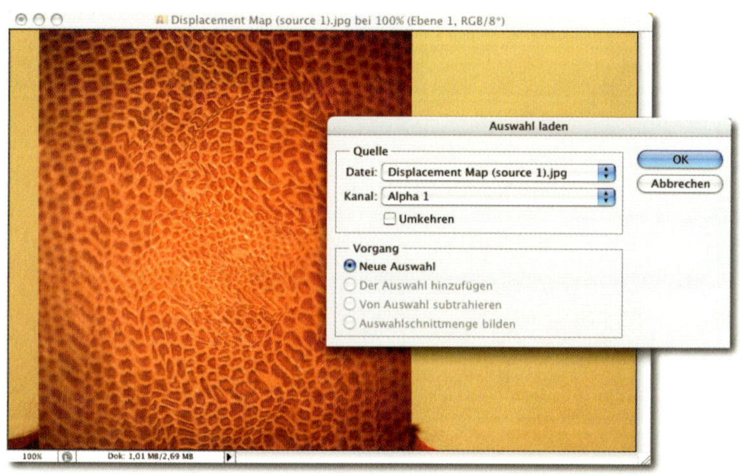

SCHRITT 10 KEHREN SIE DIE AUSWAHL UM UND WENDEN SIE EINE LEICHTE WEICHE AUSWAHLKANTE AN

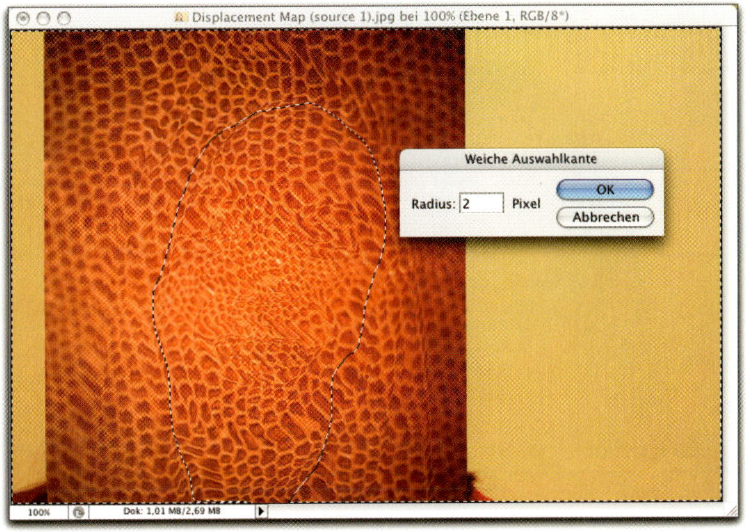

Wenn die geladene Auswahl erscheint, müssen Sie diese umkehren (wählen Sie AUSWAHL/AUSWAHL UMKEHREN), um alles andere auszuwählen. (Sie können auch in der Dialogbox AUSWAHL LADEN die Checkbox UMKEHREN aktivieren, dann müssen Sie diesen Schritt hier nicht machen.) Um weiche Kanten zu erzielen, wählen Sie AUSWAHL/WEICHE AUSWAHLKANTE. Geben Sie einen Wert von 2 Pixel ein und klicken Sie auf OK. (*Hinweis:* Bei gering auflösenden Bildern reichen 2 Pixel, bei Bildern mit einer hohen Auflösung sollten Sie es mit 5 oder 6 Pixel versuchen.)

SCHRITT 11 ENTFERNEN SIE DIE BEREICHE AUSSERHALB DER AUSWAHL, HEBEN SIE DIE AUSWAHL AUF

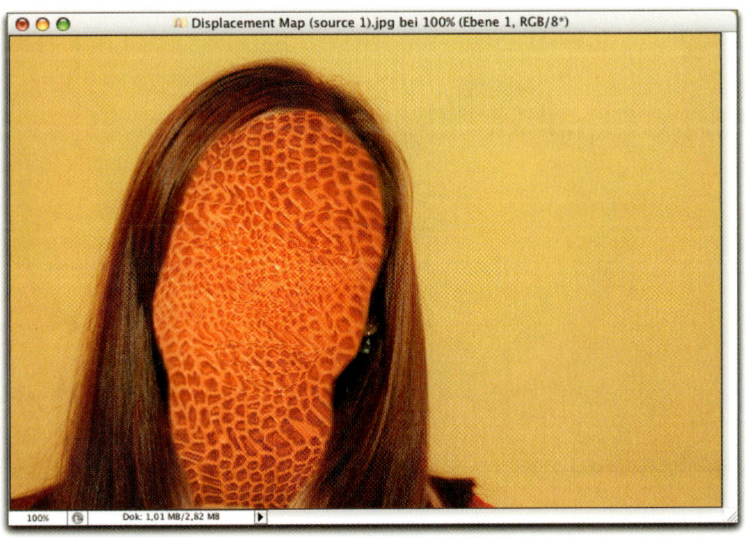

Drücken Sie die Löschtaste, um die Bereiche außerhalb des Gesichts zu löschen (wie hier zu sehen). Sie können die Auswahl mit ⌘ + D (PC: Strg + D) aufheben. Sie haben jetzt zwar die Gesichtskonturen nachempfunden und die überflüssigen Bereiche entfernt, aber das Muster noch nicht in das Originalbild übergeblendet. Darum kümmern wir uns jetzt.

SCHRITT 12 ÄNDERN SIE DIE FÜLLMETHODE IN MULTIPLIZIEREN UND VERRINGERN SIE DIE DECKKRAFT

Ändern Sie die Füllmethode dieser Ebene in der Ebenen-Palette in MULTIPLIZIEREN. Das Muster wird in das Gesicht übergeblendet, die Gesichtskonturen bleiben erhalten. Durch die Füllmethode wird das Ergebnis jedoch recht dunkel – verringern Sie in dem Fall einfach die Deckkraft auf etwa 70% (wie hier zu sehen). Perfekt ist es jedoch immer noch nicht. Wenn die Frau wirklich solch eine Haut hätte, würde sich das Muster nicht auf den Augen und den Zähnen befinden, richtig? Dieses Problem werden wir jetzt beheben.

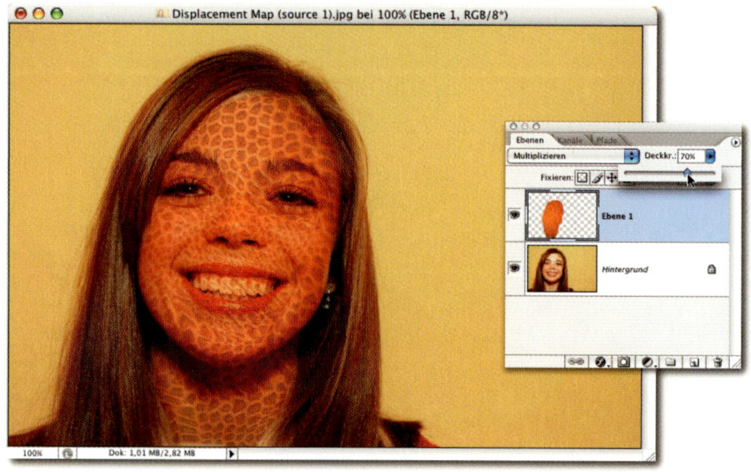

SCHRITT 13 FÜGEN SIE EINE EBENENMASKE HINZU, MALEN SIE MIT SCHWARZ ÜBER ZÄHNE UND AUGEN

Klicken Sie unten in der Ebenen-Palette auf den Button EBENENMASKE HINZUFÜGEN. Wählen Sie Schwarz als Vordergrundfarbe und eine kleine weiche Pinselspitze. Malen Sie damit über die Augen und die Zähne. Beim Malen wird das Muster mithilfe der schwarzen Maske ausgeblendet. Überprüfen Sie anschließend, ob Sie vielleicht die Deckkraft noch etwas verringern müssen (ich wählte für den finalen Effekt eine Deckkraft von 60%). Was ist, wenn Ihnen das Muster jetzt nicht gefällt? Zum Glück ist es ganz einfach, eine andere Struktur anzuwenden, denn die Matrix haben Sie ja bereits erstellt und auch die Auswahl des Gesichts wurde bereits als Alpha-Kanal gespeichert. Sie können auch dieselbe Ebenenmaske verwenden. Also los!

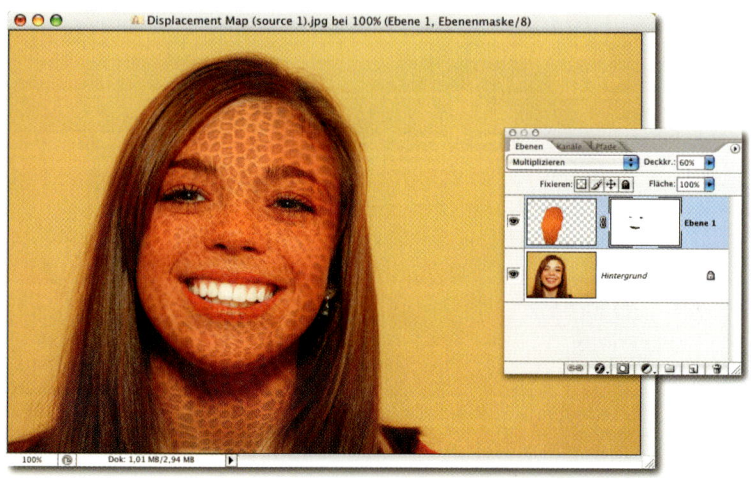

SCHRITT 14 PROBIEREN SIE ANSCHLIESSEND WEITERE TEXTUREN AUS

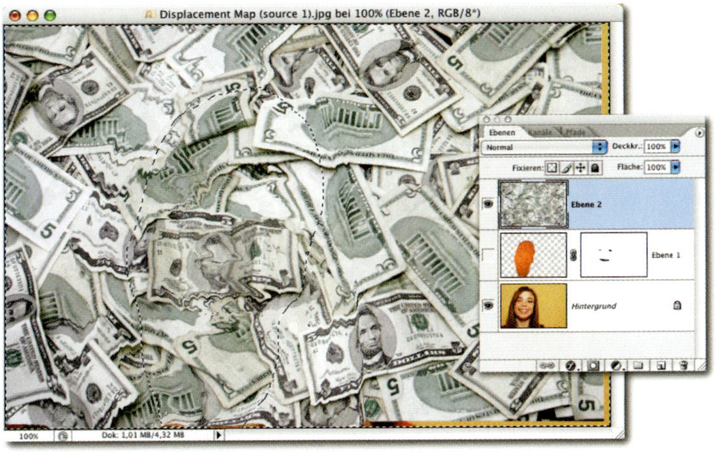

©ISTOCKPHOTO/BRANDON CLARK

Öffnen Sie ein zweites Foto (hier sind es Dollarscheine) und ziehen Sie es über das Porträt. Die Ebene mit der Schlangenhaut können Sie ausblenden. (Löschen Sie sie nicht, blenden Sie sie einfach aus, indem Sie auf das Augen-Icon links daneben klicken.) Da Sie dieselbe Verschiebungsmatrix anwenden wollen wie eben, können Sie einfach ⌘ + F (PC: Strg + F) drücken, um dieselbe Matrix anzuwenden. Laden Sie anschließend den Alphakanal (aktivieren Sie in der Dialogbox dieses Mal die Checkbox UMKEHREN) und klicken Sie auf OK, um die Auswahl zu laden. Wenden Sie eine weiche Auswahlkante von 2 Pixel an.

SCHRITT 15 LÖSCHEN SIE ÜBERFLÜSSIGE BEREICHE, ÄNDERN SIE DIE FÜLLMETHODE UND HEBEN SIE DIE AUSWAHL AUF

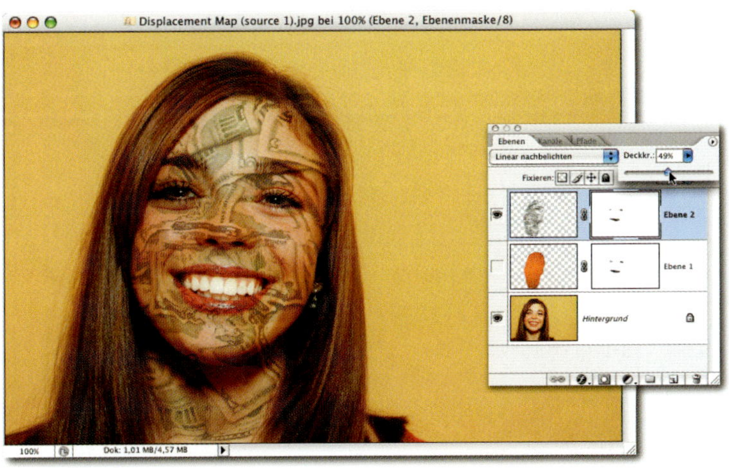

Drücken Sie die Löschtaste und ändern Sie die Ebenenfüllmethode in LINEAR NACHBELICHTEN. Ich habe es auch mit MULTIPLIZIEREN versucht und anschließend noch ein paar andere Füllmethoden ausprobiert (FARBIG NACHBELICHTEN, LINEAR NACHBELICHTEN, ÜBERLAGERN oder WEICHES LICHT) und fand LINEAR NACHBELICHTEN am besten. Verringern Sie die Deckkraft (50%) und heben Sie die Auswahl auf. Wenden Sie anschließend dieselbe Ebenenmaske wie eben an. Halten Sie in CS2 die ⌥-Taste (PC: Alt-Taste) gedrückt und ziehen Sie die Ebenenmaske der Schlangenhautebene auf die Ebene mit dem Geld. Wenden wir die Technik auf ein anderes Bild an.

SCHRITT 16 ZUM ÜBEN: ÖFFNEN SIE DIESE BEIDEN BILDER

Hier sehen Sie das Foto eines Manns. (Gesichter eignen sich so gut, um Ihnen zu zeigen, wie sich das neue Muster an die Gesichtskonturen anpasst – Sie können aber auch mit anderen Oberflächen arbeiten.) Das zweite Bild ist eine Blaupause eines Hauses. Wir wenden jetzt dieselbe Technik an wie eben.

SCHRITT 17 ERSTELLEN SIE EINE AUSWAHL VOM GESICHT UND SPEICHERN SIE, DUPLIZIEREN SIE DEN KONTRASTKANAL

Durchlaufen Sie dieselben Schritte, dieses Mal wird es deutlich schneller gehen: Speichern Sie eine Auswahl vom Gesicht als Alpha-Kanal. Duplizieren Sie anschließend den Kontrastkanal in ein eigenes Dokument und wenden Sie einen leichten Gaußschen Weichzeichner an. Speichern Sie es anschließend als Photoshop-PSD-Datei. Ziehen Sie dann die Blaupause über das Gesicht und wenden Sie den VERSETZEN-Filter an. Verwenden Sie als Matrix die gespeicherte Datei. Sobald Sie die Matrix auf die Blaupause angewendet haben, laden Sie die Auswahl des Gesichts, kehren diese um und wenden eine weiche Auswahlkante an (wie in der Abbildung zu sehen).

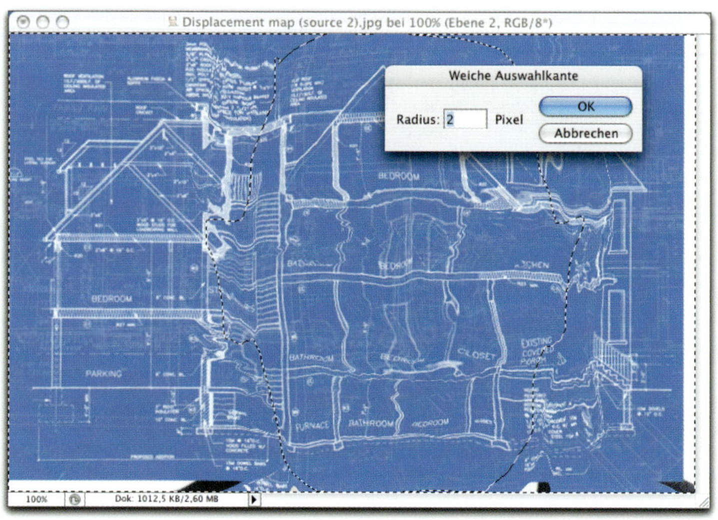

SCHRITT 18 WÄHLEN SIE DEN VERSETZEN-FILTER UND LADEN SIE DIE AUSWAHL, LÖSCHEN SIE ÜBERFLÜSSIGE BEREICHE

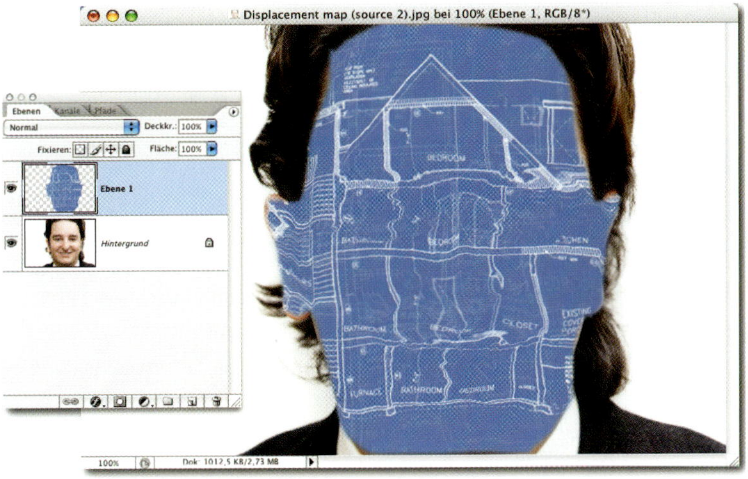

Drücken Sie die Löschtaste, um die überflüssigen Bereiche zu entfernen. Heben Sie die Auswahl anschließend auf (wie in der Abbildung zu sehen).

SCHRITT 19 ÄNDERN SIE DIE FÜLLMETHODE IN MULTIPLIZIEREN UND VERRINGERN SIE DIE DECKKRAFT

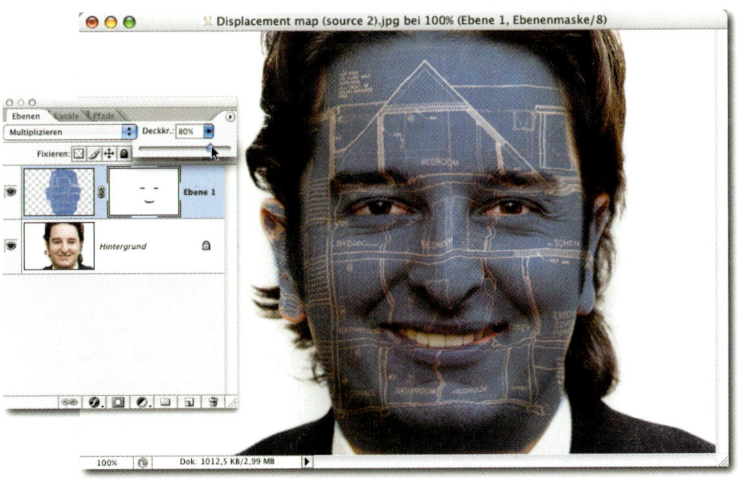

Ändern Sie die Füllmethode der Blaupause in MULTIPLIZIEREN und verringern Sie die Deckkraft, bis Ihnen der Effekt gefällt. Fügen Sie anschließend eine neue Ebenenmaske hinzu und malen Sie mit Schwarz als Vordergrundfarbe und einem kleinen Pinsel über Augen und Zähne, um den Effekt zu vervollständigen (wie in der Abbildung zu sehen).

Beleuchtungseffekte im Strukturkanal

WIE SIE MIT KANÄLEN UND DEM FILTER "BELEUCHTUNGSEFFEKTE" EINEN EINZIGARTIGEN EFFEKT ERZEUGEN

In dieser Übung sieht es so aus, als würden wir eine High-Tech-Oberfläche erstellen. Ich muss zugeben, an einigen Stellen stimmt das auch – aber eigentlich geht es um die Funktionsweise des Relief-Kanals im Photoshop-Filter Beleuchtungseffekte. Diese Technik wird gern bei Oberflächen angewendet, die für das Web bestimmt sind. Deswegen handelt auch unser Beispiel davon, lassen Sie sich davon aber nicht stören. Eigentlich geht es um den Filter Beleuchtungseffekte. Ich hätte natürlich mit einer fertigen Oberfläche beginnen können, aber ich hasse Übungen, bei denen der schwierige Teil bereits erledigt ist. (Wenn Sie bei null anfangen, ist das eine sehr schöne Übung für Sie, wie ich finde.) Wir werden deshalb gemeinsam eine Oberfläche erstellen.

Wenn Sie beim Blick auf die ersten drei Schritte denken »Diese Formen mit den Löchern kann ich unmöglich selbst erstellen«, dann laden Sie sich eine passende Version des Bilds von der Website zum Buch (www.scottkelbybooks.com/channelsphotos) herunter. Sie können also etwas schummeln, allerdings müssen Sie dann mit dem schlechten Gewissen leben, nicht bei null angefangen zu haben.

SCHRITT 1 ERSTELLEN SIE EINE LEERE EBENE UND ZWEI FORMEN WIE DIESE UND FÜLLEN SIE SIE MIT SCHWARZ

Wir werden zunächst die Grundelemente einer High-Tech-Oberfläche erstellen, um zu zeigen, wie der Relief-Kanal im Filter Beleuchtungseffekte funktioniert. Die Übung geht jedoch nicht bis ins Detail, dazu wäre ein ganzes Kapitel notwendig, aber irgendwo müssen wir ja anfangen. Erstellen Sie eine neue Ebene und mit einem Auswahlwerkzeug Ihrer Wahl zwei Formen ähnlich der, die Sie in der Abbildung sehen. Ich verwendete den Zeichenstift und wandelte die Formen anschließend mit ⌘+↵ (PC: Strg+↵) in Auswahlen um. Wählen Sie Schwarz als Vordergrundfarbe und drücken Sie dann ⌥-Löschtaste (PC: Alt-Löschtaste), um die Formen mit Schwarz zu füllen. Sie können die Auswahl jetzt aufheben.

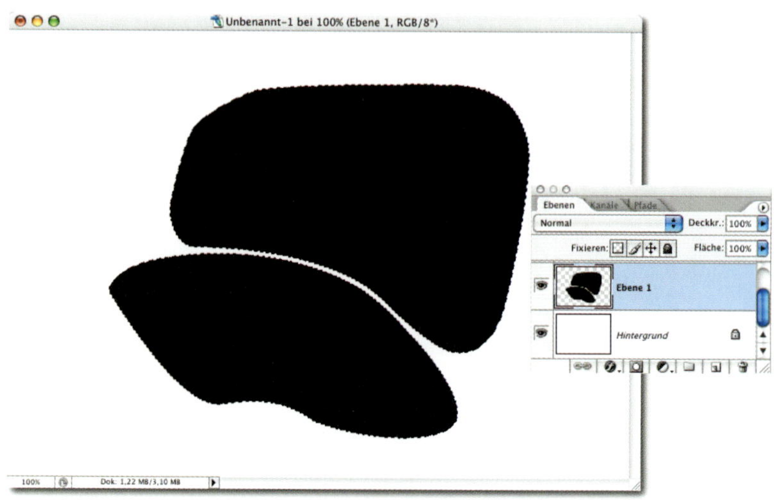

SCHRITT 2 ERSTELLEN SIE AUSWAHLEN INNERHALB DER FORMEN, SCHNEIDEN SIE DIESE AUS

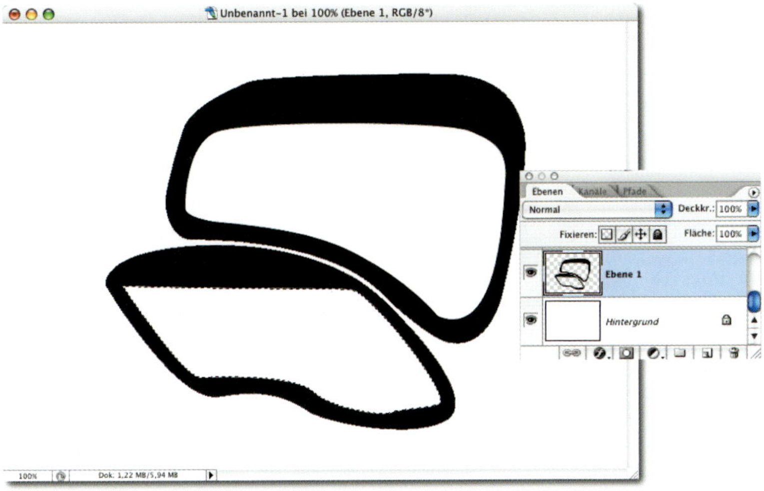

Sie werden jetzt Löcher ausschneiden. Verwenden Sie dazu wieder ein Auswahlwerkzeug Ihrer Wahl. Drücken Sie nach dem Erstellen der Auswahlen die Löschtaste, um die Löcher auszuschneiden, wie in der Abbildung zu sehen. Anschließend können Sie die Auswahlen aufheben.

SCHRITT 3 ERSTELLEN SIE WEITERE AUSWAHLEN (WIE DIESE) UND LÖSCHEN SIE AUCH DIESE

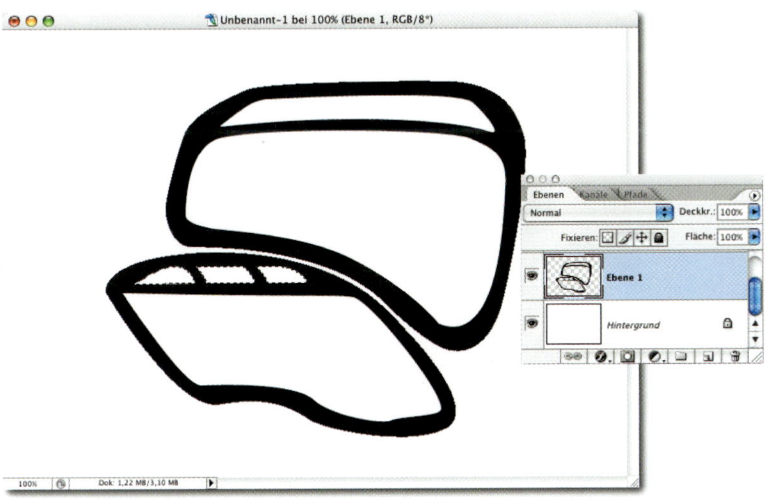

Für die fertige Oberfläche brauchen Sie im oberen Bereich ebenfalls einige Löcher (auch hier verwendete ich den Zeichenstift). Erstellen Sie in der unteren Form drei weitere Buttons, um einen MP3-Player navigieren zu können. (Ich verwendete dazu den Zeichenstift. Diese Löcher dienen nur dem Aussehen – sie haben nicht wirklich eine Funktion. Aber eigentlich geht es bei der gesamten Form nur ums Aussehen, schneiden Sie also die Löcher aus.)

SCHRITT 4 KLICKEN SIE MIT GEDRÜCKTER ⌘-TASTE (PC: Strg) AUF EINE EBENE, UM SIE ALS AUSWAHL ZU LADEN

Jetzt muss die Form in einen Alpha-Kanal umgewandelt werden. Halten Sie dazu die ⌘-Taste (PC: Strg-Taste) gedrückt und klicken Sie direkt auf die Ebenenminiaturen in der Ebenen-Palette (wie in der Abbildung zu sehen). So erstellen Sie eine komplette Auswahl. Klicken Sie in der Kanäle-Palette auf den Button Auswahl als Kanal speichern. Sie können die Auswahl anschließend aufheben und in der Ebenen-Palette die Ebene 1 in den Papierkorb ziehen, denn diese wird nicht länger benötigt.

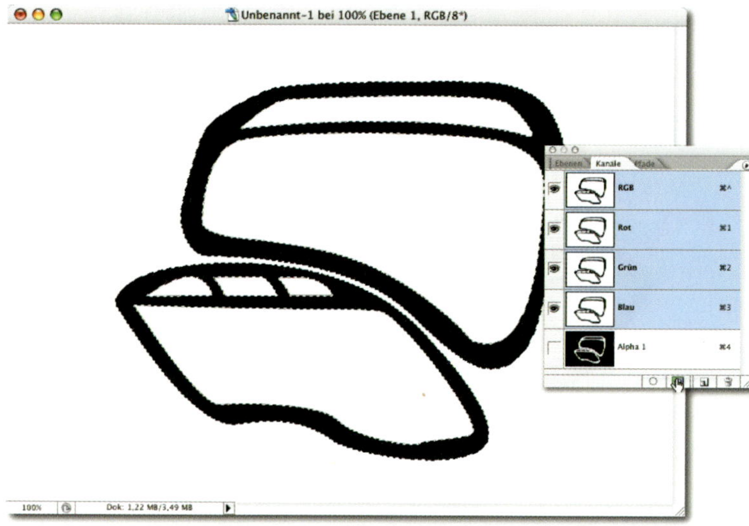

SCHRITT 5 WENDEN SIE EINEN WEICHZEICHNER AUF DEN ALPHA-KANAL AN, BLENDEN SIE DEN RGB-KANAL WIEDER EIN

Klicken Sie in der Kanäle-Palette auf den Kanal namens Alpha 1 (die gespeicherte Auswahl der Oberfläche). Diesen Kanal werden Sie jetzt etwas weichzeichnen. Wählen Sie dazu Filter/Weichzeichnungsfilter/Gaußscher Weichzeichner mit einem Wert von 0,5 Pixel. Solche Oberflächen werden hauptsächlich für Webseiten gestaltet, so dass eine Auflösung von 72 ppi und ein solch niedriger Gaußscher Weichzeichner ausreichend sind. Falls Sie eine hoch auflösende Datei erstellen, geben Sie einen Wert von 2 Pixel ein. Klicken Sie anschließend auf OK.

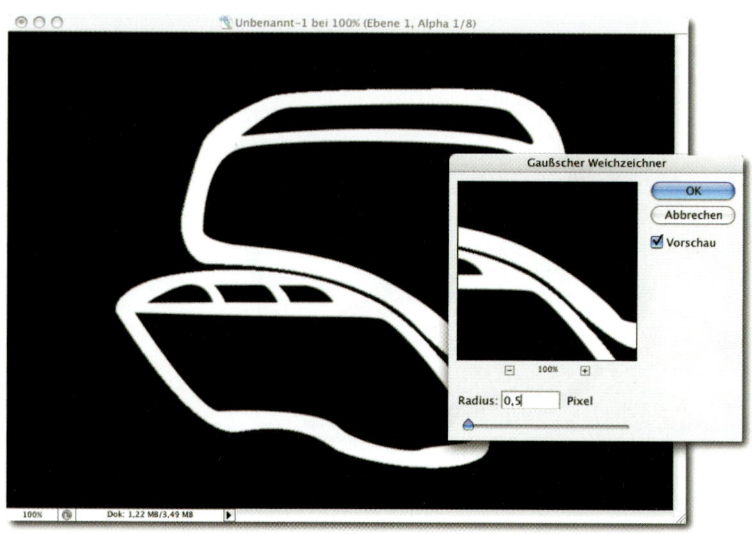

SCHRITT 6 AKTIVIEREN SIE IM BELEUCHTUNGSEFFEKTE-FILTER DEN ALPHA-KANAL

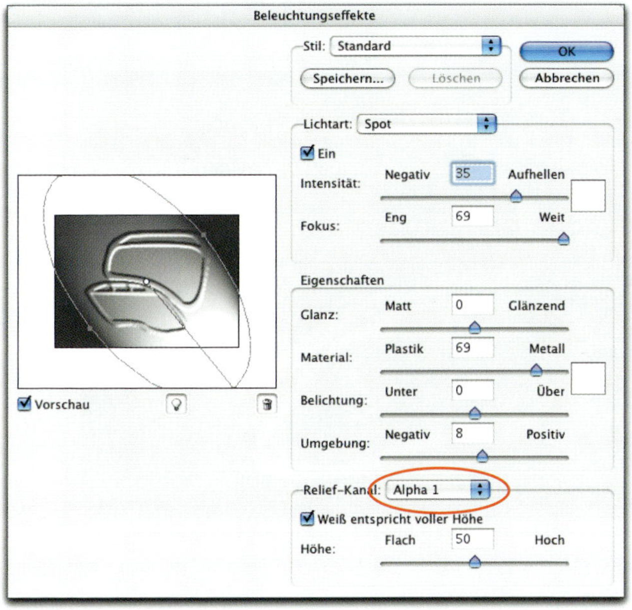

Drücken Sie nach der Weichzeichnung ⌘+^ (PC: Strg+^), um den RGB-Kanal wieder einzublenden. In der Ebenen-Palette sollten Sie jetzt nur die Hintergrundebene sehen. Wählen Sie FILTER/RENDERING-FILTER/BELEUCHTUNGSEFFEKTE. Unten in der Dialogbox müssen Sie nur den Kanal ALPHA1 als Relief-Kanal aktivieren. Links in der Dialogbox sehen Sie eine Vorschau des Effekts. Klicken Sie auf OK, um den Filter anzuwenden. Durch das Laden des Alpha-Kanals erzeugt der Filter ein einzigartiges Relief von den Kanten.

SCHRITT 7 DER FILTER WURDE AUF DEN HINTERGRUND ANGEWENDET, LADEN SIE DIE ORIGINALAUSWAHL

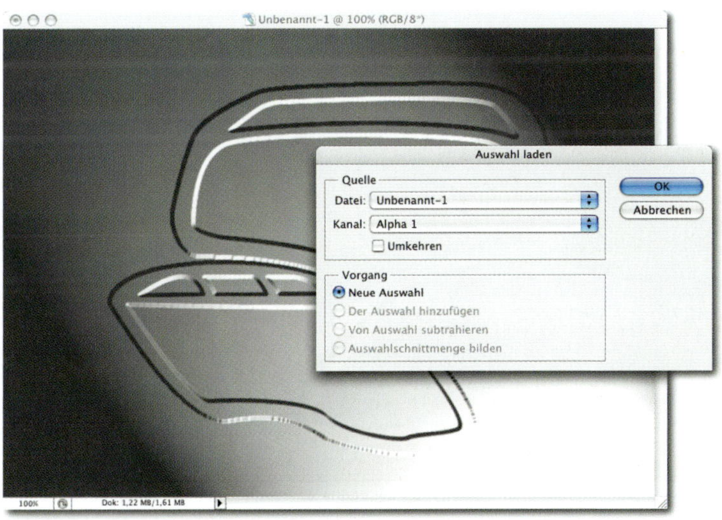

Sobald Sie auf OK geklickt haben, sehen Sie, dass der Filter auf die Hintergrundebene angewendet wurde. Die Oberfläche muss sich jedoch in einer eigenen Ebene befinden. Laden Sie deshalb den Alpha-Kanal als Auswahl. Wählen Sie AUSWAHL/AUSWAHL LADEN und aktivieren Sie im Popup-Menü KANAL die Option ALPHA 1. KLicken Sie auf OK. Sie können den Kanal natürlich auch mit dem Tastaturkurzbefehl ⌘+⌥+4 (PC: Strg+Alt+4) laden.

SCHRITT 8 DRÜCKEN SIE ⌘+J (PC: Strg+J), UM DIE OBERFLÄCHE IN EINE EIGENE EBENE ZU KOPIEREN

Drücken Sie ⌘+J (PC: Strg+J), um die Oberfläche in eine eigene Ebene zu kopieren. Klicken Sie in der Ebenen-Palette auf die Hintergrundebene, stellen Sie Schwarz als Vordergrundfarbe ein und drücken Sie ⌥-Löschtaste (PC: Alt-Löschtaste), um die Ebene mit Schwarz zu füllen (wie hier zu sehen). Die Grundform der Oberfläche ist vollständig, Sie können jetzt Text und all diese Dinge hinzufügen, die notwendig sind. Okay, Sie wollen noch etwas weitergehen. Na gut, aber der Kanäle-Teil ist hiermit abgeschlossen.

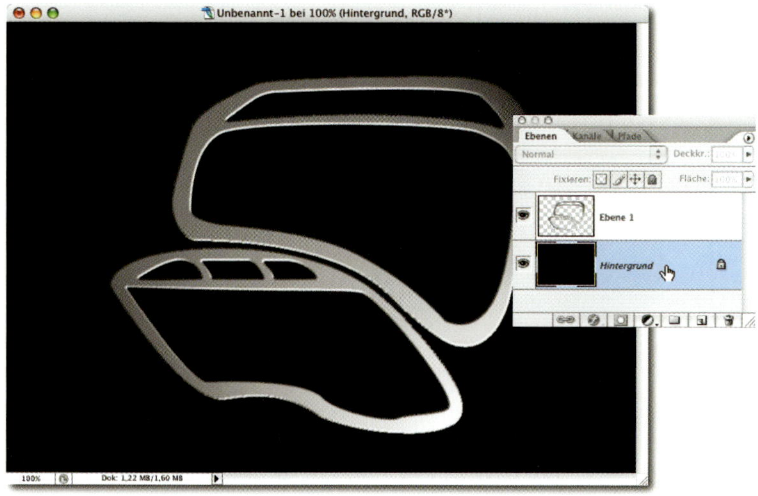

SCHRITT 9 WÄHLEN SIE DIE EINZELNEN ZELLEN MIT DEM ZAUBERSTAB AUS, FÜLLEN SIE DIESE MIT BLAU

Um die inneren Bereiche in eine eigene Ebene zu kopieren, klicken Sie mit dem Zauberstab (Taste »W«) in die Formen. Halten Sie die ⇧-Taste gedrückt, um die Auswahl zu erweitern und auch die anderen Bereiche auszuwählen (wie in der Abbildung zu sehen). Fügen Sie eine neue leere Ebene hinzu und ziehen Sie sie unter die Oberfläche. Wählen Sie als Vordergrundfarbe ein mittleres Blau und füllen Sie damit die Auswahlen. Wählen Sie aus dem Popup-Menü EBENENEFFEKT HINZUFÜGEN unten in der Ebenen-Palette die Option SCHEIN NACH INNEN. Dadurch entsteht an den Innenkanten ein leichter weicher Schatten und somit etwas Tiefe.

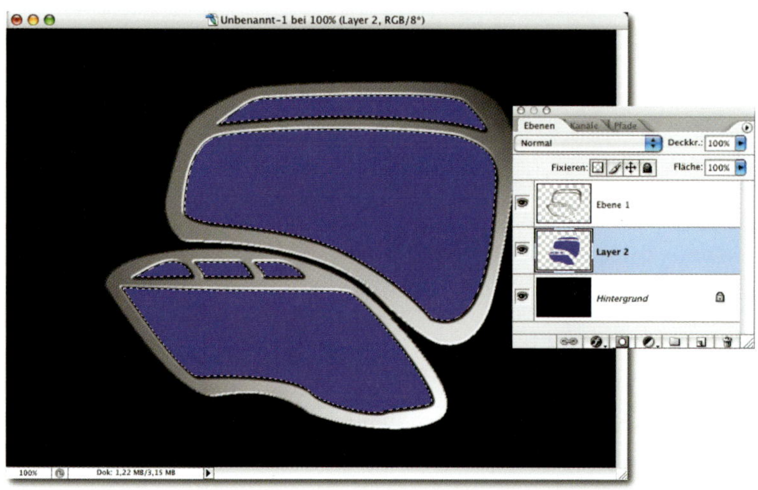

SCHRITT 10 ERSTELLEN SIE EINEN SCHEIN NACH INNEN, FÜGEN SIE EINE EBENE UND VERLÄUFE HINZU

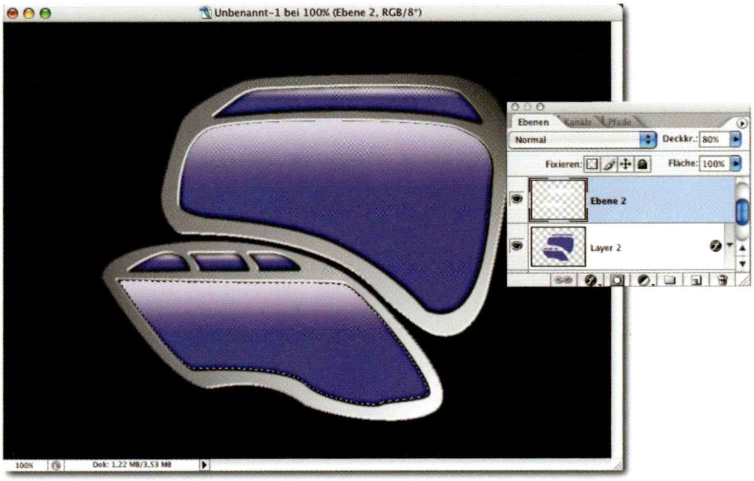

In der Dialogbox Schein nach innen müssen Sie drei Dinge tun: (1) Wählen Sie Schwarz als Farbe für den Effekt; (2) ändern Sie den Modus in Normal; (3) erhöhen Sie die Größe auf 9. Klicken Sie anschließend auf OK. Jetzt müssen Sie noch die Verläufe erstellen, die Sie in der Abbildung sehen. Erstellen Sie eine weitere neue Ebene, wählen Sie Weiß als Vordergrundfarbe und aktivieren Sie das Verlaufswerkzeug (Taste » G «). Wählen Sie im Verlaufswähler den zweiten Verlauf (Weiß, Transparent) aus. Nutzen Sie den Zauberstab, um einen Bereich auszuwählen, aktivieren Sie das Verlaufswerkzeug und ziehen Sie von oben nach unten, ungefähr bis zur Hälfte. Wiederholen Sie diesen Schritt auch für die anderen Bereiche.

SCHRITT 11 FÜGEN SIE EINEN SCHWARZEN SCHEIN NACH INNEN UND FINALE ELEMENTE HINZU

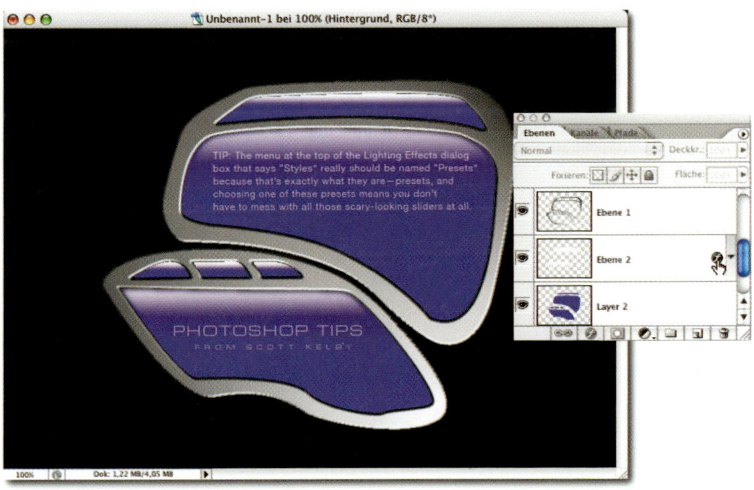

Sobald Sie die Verläufe erstellt haben, können Sie den Ebeneneffekt von der blauen Ebene auf die Ebene mit den Verläufen ziehen (in Versionen vor CS2 müssen Sie den Effekt über das Menü der Ebenen-Palette kopieren). Zum Schluss müssen Sie noch den Text erstellen. Für den Text ganz oben verwendete ich die Schriftart Eurostyle Extended, ebenso für den Haupttext unten. Der mittlere Text wurde in Helvetica Regular gesetzt. Ich wendete anschließend noch einige Effekte aus meinem Buch *Down & Dirty Tricks* an, aber Sie finden ähnliche auch ganz schnell im Web – googeln Sie einfach ein bisschen.

Echte Schatten erhalten

WIE SIE ORIGINALSCHATTEN ERHALTEN UND BEI DER BILDMONTAGE TRANSPARENT ERSCHEINEN LASSEN

Diesen Trick habe ich vor einigen Jahren vom Photoshop-Guru Ben Willmore gelernt. Er hielt ein hervorragendes Seminar über Kanäle auf der Photoshop World Conference & Expo (www.photoshopworld.com). Mit dieser Technik erhalten Sie nicht nur die Originalschatten, sondern Sie lassen diese bei der Bildmontage auch transparent erscheinen. Das ist echt cool!

Sie laden hierbei lediglich eine Auswahl der Luminanzbereiche und kehren sie um, um die Schatten auszuwählen. Natürlich gibt es dafür auch einen Tastaturkurzbefehl, bei dem Sie allerdings so viele Finger benötigen, dass er »Die Kralle« genannt wird (ich glaube, dieser Ausdruck stammt ursprünglich von der Photoshop-Diva Katrin Eismann). Danke Ben für diese Technik und danke Katrin für den Kurzbefehl mit diesem tollen Namen.

SCHRITT 1 ERSTELLEN SIE EINE AUSWAHL VOM OBJEKT, NICHT VON DEN SCHATTEN

Öffnen Sie das Foto eines Objekts, dessen Schatten erhalten bleiben und transparent werden sollen, während Sie das Objekt vor einem neuen Hintergrund platzieren. Hier sollen die roten Hanteln vor einem neuen Hintergrund platziert werden und die interessanten Schatten erhalten bleiben. Erstellen Sie zunächst eine Auswahl von den Hanteln – verwenden Sie dazu ein Auswahlwerkzeug Ihrer Wahl (den Zauberstab oder den Zeichenstift – der Porsche unter den Auswahlwerkzeugen).

©ISTOCKPHOTO/JOSTEIN HAUGE

SCHRITT 2 KOPIEREN SIE DIE AUSWAHL IN EINE EIGENE EBENE (⌘+J [PC: Strg+J])

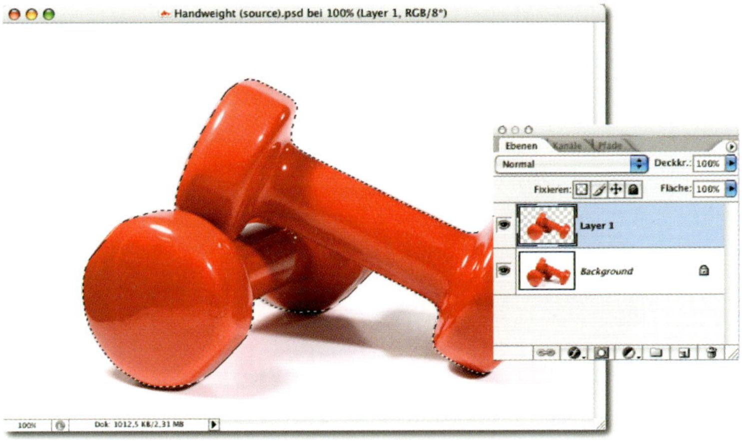

Drücken Sie anschließend ⌘+J (PC: Strg+J), um die Hanteln in eine eigene Ebene zu kopieren (wie hier zu sehen).

SCHRITT 3 LADEN SIE AUF DER HINTERGRUNDEBENE DIE BILDLUMINANZ, KEHREN SIE DIE AUSWAHL UM

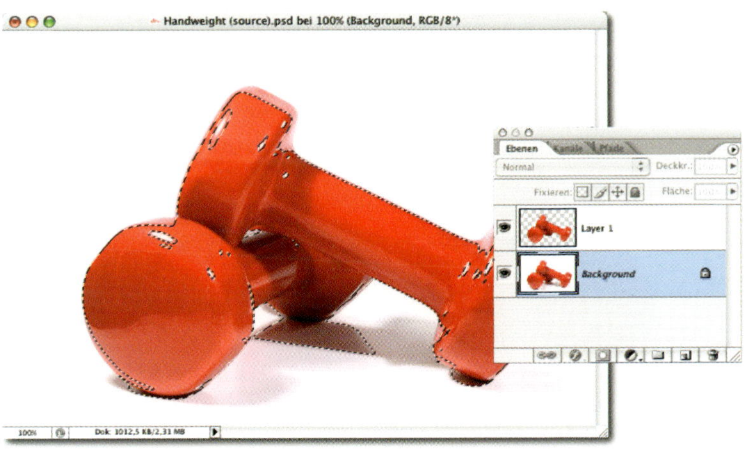

Klicken Sie in der Ebenen-Palette auf die Hintergrundebene. Wir werden jetzt den Tastaturkurzbefehl verwenden, um die Bildluminanz zu laden. Drücken Sie ⌘+⌥+^ (PC: Strg+Alt+^). Da wir aber eigentlich das Gegenteil der Luminanz auswählen wollen – nur die Schatten –, drücken Sie ⌘+⇧+I (PC: Strg+⇧+I), um die Auswahl umzukehren (wie hier zu sehen).

SCHRITT 4 FÜGEN SIE EINE NEUE LEERE EBENE HINZU, FÜLLEN SIE DIESE MIT SCHWARZ, HEBEN SIE DIE AUSWAHL AUF

Erstellen Sie bei aktiver Auswahl eine neue, leere Ebene. Drücken Sie die Taste » D «, um Schwarz als Vordergrundfarbe einzustellen, und anschließend ⌘-Löschtaste (PC: Alt-Löschtaste), um die Schatten mit Schwarz zu füllen. Heben Sie die Auswahl anschließend auf. Die neue Ebene sieht jetzt sehr geisterhaft aus, weil viele transparente Bereiche zu sehen sind. Genau diesen Effekt wollten wir erreichen – Transparenz in den Schatten. Klicken Sie auf die Hintergrundebene, wählen Sie alles aus und drücken Sie die Löschtaste, um den Inhalt der Hintergrundebene zu löschen – die Schatten befinden sich auf der Ebene darüber, die Hanteln in der obersten Ebene. Sie können die Auswahl jetzt aufheben.

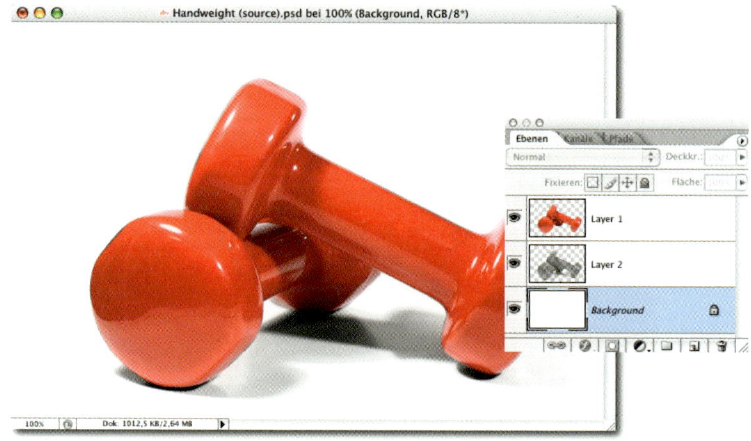

SCHRITT 5 NACHDEM SIE DEN HINTERGRUND ENTFERNT HABEN, REDUZIEREN SIE DIE OBEREN BEIDEN EBENEN AUF EINE

Klicken Sie in der Ebenen-Palette auf die Ebene mit den Hanteln und drücken Sie ⌘+E (PC: Strg+E), um diese Ebene auf die darunter liegende Schattenebene zu reduzieren. Sie haben die Aufgabe gut gemeistert – Sie besitzen jetzt eine Ebene mit dem Objekt und den transparenten Schatten (wie in der Abbildung zu sehen).

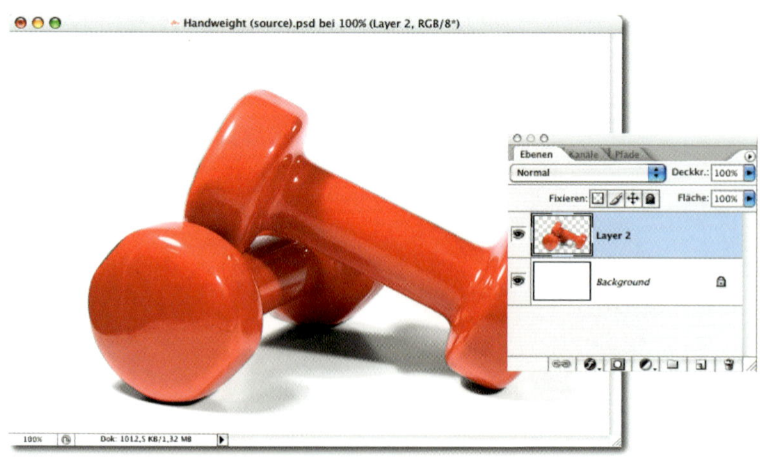

SCHRITT 6 ÖFFNEN SIE EIN NEUES HINTERGRUNDBILD

©ISTOCKPHOTO/FLAVIA BOTTAZZINI

Öffnen Sie jetzt den neuen Hintergrund. Hier dachte ich mir, dass es ganz gut aussähe, wenn die Hanteln auf dem Boden eines Serverraums liegen würden. Okay, die Umgebung ist vielleicht nicht perfekt, aber es gibt einen großen hellen Flur, der nur darauf wartet, dass man etwas auf ihm platziert – die Hanteln würden hier sehr gut aussehen. Na los!

SCHRITT 7 ZIEHEN SIE DIE HANTELN AUF DEN HINTERGRUND: DIE SCHATTEN SIND INTAKT UND TRANSPARENT

Aktivieren Sie im Dokument mit den Hanteln das Verschieben-Werkzeug (Taste »V«) und ziehen Sie diese auf den neuen Hintergrund. Die übergroßen roten Hanteln vor dem grauen Hintergrund dominieren das Bild. Okay, sie sind vielleicht etwas arg groß – aber wir lassen sie so, denn dadurch sind die transparenten Schatten schön deutlich zu sehen. Und auch das war wieder ein wunderschönes Beispiel dafür, warum Kanäle so wichtig und so toll sind.

Frage & Antwort

Warum arbeiten wir mit Ebenenmasken und nicht mit dem Radiergummi?

Weil Sie mit Ebenenmasken nicht destruktiv arbeiten können. Sie blenden Dinge einfach aus oder ein, löschen sie aber nicht und ändern nichts am Originalbild. Bei einem Fehler können Sie einfach die Vordergrundfarbe ändern und über den Fehler malen.

Sind die Masken von Einstellungsebenen anders als die herkömmlichen Ebenenmasken?

Sie funktionieren gleich – Sie können also dieselben Techniken anwenden (deshalb habe ich beide in ein und demselben Kapitel besprochen).

Kann man auf Ebenenmasken Filter anwenden, beispielsweise um die Kanten der Maske weichzuzeichnen?

Jep. Wenden Sie einfach den gewünschten Filter an. Wenn Sie einen Filter auf eine Ebene mit Ebenenmaske anwenden, wird der Filter standardmäßig direkt auf die Ebenenmaske angewendet.

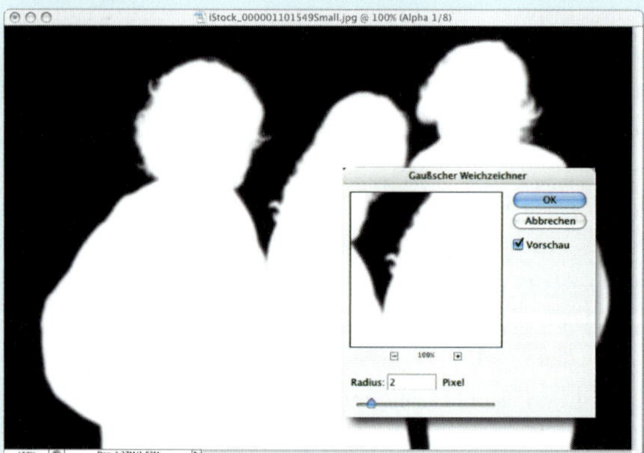

Was ist der Vorteil des Buttons Auswahl als Kanal speichern gegenüber dem Befehl Auswahl/Auswahl speichern?

Es gibt nur einen – die Geschwindigkeit. Wenn Sie auf den Button klicken, erscheint nicht extra eine Dialogbox, die Auswahl wird direkt als Kanal gespeichert. Wenn die Kanäle-Palette eingeblendet ist, geht es wesentlich schneller, wenn Sie direkt auf den Button klicken.

Warum sollte ich den Maskierungsmodus verwenden?

Neben der Geschwindigkeit besteht ein weiterer Vorteil darin, dass Sie auf die Auswahlkanten Filter anwenden können. Erstellen Sie eine Auswahl, wechseln in den Maskierungsmodus und wenden Sie einen Filter an (versuchen Sie es mit einem der Kunstfilter). Wechseln Sie anschließend wieder in den Standardmodus und sehen Sie sich die Auswahlkanten an. Kehren Sie die Auswahl um und drücken Sie die Löschtaste. Süß, oder?

©ISTOCKPHOTO/TIMOTHY WOOD

Wofür stehen in der Kanalmixer-Dialogbox die Buttons Laden und Speichern?

Das weiß keiner so genau. Ich glaube, das weiß nicht mal Adobe. Nächste Frage! (Nein, das war nur Spaß.) Damit können Sie Ihre Lieblingseinstellungen speichern und jederzeit wieder laden. So müssen Sie die Zahlenwerte nicht jedes Mal wieder neu eingeben.

Gibt es eine schnelle Möglichkeit, um einzustellen, wie im Maskierungsmodus maskierte und sichtbare Bereiche angezeigt werden?

Klicken Sie mit gedrückter ⌘-Taste (PC: Alt-Taste) auf den Maskierungsbutton unten in der Werkzeug-Palette.

Mein Videoschnittprogramm unterstützt keine Photoshop-Dokumente mit Ebenen. Wie bekomme ich mein Logo ohne weißen Hintergrund in das Programm?

Sie müssen eine Auswahl nur vom Logo erstellen und diese speichern (wie in der Abbildung zu sehen) – als Alphakanal. Anschließend können Sie die Datei im Format Photoshop PSD, Targa (TGA), PICT oder TIFF speichern (der Alpha-Kanal wird mit gespeichert).

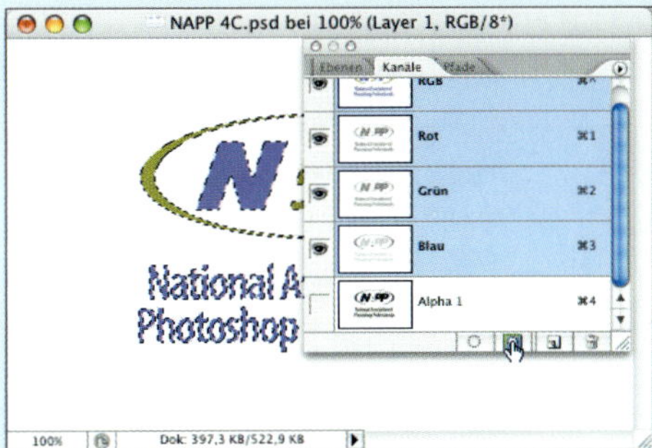

Was ist, wenn mein Videoschnittprogramm keine Alpha-Kanäle unterstützt?

Verwenden Sie dann aus dem Menü der Kanäle-Palette den Befehl KANÄLE TEILEN, um den Alpha-Kanal in ein eigenes Dokument zu kopieren.

Muss ich mit Alpha-Kanälen, die ich in AVID importieren will, etwas Besonderes anstellen?

Die meisten nicht linearen Schnittprogramme behandeln Alpha-Kanäle wie Photoshop auch: Weiß ist zu sehen (die Photoshop-Grafik ist sichtbar) und Schwarz ist nicht zu sehen (das Hintergrundvideo scheint durch). AVID behandelt Alpha-Kanäle jedoch genau andersherum – Sie müssen den Kanal also entweder in Photoshop umkehren oder während des Imports in AVID.

Ich muss eine reduzierte Version meines Dokuments mit Alpha-Kanal erstellen, bei der alle Ebenenstile intakt bleiben. Meine Ebenen will ich jedoch nicht verlieren, falls ich sie noch einmal benötige. Geht das?

Machen Sie in CS2 Folgendes: Blenden Sie zunächst die Hintergrundebene aus. Drücken Sie anschließend ⌘+⌥+⇧+E (PC: Strg+Alt+⇧+E), um eine neue Ebene mit der reduzierten Version Ihres Dokuments zu erstellen (mit einem transparenten Hintergrund). Klicken Sie nun mit gedrückter ⌘-Taste (PC: Strg-Taste) auf die Ebenenminiatur, um eine Auswahl zu erstellen. Wählen Sie anschließend AUSWAHL SPEICHERN, um diese als Alpha-Kanal zu speichern. Fertig. Sie können die Ebene jetzt löschen und SPEICHERN UNTERN wählen und die Datei als TGA speichern – die Originaldatei mit Ebenen bleibt intakt.

Gibt es eine Möglichkeit, diesen Prozess zu automatisieren?

Ich bin froh, dass Sie das fragen (okay, ich bin froh, dass ich das frage). In Photoshop CS2 hat Adobe verschiedene Videoaktionen integriert, mit denen Sie aus einer sichtbaren Ebene einen Alpha-Kanal erstellen können. Es gibt eigene Aktionen für AVID-Nutzer und für nicht lineare Schnittprogramme. Sie finden sie in der Aktionen-Palette. Wählen Sie auf im Palettenmenü die Option VIDEOAKTIONEN (unten in der Liste).

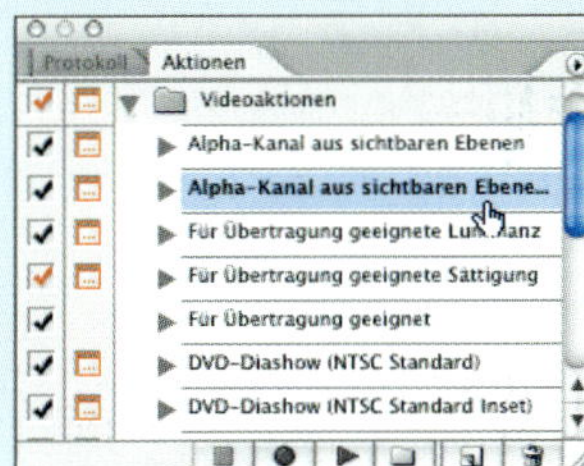

Wo erhalte ich weitere Informationen zum Gebrauch von Kanälen in Video?

Mein Freund Rich Harrington (von RhedPixel.com – einer der führenden Referenten zum Thema Video auf der Photoshop World Conference & Expo) hat ein 30-Minuten-Online-Training erstellt (das es kostenlos gibt), in dem er sich mit Alpha-Kanälen und mehr beschäftigt. Sie finden es unter www.photoshopforvideo.com. Klicken Sie auf den Link VIDEO, dort finden Sie einen Videoclip (in englischer Sprache), den Sie sich herunterladen können.

Index

A

B

F

G

H

V

W

Z